U0452658

全国教育科学"十四五"规划2021年度教育部重点课题
高质量视域下幼儿园过程评价标准与实践机制研究
课题编号：DHA210391

欢乐谷课程

满足儿童发展需求的幼儿园课程建设

刘 静等 △著

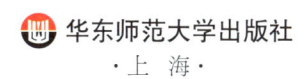

华东师范大学出版社
·上海·

图书在版编目(CIP)数据

欢乐谷课程:满足儿童发展需求的幼儿园课程建设/刘静等著. —上海:华东师范大学出版社,2024.
ISBN 978 - 7 - 5760 - 5392 - 0

Ⅰ. G612

中国国家版本馆 CIP 数据核字第 2024ZU6119 号

欢乐谷课程:满足儿童发展需求的幼儿园课程建设

著　　者　刘　静等
责任编辑　胡瑞颖
特约审读　陈晓红
责任校对　马晟佳　时东明
装帧设计　冯逸珺

出版发行　华东师范大学出版社
社　　址　上海市中山北路 3663 号　邮编 200062
网　　址　www.ecnupress.com.cn
电　　话　021 - 60821666　行政传真 021 - 62572105
客服电话　021 - 62865537　门市(邮购)电话 021 - 62869887
地　　址　上海市中山北路 3663 号华东师范大学校内先锋路口
网　　店　http://hdsdcbs.tmall.com

印 刷 者　上海锦佳印刷有限公司
开　　本　787 毫米×1092 毫米　1/16
印　　张　19.25
字　　数　307 千字
版　　次　2024 年 12 月第 1 版
印　　次　2024 年 12 月第 1 次
书　　号　ISBN 978 - 7 - 5760 - 5392 - 0
定　　价　68.00 元

出 版 人　王　焰

(如发现本版图书有印订质量问题,请寄回本社客服中心调换或电话 021 - 62865537 联系)

序一

让每一个孩子体验成长的快乐

教育焦虑引发的教育内卷已经成为人们当今最烦心的事情之一,这种内卷呈现出低龄化的趋势,甚至蔓延到了学前教育领域。越是在这样的时刻,越需要教育工作者能看清教育的本质,坚守教育者的初心,为儿童的健康成长保驾护航。

提及保持教育初心之人,我脑海中立马就会浮现这样一位幼儿园园长——重庆市新村幼教集团总园长刘静。我与刘园长是在许多年前的一次学术研讨会上相识的,在会后的闲谈中,她告诉我:"我理想中的幼儿园就应该是花园、家园和乐园,让每一个孩子体验到成长的快乐。真的,我就是要做快乐教育!"说这话时,她的眼神无比坚定,话尾谈及"快乐"一词时她莞尔一笑,不紧不慢的语速传送出的每一个字都让人感到真诚、坚定,且不容置疑。当时的情景让我印象至深,至今记忆犹新。在相互交谈中,得知新村幼教集团正在建构自己的园本课程,他们以"快乐教育"为其教育哲学基础,以"儿童第一"作为课程的价值追求,以"让每一个孩子体验成长的快乐"为课程建构的顶层理念,这些理念与实践都基于他们对毕业后孩子的发展动向的追踪调查,基于对六十六年办园历史的总结和吸纳,也基于与教师面向未来的对话。

十年磨一剑。我与刘静园长第二次见面是在 2010 年,此时新村幼教集团正在经历第三次搬迁,原先六个班额的小学将改建为幼儿园,用地显得十分局促。刘园长穷极巧思,在狭小的空间里挖掘环境育人的价值,将环境创设做到如此极致真是让人难以想象,比如用两根木桩将三根绳架在沙池上空,做成的简易绳桥充满浓厚的探究意味。我对这位园长特别敬佩,敬佩她对教育有着本能的敬畏和谦卑,敬佩她怀着对幼儿教育的一腔热忱,细琢理念,带领老师辛勤耕耘,把教育理想变为了教育实践。

在刘园长的邀请下，我于2020年再次来到新村幼教集团，亲身感受了她口中的快乐教育是如何在她的幼儿园里"流淌"的。新村幼教集团总园地处5A级旅游景区观音桥商圈背后，穿过嘈杂的市井到达这里，一下子就安静了下来。大树、花草守护着这块神圣的教育之地，园门、车库、园区甚至楼层的过道无处不充满着鲜花、果树，舒适自然。为了四季有花、季季有果，在绿化面积不大的场域里，错落有致地种植了十几种果树。这些树木、树屋、沙池、水池都是人为有意设计的，我正疑惑这里为何没有一点"人造味儿"，突然明白了个中原因，原来在花园、果园、沙池、水池、树屋中都有孩子活动，细看孩子们，个个眼神清澈，笑容恣意，或静或动，自如放松，一切都是那么自然灵动。

刘园长如数家珍地告诉我每一寸站立之地上所发生的课程故事，幼儿园通过环境做课程的极致效应充分体现：在室内教学区域，班牌、班名、各个办公室的名字都是孩子取的，或孩子用画标记的；班级里的区角墙、主题墙上极少有成人的表现、表达，主题课程、区角课程开展后孩子的回顾小结等都被看作是自主性的课程。走了一圈，我发现水稻田里有课程、"燕子回归"的探究是课程、节庆活动是课程……刘园长有极强的课程领导力，教师有与之匹配的课程执行力，她们"童我合一"，与孩子一起因时因势创生了课程。当我饶有兴趣地问刘园长"新幼集团到底有多少课程"时，刘园长笑了笑："我们每学期每个班都基于自己班级的孩子开展着不同的课程。"确实，幼儿园课程就是幼儿园中所发生的一切，一个有生命力的园所就该如此。

每次到新村幼教集团都回味无穷，兴奋让我从奔波疲乏中解脱，徜徉在快乐教育里，感受着成长的快乐！

朱家雄

序二

一切出色的东西都是朴素的

我是不轻易答应为他人的书写序的,不是端什么架子,也不是对什么条件不满意,而是担心对别人的书领悟不透,不想不懂装懂,胡扯一番给别人撑门面……一本书的序言,应该有点味道,写序的人至少应该熟知书的观点和框架,应该对书的研究方法有一点专业判断。

读一本书,我喜欢绕过序言,先读作者的后记,听一听作者的说法,了解一下写书的背景,看一看这项研究的原委,然后再去读原文,在读完原文的基础上,再反过来读序言,这样才有点意思。

刘静园长在后记中说:"快乐是人生最大的意义。"的确,快乐是生命的一种姿态,快乐的人总是积极向上、富有创造力。如何把握"快乐教育"的哲学意蕴,如何在实践层面将快乐与教育进行深度融合,这是值得我们探讨的。

我和刘静园长结识于第三届品质课程研讨会,我们因对课程品质的共同追求相知如故。翌年,我便受邀来到了重庆市江北区新村幼儿园。这是一所小而美的幼儿园。刘静园长给我介绍了新村幼儿园的课程建设历程,"儿童第一"的价值观是新村幼儿园教职员工的言行规则和教育态度,这种价值观在多年的教育实践中得以厘清和澄明。

教育是塑造心灵的艺术,教育的伟大在此,教育的艰难也在此。新村幼儿园以"儿童第一"价值观为起点,探寻育人理念,厘定育人目标,激活育人途径,旗帜鲜明地提出了"让每一个孩子体验成长的快乐"这一办园理念,并接连申报了两个市级课题,深入系统地探讨了幼儿体验教育,通过多维度的实践探索,整个幼儿园充满了快乐的气氛。

刘静园长兴高采烈地讲述着新村幼教故事,这让我感觉到,这本身就是一种追求快乐成长的教育姿态。这种教育姿态是体验，是惊喜，是快乐，是欢愉，是成长。在这里，"快乐教育"已成为新幼集团的教育哲学，已成为"儿童第一"价值观落地的指南针。现在，"快乐教育"已经与新村幼教集团紧密地联结在了一起。

从那以后，我和新村幼教集团结下了奇妙的缘分。这些年，因为"品质课程"，我和新村幼教集团从未断联。每一届品质课程研讨会上都能看到刘静园长的身影，每一年她都带着对课程的新理解、新做法和与会嘉宾侃侃而谈。刘静园长说她最引以为傲的是新村幼儿园创造的"欢乐谷课程"，最引以为豪的是新村幼儿园生机勃勃的状态，无论是园所环境，还是教师的参与情况，他们都一直与时俱进。我从新村幼儿园的持续变化中，看到"苟日新，日日新，又日新"从一种箴言期许变成了一种现实景象。

杜威指出："教育即是生长，除它自身之外，并没有别的目的，我们如要度量学校教育的价值，要看它能否创造持续不断的生长欲望，能否供给方法，使这种欲望得以生长。"在杜威看来，生命是在与环境的互动中自我生长的，教育是生命成长的过程。教育关心个体生长，帮助个体探寻自然，理解社会，体验民主生活，提升个体的人文精神，增强个体的社会经验，帮助人们在当前的自然、政治、经济与社会现实问题中努力寻找新的有助于解决问题的路径，以增加个体与社会的福祉。这也是新村幼教集团"快乐教育"更彻底的追求。

新村幼教集团的"欢乐谷课程"是积极回应儿童发展需求的课程模式，其目的在于让教育回归儿童，让快乐融入生活，让课程成为一种力量。高尔基说："一切出色的东西都是朴素的，它们之令人倾倒，正是由于自己的富有智慧的朴素。"很高兴看到新村幼教集团将多年的朴素实践成果结集成书，向更多同行传递"快乐教育"的理念。他们的理论思考和实践探索，是朴素的，也是富有智慧的。

快乐是一种生活状态，更是一种幸福能力。著名课程学者派纳说："课程是一种会话，可以有无限的意蕴。"读完刘静园长的这本书，我形成了一个观点：课程即情愫，童年攒够的快乐足以支持儿童更好地应对未来。只有让快乐融入生活的课程，孩子们的身心才能得到适宜的发展，他们才会拥有更美好的未来。

杨四耕

2024年4月3日于上海市教育科学研究院

前言

欢乐谷里育快乐

作为一名从事幼儿教育工作三十四年、担任幼儿园园长二十七年的一线教育者，我一直在问自己："幼儿教育能为孩子的成长做什么？我们教育者应该培养怎样的孩子？"我国幼儿教育的泰斗陈鹤琴先生认为："儿童教育的一般目的是帮助儿童建立起一个完美的人际关系，成为一个幸福的人。接着，要帮助儿童建立民族性，教育孩子做一个热爱国家、保卫祖国、建设祖国的中国人；而后，要从体育、科技、艺术、人文等方面，让儿童拥有健康的体魄、建设的能力、创造的能力和合作的精神。"简而言之，幼儿教育就是要培养幼儿做人、做快乐幸福的人、做中国人、做现代的中国人。

何为快乐幸福？个人的成长背景不同、个体感知不同、人生目标不同，对快乐和幸福的定义就不同。对于生活经验尚浅的孩童而言，不用在意衣服是否弄脏，能恣意地趴在地上和水玩、和泥玩、和花花草草玩是快乐；不用顾及大人，和自己喜欢的朋友甚至是一只小虫，待在喜欢的地方是幸福；不用为了得到夸赞而尽力地粉饰自己成为他人眼中"听话的孩子""厉害的孩子"是快乐；不用担心因为犯错就失去了爱他的人是幸福……诸如此类，不胜枚举。从古至今，众多先贤哲人对快乐幸福都有论述，我最有共鸣的是希腊哲学家德西德里乌斯·伊拉斯谟的那句"一个人成为他自己了，那就是达到了快乐的顶点"。我认为快乐幸福的教育就是让孩子认可自己、悦纳自己、成为自己。

完全不受约束的孩子就是快乐的吗？自我到毫不顾忌他人的孩子就是幸福的吗？显然不是。那么，"什么是做自己，做最好的自己""怎样做最好的自己"就事关教育了。

党的教育方针提出,坚持教育为社会主义现代化建设服务,为人民服务,把立德树人作为教育的根本任务,全面实施素质教育。一所幼儿园的所有教育活动都应该努力贯彻这一方针,为社会主义事业培养建设者和接班人。同时,幼儿园课程还需回应儿童的发展需求。对于新村幼儿园来说,课程就是要不断回应"培养未来的社会主义建设者和接班人",回应"儿童如何成为他自己,成为更好的自己"的发展需求。在二十多年的不断思考和实践中,在与儿童的共同生活中,我们逐渐形成了新村幼儿园"欢乐谷课程"。

欢乐谷课程是课程教学、环境文化、师生发展、管理评价一体的创生课程体系。二十三年以来,本着"让每一个孩子体验成长的快乐"的办园理念,以"培养快乐自信小主人"为育人目标,从满足儿童发展的"共需、特需、个需"出发,建构了以下内容。

一是满足儿童共同需求的"六乐"领域基础课程。新幼"六乐儿童"乐于运动,以运动为乐;乐于表达,以分享为乐;乐于交往,以合作为乐;乐于探索,以发现为乐;乐于创造,以创想为乐;乐于劳动,以服务为乐。课程洞悉领域核心经验,绽放各领域的善与美。

二是满足新幼儿童特有需求的"三小"课程(园本拓展课程)。培养儿童成为自己的主人、班级的主人、社会的主人,围绕"自信能表达、探索好创新、合作善交往"等主人翁核心意识,建构"小主人""小蜜蜂""小耍坝"特需课程。"三小"课程发掘幼儿"周边"世界的教育契机,搭建充分实现小主人权利与义务的平台。

三是满足儿童个别需求的班本特色课程。对儿童最大的尊重,莫过于跟随他、理解他、支持他,当老师运用"跟随——理解——支持"的三步式陪伴时,师幼就会共同创生许多有趣的班本课程。在这些独具个性的班本课程中我们看见了一个个独一无二的儿童,他们释放着独立自主、鬼马创新、勇敢耐劳、坚定果断等人格魅力,他们在自己热爱的活动中大放异彩。每个大人都不得不惊叹,儿童源自我们却远远地超越我们!叫人如何不肃然起敬?尊重儿童,是每个大人的"自然而然"!

晨间穿梭于教学楼里的各个班级是我最幸福的时分,孩子们用那蓬勃有力的声音和极具感染力的笑脸热情地迎接我;老师们脸上挂着笃定与自信,关切地专注于眼前的儿童;管理者们有的巡视幼儿园的一草一木,有的走到班级里观察活动;厨房里的备菜声叮当作响、园区里的清扫声沙沙回应。每个人专注于当下、享受着此刻,快乐幸福的教育者用真、善、爱在时间的沙漏里镌刻着新幼的教育特质,我们只为让每个孩子都体验到成长的快乐!

重庆市江北区新村幼儿园党支部书记、新村幼教集团总园长

刘静

序　一 —— 1
序　二 —— 1
前　言 —— 1

总　论 —— 1
第一节　问题的提出 —— 3
第二节　解决问题的过程和方法 —— 4
第三节　成果的主要内容 —— 8
第四节　效果与反思 —— 18

第一章　欢乐谷课程的理念哲学 —— 25
第一节　发展需求与快乐哲学 —— 27
第二节　快乐哲学的基本观点 —— 31
第三节　快乐哲学下的新幼文化 —— 36

第二章　欢乐谷课程的目标价值 —— 45
第一节　课程文化下的儿童发展观 —— 47
第二节　新幼集团的儿童核心素养 —— 50
第三节　新幼集团"六乐儿童"目标 —— 54

第三章　欢乐谷课程的框架体系 —— 63
第一节　支持儿童发展需求的课程建构 —— 65
第二节　回应儿童发展需要的课程设计 —— 66
第三节　满足儿童发展需求的课程内容 —— 69

目 录

第四章　欢乐谷课程的多维实施 —— 155

第一节　课程实施的方法：体验教学 —— 158
第二节　课程实施路径：三维交叉 —— 160
第三节　课程实施中的支持：斯诺克教研 —— 182

第五章　欢乐谷课程的评价创意 —— 187

第一节　幼儿园教育评价的意义 —— 189
第二节　幼儿园教育评价的准备 —— 193
第三节　幼儿园教育评价的实施 —— 217

第六章　欢乐谷课程的专业智慧 —— 243

第一节　新幼教师的培养目标 —— 245
第二节　新幼教师的培养路径 —— 254
第三节　新幼教师的课程智慧 —— 285

后　记 —— 293

总论

满足儿童发展需求的园本课程实践

重庆新村幼教集团(以下简称"新幼"或"新幼集团")以探寻人的发展需求为基点,实践满足儿童发展需求的教育,既拓展了全面育人中学前教育阶段的理论视野,也为人的终身发展奠定了德智体美劳全面发展的坚实基础。新幼集团在二十三年的教育实践中,确立了以快乐哲学引领全面发展的课程哲学,厘清了基于全面发展的六大儿童发展核心素养,建构了满足儿童共需、特需、个需发展的欢乐谷课程,打造了遵循儿童学习需求和特点的师幼双向度体验教学模式,创新开发了指向全面发展的对标同评共振过程性评价系统,推进了服务儿童全面发展的教师长效培养体系质量提升。

在这个长期、持续的育人模式探索中,新幼集团的儿童、教师皆成为了全面发展的主体,发展的需要得到了全面满足,综合素养和能力得到了全面提升。政府、专家和第三方教育质量评估机构所评定的结构质量、结果质量、过程质量均显示新幼儿童发展水平较高,认知发展、问题解决、社会交往、运动协调、艺术表达等多项能力高于常模水平,教育环境适宜性、家长满意度和教师胜任力高。

总论

第一节 问题的提出

围绕贯彻学前教育阶段的全面发展要求,探寻如何从满足人的发展需求建构适宜的育人模式,我们重点思考和回应了三个问题。

一、全面育人的学前教育目标应是怎样的?

为党育人、为国育才。我们必须从人的终身发展、全面发展的角度看待幼儿教育;必须从马克思主义理论出发深研人的发展需求、儿童的发展需求,定位教育目标。考量应对社会未来发展、个人终身发展的教育需求时,发现当前学前教育对全面育人的贯通性认识、兼顾社会与个人发展需求的做法上还存在不足之处。基于对全面育人的全方位、科学理解,应确立怎样的育人目标?我们愿意探寻。

二、如何践行满足儿童发展需求的理念?

人的全面发展强调人的主观性发展、可持续发展。当教育内容、教育方法、评价反馈等既遵循儿童发展规律又满足儿童发展需求时,就能帮儿童唤起能动性、产生全面发展的持续动力。怎样的教育实践能够唤起儿童的内驱力并满足儿童发展的需求?这有待在实践中解答。

三、何以建构科学可推广的全面育人模式?

二十三年来,通过理论澄清、建构验证、评价调整三个阶段的探索,我们凝炼了丰富的全面育人成果。如何将各阶段、各层面的成果提炼为可复制、可推广的教育模式,使其成为学前阶段全面育人的补充性成果呢?这是新幼集团作为市级示范园的重要职责。

第二节　解决问题的过程和方法

对全面育人模式的探索是我园对解答"怎样培养人"这一问题的积极回应。随着对"发展需求"的认知深化,我园尝试运用更适宜的方法解决当前问题,使园本课程更好地服务和表达全面育人理念。

一、过程

在实践探索中,我园不断丰富"全面育人"理念目标的内涵。我园认为"全面发展的教育是公平的教育,是以人为本、指向终身发展的教育"。我园对全面育人模式的探索,从 2001 年开始至今已有二十三年,基于满足儿童发展需求的基本理念,不断地迭代改进课程。先后经历了整合学科领域、改进教学模式、架构教研模式、再构育人模式、建构评价机制五次实践改进阶段,在此过程中,全面育人的课程模式日臻成熟。

(一) 整合学科领域阶段:解决分科教学割裂的问题,满足儿童学习的整体性需求(2001—2011)

2001 年颁布的《幼儿园教育指导纲要(试行)》对幼儿教育的五大领域目标和教育教学方式提出了明确要求。我园在使用地方教参时发现单一学科课程容易造成儿童所学知识割裂,难以整合成系统综合应用,难以实现能力素质的综合提升,难以构建全面发展的教育生态。基于此,我园基于地方教参进行了调整和改进,并于 2008 年申报江北区教育科学重点课题《幼儿园"儿童美术"特色课程的建构与实践研究》,2009 年申报重庆市教育学会第六届基础教育科研规划课题《幼儿园多元文化美术主题课程的开发研究》,以美术领域研究为抓手,尝试将美术主题与其他领域融合,开展"大美术"教学。在多元文化教育理论、生态系统理论的引领下,通过行动研究法探究幼儿园整合课程的实施途径,建构了依托多元文化美术主题开展的整合课程,形成了丰富的涉及五大领域的主题活动资源库,为全面育人课程体系的建构打下了基础。

(二)改进教学模式阶段:解决儿童发展中主体性欠缺的问题,满足儿童"做中学"的学习需求(2012—2015)

2010年新幼集团提出"儿童第一"价值观,践行"办孩子的幼儿园"理念。然而,在实际教学中我园发现存在儿童学习主体性不强、参与感不足、被动接受知识为主等问题。在罗杰斯人本主义理论与建构主义学习理论的引领下,新幼集团以2012—2015年入园的幼儿为对象,立项重庆市教育科学"十二五"规划重点课题《幼儿园体验活动课程的开发研究》,进行全方位、全领域儿童学习方式的探索研究。通过课题的研究,聚焦儿童学习与发展的需求,概括出儿童学习活动具有情境性、情感性、过程性、深度参与四大特点。此外,据此特点结合理论文献与实践经验提炼出体验课程教学的四大原则,即尊重原则、经验原则、主体原则、内省原则。同时,依据儿童全面发展的共需、特需、个需三种需求建构三位一体的体验课程,让育人内容更契合儿童发展。

(三)架构教研模式阶段:解决育人模式的体系化问题,满足儿童发展的共需、特需、个需(2016—2019)

经过前期的课程建设,我园虽在课程内容、课程实施上有所进益,但也发现课程存在工具性效用较强,育人思想引领性不足,未形成完整的课程育人模式等问题。为此,我园通过对大量文献的阅读梳理,整理了各类教育哲学理论,在几轮专家论证之后,确立了以"快乐哲学"引领我园育人模式建构,进而提炼出"培养快乐自信小主人"的育人目标,坚持培养全面发展的儿童。以教育哲学为依据重新审视幼儿园课程育人模式,在《幼儿园教育指导纲要(试行)》《3—6岁儿童学习与发展指南》等文件指导下,拟定了包含乐于运动、乐于表达、乐于交往、乐于探索、乐于创造、乐于劳动等六个方面的具象育人要求——"六乐儿童"。并重新搭建了旨在满足儿童全面发展共需的领域基础课程、满足儿童社会责任感培育特需的园本拓展课程,以及满足儿童学习品质与个性发展个需的班本特色课程——三大课程三位一体的"欢乐谷课程"。该课程关注到了儿童作为"人"的发展需求,体现了"以人为本"的重要理念。

(四)再构育人模式:解决教育实践中分园不同质的问题,满足儿童发展的一致性需求(2016—2019)

随着集团园所数量的增加,各分园教育实践质量参差不齐的问题日益突出,具体体现为不同园所教师的专业水平与课程实施能力均存在明显差距。于是,在建构主义理论、学习共同体理论以及生态系统理论的引领下,我们以集团七园全体教师为研究对象,进行了备课、教研学习、教师培养等方面的教研研究。最终,厘清了集团化园本教研组织运行机制的构成要素,构建形成集团化园本教研组织结构圈,健全集团化园本教研制度体系,搭建起五大园本教研运行平台。借鉴"斯诺克"台球理论,构建集团化园本教研模式,切实推动了教师的课程开发、教学、反思等各项能力的提升,保障集团教学质量的优质均衡。在复制辐射中,尽力实现不同区域的教育公平,保障了教师的专业提升和儿童的全面发展。

(五)建构评价机制:针对课程质量难以保障与提升的问题,满足儿童发展的持续性需求(2019至今)

在生态系统理论的引领下,我园明晰了过程评价可以及时明确课程质量改进调整的方向,持续推动课程质量提升。在明确高质量教育观、明晰过程评价与教育质量正相关的基础上,构建了过程评价指标体系及评价标准,确立了"管理、教师、儿童、家长"四位一体的评价主体,研发了量表、APP、评价绘本等多种评价工具,搭建了"评价—反馈—提质—再评价"的课程改进评价回路,研发了家、师、幼对标同评共振的儿童成长闭环和教师"评—研—行"自我成长闭环,形成持续性正循环的过程评价系统。以评价撬动育人理念、育人目标、育人内容、教学方式方法、教学组织管理的精进,最终形成一个完整的螺旋上升的育人循环,实现全员、全要素、全过程的全面发展。

二、方法

（一）价值导向：以贯彻落实全面发展的教育方针为引领设计育人模式

从历史观、大局观上深度理解把握人的全面发展理念，对照梳理总结优质教育经验，观照和补充、改进缺失以及不足，建构学前教育阶段的全面发展育人模式。

（二）以人为本：以快乐哲学为基点树立育人理念、形成育人目标体系

从马克思主义理论出发，把人的全面发展思想和快乐哲学思想紧密结合起来，厘清全面发展与快乐哲学的关系，并以此锚定育人目标，形成上通下达的育人目标体系。

（三）儿童本位：基于儿童学习发展的需求建构课程、整合育人要素

基于对儿童学习特点、学习需求的理解把握，建构顺应儿童共需、特需、个需的三位一体课程，实现儿童发展的整体性、一致性、经验性、可持续性。围绕课程建构、调整、实施、评价，整合协同育人的各个要素。

（四）闭环思维：以评价链接形成课程改进、儿童全面发展、教师持续提升的正向三循环

把闭环思维作为建构完善育人模式的基础思维方式，将育人模式包含的理念、目标、内容、教学方式方法、教学组织管理、评价体系等要素以闭环链接整合成有机的系统，形成了课程改进闭环、儿童发展闭环、教师成长闭环。

（五）因时制宜：随着理念更新不断精进和调整，动态修正育人模式

教育是社会、经济发展的产物，育人模式也应因时因地制宜。随着对全面发展认识的深入，对儿童发展需求了解的拓宽，动态修正育人模式，使之既适应当下又面向未来。

第三节 成果的主要内容

新幼集团聚焦儿童发展需求建构育人模式,以此贯彻回应国家全面发展的教育方针。通过厘清全面发展与儿童发展需求之间的关系,明确育人理念,确定育人目标,建构满足儿童发展需求的三位一体欢乐谷课程,探索驱动主动全面发展的教学模式,搭建支持人人全面发展的教研模式,构建对标同评共振的全要素过程评价体系,建构从教育理念到教学实践的全链条的全面发展育人模式,形成可复制、可推广的教学经验,为培养德智体美劳全面发展的社会主义建设者和接班人作出贡献。

一、全面发展的育人理念:课程哲学、儿童发展核心素养及五级发展水平目标体系

(一) 确立课程哲学

"培养什么人"是教育的首要问题,立德树人,培养德智体美劳全面发展的社会主义建设者和接班人,这是我国教育的根本任务。[①] 直面全面发展统领下的社会发展要求、时代发展诉求、个体发展需求,儿童教育阶段要培养什么样的儿童?终极目标在哪里?这既是新幼对"培养什么样的人"的回答,也是新幼全面育人的课程哲学起点。

快乐哲学以积极心理学为指导,充分调动师生积极性,使教师善教、儿童乐学,在师生融洽的气氛中,实现人的均衡全面发展。快乐哲学是基于对人的多种发展需求的理解,能帮助儿童不断增长积极的生命张力,在快乐体验中成长,以快乐奠基美好人生。基于以上认识和剖析,我园确定以快乐哲学引领全面发展的育人理念,拟定"向着快乐出发"的课程理念,构建了教育哲学、价值观、办园理念、课程理念四阶育人理念体系。

---

① 中华人民共和国教育部.落实立德树人根本任务 努力办好人民满意的教育[EB/OL].(2024-08-19). http://www.moe.gov.cn/jyb_xwfb/s5148/202408/t20240819_1146169.html

（二）梳理儿童发展核心素养

核心素养是课程哲学导向实践的具体指南。2014年教育部颁布的《教育部关于全面深化课程改革落实立德树人根本任务的意见》中指出"明确学生应具备的适应终身发展和社会发展需要的必备品格和关键能力"。通过对《3—6岁儿童学习与发展指南》的理解和把握，基于对积极主动全面发展的愿景展望，梳理出新幼集团幼儿核心素养三层式框架：中心是"培养快乐自信小主人"的全面发展育人目标，第二层是六大必备品格和关键能力"阳光运动、悦读乐演、悦己爱人、好奇求真、尚美创美、自理担当"，第三层是幼儿五级发展水平目标与表现。

（三）五级发展水平目标体系

多元智能的理论告诉我们幼儿个体的发展是"尺有所短、寸有所长"的。因此，我们不能仅根据年龄段发展水平衡量个体发展情况并"划等级""贴标签"，而应用个体发展水平去对照发展目标寻得最近发展区，施展适宜个体的教育。幼儿发展目标取消了按年龄段的分级方式，而是基于六大必备品格和关键能力采用动态的五级目标编制（以"乐于运动"发展水平目标为例，见表1），实现一人一个发展目标，从看见每个儿童、认可每个儿童到支持每个儿童，激发儿童全面发展的内驱力，满足每个儿童的多种发展需求。

表1 "乐于运动"发展水平目标

一级指标	二级指标	三级指标	观察要点		
			1级水平	3级水平	5级水平
乐于运动	教师指标	身心愉悦	1. 身体健康，能够适应天气变化和本班集体生活环境。出勤情况较好，达85%以上。	1. 身体健康，较快适应新的人际环境和物理环境。出勤情况好，达90%以上。	1. 身体健康，适应不同生活环境，关注气温变化，能主动增减衣服。坚持全勤。
			2. 学会躯体、五官的保护方法。在提醒下能坐直、站直。	2. 能使用正确的方法保护躯体和五官。在提醒下能保持正确的站、坐和行走姿势。	2. 能够主动躲避危险，遵守安全规则，学会自我保护的基本方法，经常主动保持正确的站、坐和行走姿势。

(续表)

一级指标	二级指标	三级指标	观察要点		
			1级水平	3级水平	5级水平
乐于运动	教师指标	身心愉悦	3. 情绪比较稳定，不无理地大哭大闹。在成人的安抚下，学会自我控制情绪。	3. 经常保持愉快的情绪，不高兴时能较快缓解。有比较强烈的情绪反应时，能在成人的提醒下逐渐平静下来。	3. 能用适当的方式表达自己的情绪，不乱发脾气，学会情绪的自我调控方法，学会关注和安抚他人的情绪。
			4. 可以表达出自己的情绪。	4. 愿意把自己的情绪告诉亲近的人，一起分享快乐或求得安慰。	4. 能随着活动的需要转换情绪和注意力。
乐于运动	教师指标	坚持锻炼	1. 喜欢参加运动活动，走、跑、跳、爬、钻等基本动作发展良好。	1. 有良好运动习惯。走、跑、跳、投掷、钻爬、攀登等动作协调、稳定。	1. 能灵活掌握走、跑、跳、保持平衡、投掷、吊等运动技能。
			2. 愿意尝试运用简单器械和玩具，进行身体锻炼。	2. 能灵活协调地运用各种器械锻炼身体。	2. 能灵活协调且创造性地运用各种器械锻炼身体。
			3. 能在较热或较冷的户外环境中活动。	3. 能在较热或较冷的户外环境中连续活动半小时左右。	3. 能在较热或较冷的户外环境中连续活动半小时以上。
乐于运动	家长指标	喜欢运动	1. 愿意和家人一起参加运动。	1. 每天坚持运动。	1. 每天坚持运动半小时以上。
		运动技能	2. 学会灵活地爬和快步走，平衡性较好。	2. 学会拍球方法，能够连续拍球。	2. 学会跳绳的方法，坚持一分钟跳绳。
		运动保护	3. 运动中有保护自己的初步意识（比如护住头，护住脸，减少碰撞等。）	3. 运动中有主动保护自己的意识，在安全的地方运动。	3. 运动中注意安全，不去做危险的事情。

二、全面发展的育人内容：满足儿童发展共需、特需、个需的三位一体课程

基于儿童本位思想，遵循儿童的学习方式，在"让每一个孩子体验成长的快乐"

这一办园理念的指引下,寻根快乐哲学,确立了"培养快乐自信小主人"的育人目标,锚定"六乐儿童"(乐于运动,乐于表达,乐于交往,乐于探索,乐于创造,乐于劳动)育人要求,构建出一套哲学视域下的园本课程——欢乐谷课程(如图1所示)。

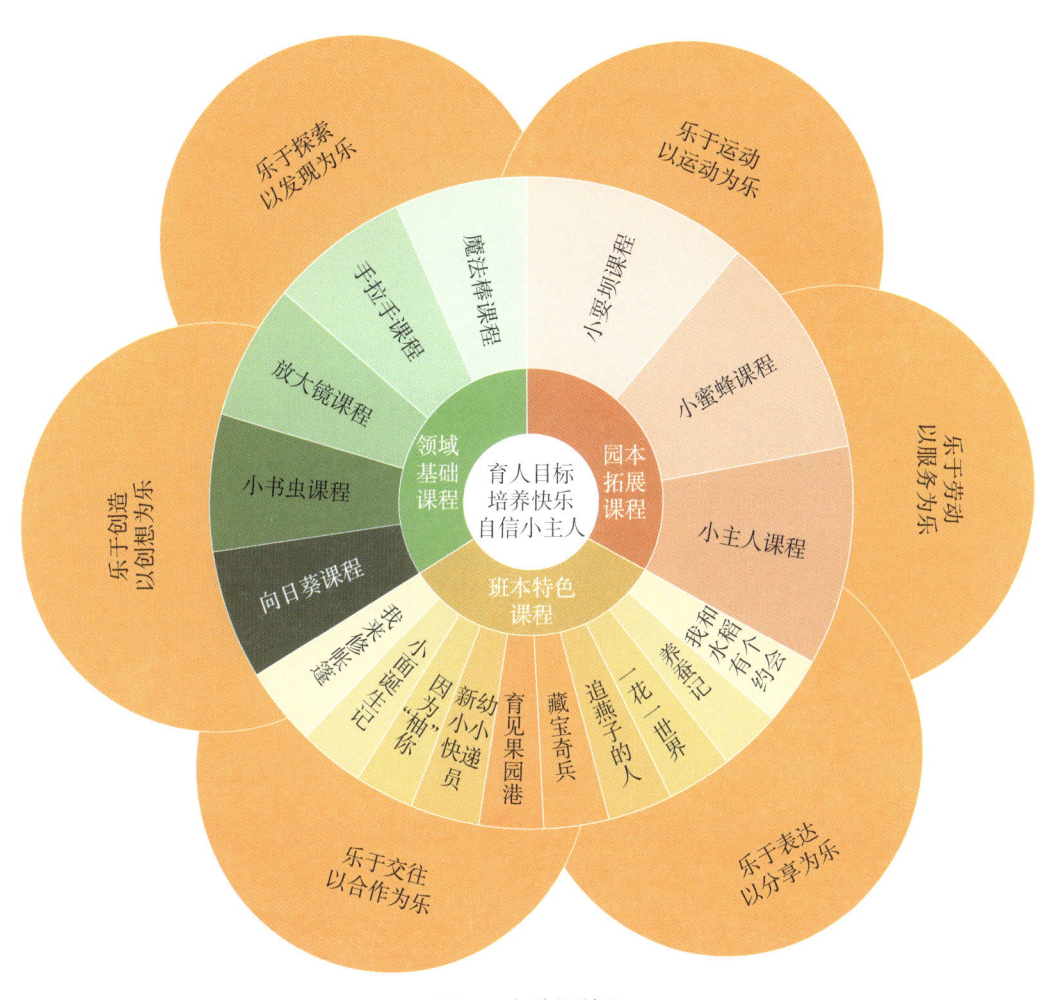

图1 欢乐谷课程

欢乐谷课程适切地回应了快乐哲学中"人有成长的需求、快乐的追求"。它在满足儿童五大领域发展需求的基础上,深度发展儿童的学习品质、社会责任,同时也进一步满足儿童的个体化和个性化成长的需求。由此,形成了满足共性发展需求的领域基础课程、满足群体发展需求的园本拓展课程、满足个体发展的班本特色课程的三位一体欢乐谷课程体系。欢乐谷课程体系是一个可持续的共生课程体系,三种课程同时并存互为支持,培育全面发展的儿童,"培养快乐自信小主人"。

三、全面发展的教学实施：六步法体验教学模式、斯诺克教研模式

（一）创新六步法体验教学模式顺应儿童学习特点

我园提出的"儿童第一"教育价值观，成为课程组织实施的价值标准。教学中尊重和遵循儿童的学习方式，探索课程实施方法，以发现儿童的学习方式撬动教师教学观的根本性转变。依据儿童的学习具有情境性、情感性、过程性、深度参与四大特点，提炼出尊重原则、经验原则、主体原则、内省原则的体验教学四原则，探索出师幼双向度的六步法体验教学模式（如图2所示）和五色花教学法，以激发儿童的主体性，促进儿童自主学习，满足儿童学习与发展的需要，引导儿童和谐发展。

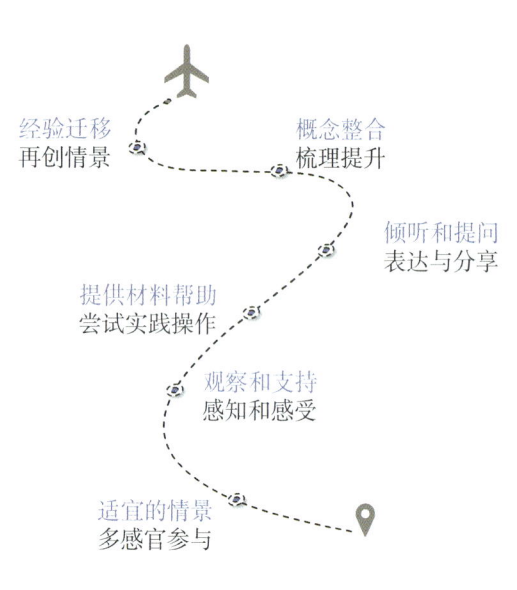

图2 六步法体验教学模式

（六步：适宜的情景 多感官参与；观察和支持 感知和感受；提供材料帮助 尝试实践操作；倾听和提问 表达与分享；概念整合 梳理提升；经验迁移 再创情景）

（二）独创斯诺克教研模式推动全员全面发展

集团化发展背景下，出现了各分园教学质量不一的问题。我园抓住教学质量的关键要素——教师，研究集团化办学模式下的教研问题，解决集团与分园的地域差异、生源差异、师源差异等问题，保障集团各园教学目标统一、课程管理机制统一，且同时又保持各园的特质和活力，实现异园同优。借鉴"斯诺克"台球碰撞传递的原理，搭建了一套集团与分园既有共性、又有自主性的斯诺克教研模式（如图3所示）。集团总部为"球手"，办园理念、教育目标为"球杆"，集团教研部为"主球"，"主球"撞击"目标球"（分园），带动"目标球"走向"球洞"（教研目标），保障公平优质，实现集团园所中每名儿童的全面发展。

球手：集团总部
球杆：办园理念、教育目标
主球：集团教研部
目标球：分园
球洞：教研目标
球桌：教研平台

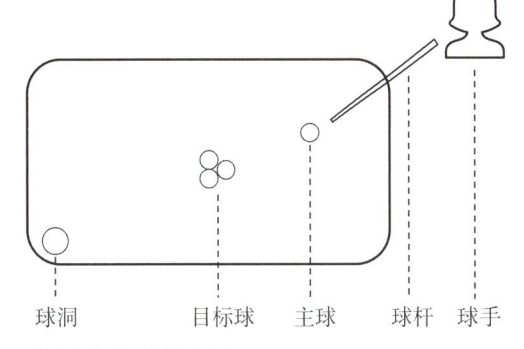

球洞　　目标球　　主球　　球杆　　球手

图 3　斯诺克教研模式图

四、全面发展的教师培养：搭建"感恩懂礼、悦纳均爱、专业优雅"教师长效培养体系

依照《幼儿园教师专业标准（试行）》中"师德为先、幼儿为本、能力为重和终身学习"的四个教师培养理念，我园搭建"感恩懂礼，悦纳均爱，专业优雅"教师长效培养体系，培养全面发展的教师，让教师成为受儿童喜爱的好教师，成为每一个儿童全面持续成长的重要支持。

（一）价值引领，精神领导

强化为党育人、为国育才的责任担当意识，党建统领、铸魂师德，统一各个岗位各个层级教师的教育价值观、育人理念，在根源上培育思想正直、政治意识正确、爱岗敬业的教师群体。围绕育人目标的落实提出"儿童第一"教育价值观，教师在践行、反思、完善的过程中不断丰富和内化这一价值观，使之成为新幼独有的教育文化，生长为新幼教师的独特气质。

（二）机制保障，平台支持

集团指导教师制定个体三年成长规划，为教师提供四步六级的清晰发展通道，让教师按时、按需成长。教学、思想双导师环绕，帮助每一名教师扫除专业、意识障碍，教师成长无阻。教研、备课、科研、工作坊、层级培养五大平台满足教师群体发展需求，支持教师"抱团"成长。设置"儿童第一"论坛、教育教学技能比赛、团队互助赛课等教师成长快速通道,激励教师在比赛中梳理教学智慧、形成教学成果,不断完善自我。"日新悦议""芝麻讲堂""春风龙门阵"等专家入园专题指导的集团教研活动为教师成长提供"养料"。

五、全面发展的评价机制:构建增值赋能的过程评价指标体系、开发同一评价指标不同表达的评价工具、打造线下和云端双线成长闭环

(一)构建"4+15+36"新幼过程评价指标体系、保障评价标准的科学性

一是建立了以儿童发展为中心的"三场域四要素"幼儿园过程评价动态模型(见图4),为评价标准的科学性奠定了基石。以布朗芬布伦纳的生态系统理论为依托,以影响儿童发展的"家庭""幼儿园"和"社会"为场域,充分考虑三者之间在情感、关系和功能上的相互交叠,发现其中与儿童发展密切相关的四个动态变量,包括直接相关的"活动组织""师幼互动"和间接相关的"环境支持""家园社协同"。二是基于评价动态模型,细化出科学完备的"15+36"园本化过程评价指标体系(见表2)。经过政策分析、专家咨询、访谈调查,构建了初始指标;借助德尔菲法对由高校教授、教研员、园长组成的领域专家进行三轮意见咨询,确定评价指标和权重;通过对全国东中西部14所

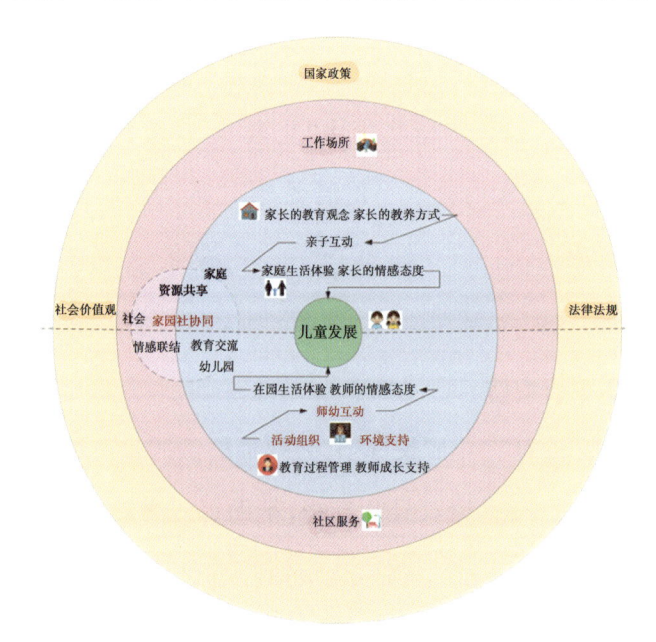

图4 幼儿园过程评价动态模型

幼儿园,300名幼儿园园长、教师的问卷咨询,梳理过程评价指标体系二级观察点15个,三级观察点36个。三步阶梯式构建了符合本园园情的指向激发全面发展的幼儿园过程评价指标体系。

表2　幼儿园过程评价指标体系

一级要素	二级指标	三级观测点
A1 活动组织	B1 体现育人目标的活动设计	C1 体现国家教育方针和社会主义核心价值观
		C2 考虑每个儿童的能力、经验、兴趣和生活背景
	B2 整体连续的活动内容	C3 注重五大领域活动的全面覆盖和有机整合
		C4 做好幼小衔接,帮助儿童向小学顺利过渡
	B3 自主开放的过程实施	C5 能根据实际情况灵活调整活动计划
		C6 保障每一个儿童有充足的自主探索时间和机会
		C7 引发儿童深入思考并开放表达
A2 师幼互动	B4 温暖和充满爱的氛围	C8 保持积极愉快的情绪状态
		C9 彼此间互相关心、互相帮助
	B5 倾听并回应儿童	C10 关注儿童,及时觉察儿童的情绪和行为
		C11 鼓励并支持儿童的表达
		C12 倾听并回应儿童的想法与问题
	B6 关注、理解儿童的行为表现	C13 理解、鼓励儿童的主动探索
		C14 尊重个体差异,认可每一名儿童的成就
		C15 鼓励儿童大胆运用语言、绘画、动作等进行表征
	B7 支持拓展儿童的想法和学习	C16 为儿童提供机会,鼓励儿童自主选择游戏材料、同伴和玩法
		C17 提供更多的活动情境和材料,拓展儿童的学习经验
		C18 及时、持续地与儿童进行交流
A3 环境支持	B8 制度化的安全保障	C19 有安全巡查制度,并定期进行安全排查
		C20 有醒目、易懂的安全标识
	B9 儿童本位的空间设计	C21 充分利用儿童能到达的全部角落
		C22 满足不同类型、不同天气的活动需要
		C23 满足儿童的情感和审美需要

15

(续表)

一级要素	二级指标	三级观测点
A3 环境支持	B10 支持自主探究的材料投放	C24 符合儿童的年龄特点并促进儿童发展
		C25 材料放在儿童看得见并能自主取放的地方
		C26 体现传统文化、现代生活及地域文化特征
	B11 采纳儿童意见进行创设调整	C27 能采纳儿童的环创意见,组织环创教研
		C28 儿童参与环境创设
	B12 根据儿童兴趣和生活环境变化持续更新	C29 能持续支持儿童的兴趣和需要
		C30 体现季节、社会热点和探究主题的变化
A4 家园社协同	B13 有温度的情感联结	C31 能换位思考,尊重理解彼此的想法
		C32 形成信任、合作的伙伴关系
	B14 对儿童成长达成共同追求	C33 有多渠道的交流方式
		C34 能主动分享儿童的成长情况
	B15 乐于分享彼此的资源	C35 积极关注彼此的资源需求
		C36 能提供资源共享的机会

(二) 开发同一评价指标不同表达的评价工具,实现评价主体的适用性

落实全面发展的教育就要保障评价主体的全面参与,园所为不同评价主体开发了易于理解便于操作的评价工具。一是依据"4+15+36"幼儿园过程评价指标体系开发管理者适用的《新幼集团过程评价量表》。对新幼集团过程评价指标作水平化处理,共分为252个具体评价条目,依据权重进行赋分,提升了管理者评价的客观性和评价效率。二是转化《新幼集团过程评价量表》,绘制教师适用的《新幼集团过程评价教师自评绘本》。将《新幼集团过程评价量表》进行"绘本式"转化,以生动的卡通形象、贴近教学的语言,把枯燥的评价标准转化成有趣、有温度的行动指引,促使教师以积极的心态随时进行教育行为反思。三是开发云端儿童发展评价APP"送你一朵小红花"(以下简称"小红花"APP)实现家师幼三方同评。利用信息技术,实现评价的即时性、交互性。"小红花"APP从个体案例、现状分析、下一阶段发展目标、支持建议四方面记录个体的学习发展情况,展现完整的链条式过程性记录。家长、教师、儿童可以

借助文字、图片、语音、视频等多种形式协同评价。

(三)打造线下"评—研—长"和云端"小红花"双线成长闭环,确保评价促进发展、激发内驱力

一是打造"评—研—长"一体化教师成长闭环(如图5),以评促教赋能教师成长。"评"旨在让管理者、教师、家长分别通过推门听课、巡班指导、半日观察、绘本评估等方式进行教学过程的他评和自评,全面查找问题。"研"旨在搭建教研平台,以园本教研、园级课题、师徒帮带等方式解决评价反馈的问题,帮助教师实现专业成长。"长"旨在以制定个人、班级、年级组、园所行动清单的形式,将评价和学习结果落实到教师的教学实践中,实现以评促学、以学促行、以行促长的教师成长闭环。二是打造云端

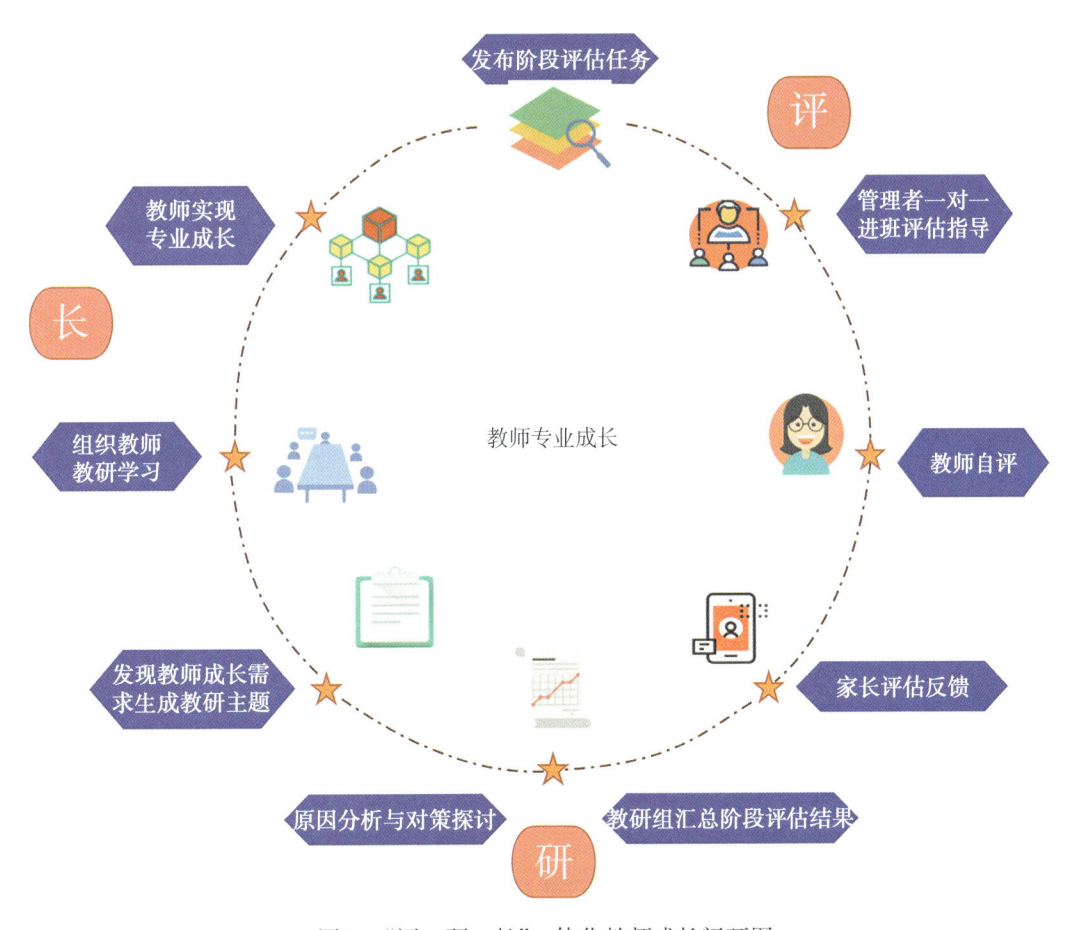

图5 "评—研—长"一体化教师成长闭环图

"小红花"儿童成长闭环(如图6),家园协同评价点亮"小红花"。利用新幼"小红花"APP,教师和家长可以随时记录上传儿童在园、在家的成长瞬间,选择"六乐儿童"发展评价主题,抓住教育契机,第一时间开展教育对话,对标同评。通过为儿童点亮不同颜色的"小红花",实现每一个儿童的全面、可持续发展。

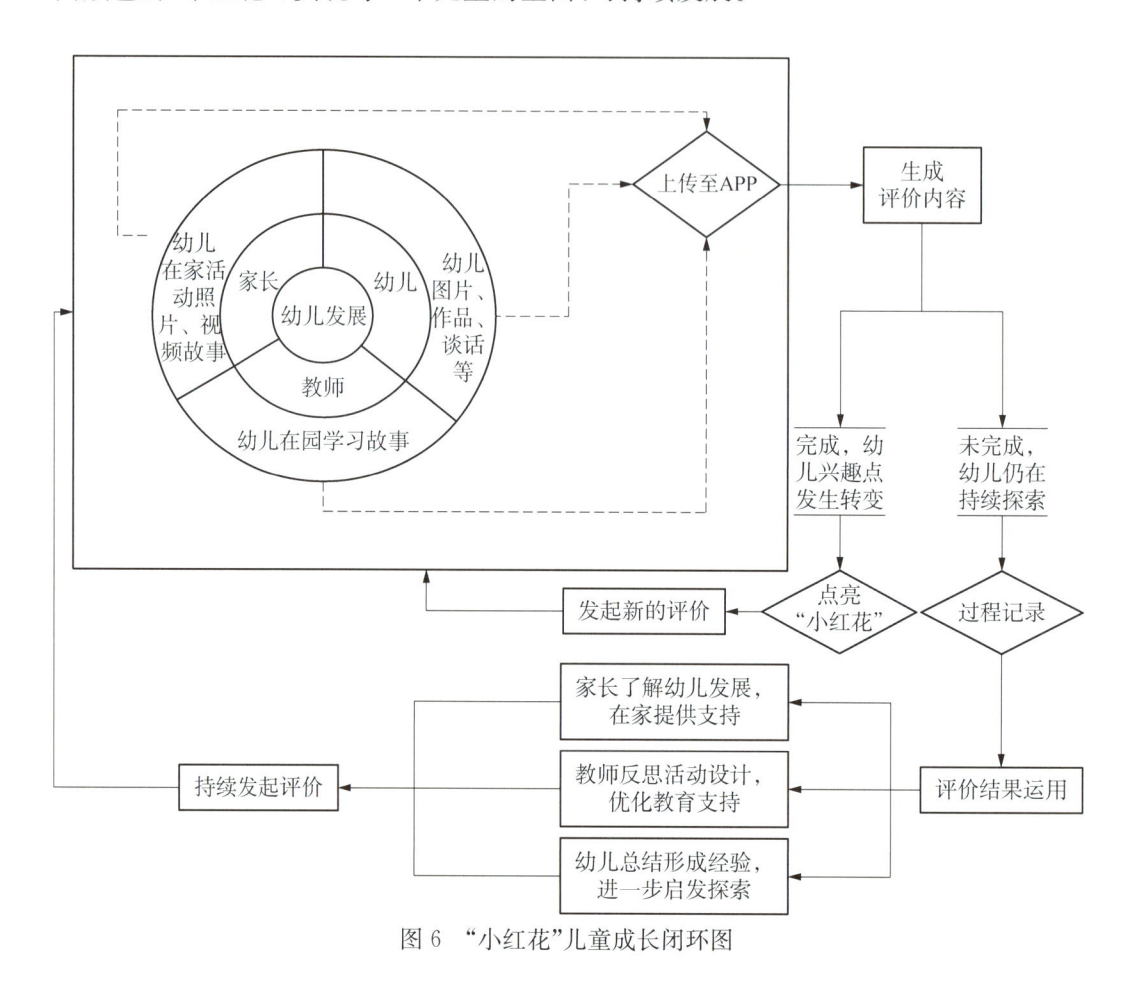

图6 "小红花"儿童成长闭环图

第四节 效果与反思

一、欢乐谷课程体系提供了幼儿园全面育人的实践蓝本

欢乐谷课程体系躬耕于"培育德智体美劳全面发展的社会主义建设者和接班人"

的重要己任，为满足儿童发展需求构建课程及实施途径，探究激发发展主动性的教学方式和评价机制，围绕全面发展形成了"育人理念体系＋育人课程体系＋育人评价体系"全方位全过程的育人模式。新幼2010年荣获全国儿童创意美术成果三等奖，课程育人效果初现。2017年在《中国教育报》上发表《将幼儿园还给儿童》，2018年课题研究成果专著《体验，陪伴儿童成长》在西南大学出版社出版，2020年《快乐教育与内涵生长》在华东师范大学出版社出版，展示了新幼课程哲学理念。此外，还提供了4次全国、4次全市教学现场观摩，2021年获重庆市优质课程资源开发基地学校、江北区"我为群众办实事"实践活动示范项目等荣誉。在2022年重庆市优质课程资源微课评选中，新幼凭借欢乐谷课程中的大量课程资源获一等奖微课27节，占一等奖总量的81％；为重庆市云课堂提供优质微课84节；为全国同行提供大量优质教学案例。经过集团七园推广、辐射带动成渝双城共19个幼儿园使用欢乐谷课程。各园育人成效显著，成为该区域优质教育示范园。

二、独创斯诺克教研模式为集团化、区域性教学实施提供了有效经验

2015年，新幼在《中国教育报》上发表《向"斯洛克"学习成长智慧》，2019年，新幼在《当代幼教》上发表《集团化幼儿园课程实施模式的实践探索》，均介绍了斯诺克教研模式经验。新幼集团于2008年、2021年获重庆市园本教研基地称号，2021年获教育部幼儿园园长培训中心学院实践教学基地称号。该教研模式通过3次国培、1次市培、6次区培惠及园长、骨干教师600余人。

三、儿童全面发展·六乐素养培育效果显著

欢乐谷课程依照"培养快乐自信小主人"的育人目标，通过课程活动、环境设施、文化浸润、研学游学、家园共育等途径培育"阳光运动、悦读乐演、悦己爱人、好奇求真、尚美创美、自理担当"的新时代儿童。北京师范大学、重庆市教育评估研究会学前教育质量评价专委会、润萌教育研究院联合发布的《新幼集团质量评估报告》（以下简称"《评估报告》"）显示我园儿童各方面素养发展效果良好，显著高于常模水平，主要体现在以下几个方面。

（一）动作协调、精细动作发展好、意志力强、勇敢抗挫

在儿童的动作平衡、精细动作、韵律节奏这三个观测点中，新幼集团中处于较高发展水平的儿童居多（如图7）。大部分儿童坚持每天两小时的户外活动，大肌肉发展较好。每年的四月被新幼设定为"新幼运动吉尼斯"小主人运动节，大中小班儿童分别在快速钻爬、定点拍球、跳绳等项目中不断刷新纪录，该运动节也培养了各年龄段儿童热爱运动、勇于挑战、坚持刻苦的品质，儿童们的运动能力进步显著。

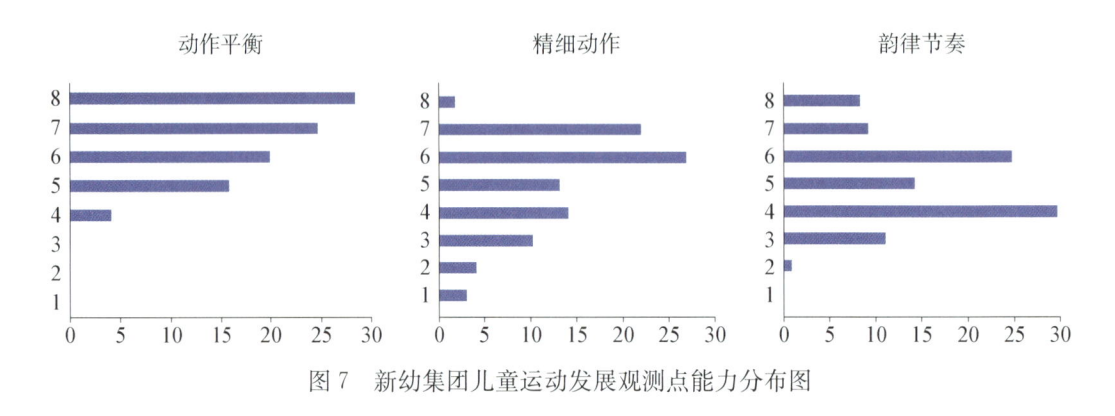

图7 新幼集团儿童运动发展观测点能力分布图

（二）社会情感正向积极、乐于交往

《评估报告》显示新幼儿童在情感表达、与人交往和冲突解决等社会交往意愿、技能方面也都有比较好的发展体现（见图8）。新幼集团通过举办校园文化节（见表3）让儿童浸润在正向积极的社会情感中，开展蕴含社会主义核心价值观的教育活动，儿童呈现出蓬勃活泼的成长态势。

表3 新幼集团校园文化节

	开展时间	文化节内容	文化内涵
春季	三月	小主人节之"我和春天有约"	自然 生命 热爱
	四月	小主人节之"新幼运动吉尼斯"	勇敢 挑战 阳光

(续表)

	开展时间	文化节内容	文化内涵
春季	五月	小主人节之"我为梦想播种"	成长 多元 童趣
	六月	小主人节之毕业生节	感恩 回忆 关爱
秋季	十月	小主人节之"新幼娃娃向太阳"	爱国 自豪 负责
	十一月	小主人节之"秋色寻觅之旅"	寻美 探索 收获
	十二月	小主人节之"八颗牙齿晒太阳"	传承 微笑 爱

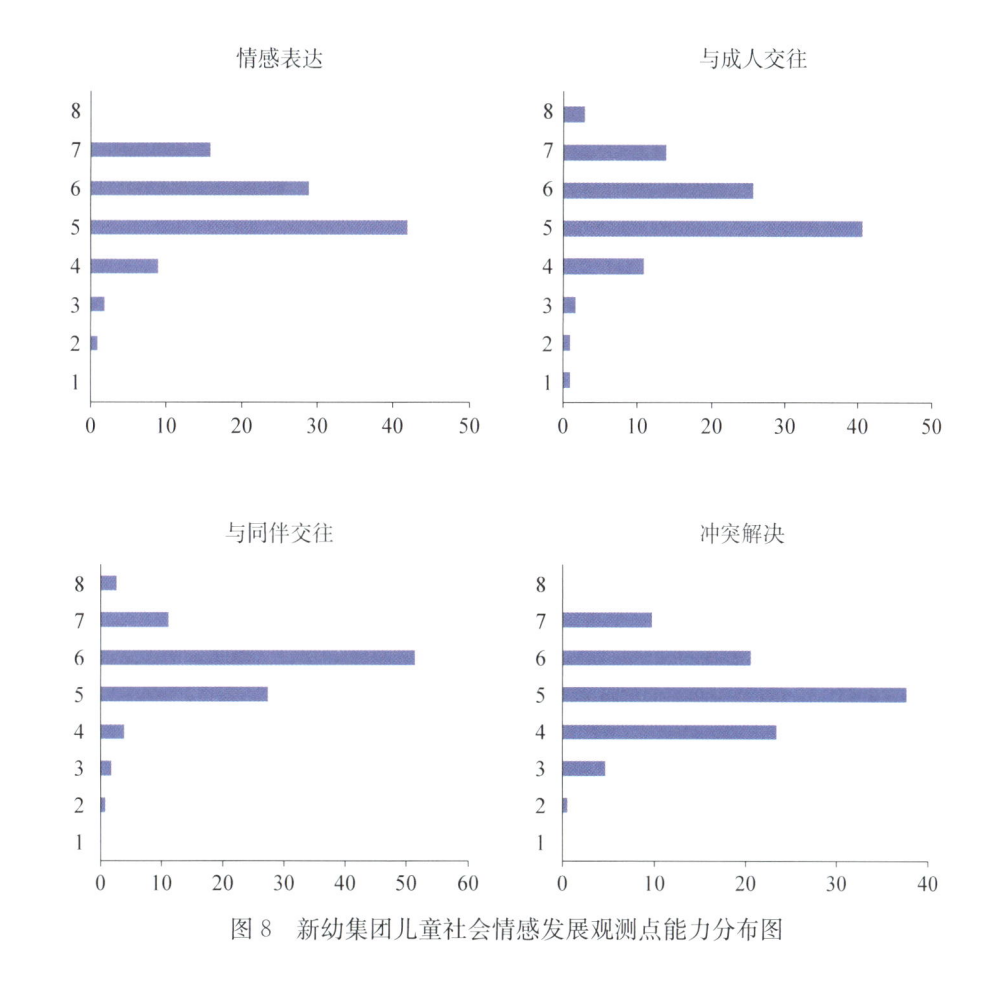

图8 新幼集团儿童社会情感发展观测点能力分布图

(三) 学习专注、有一定的学习方法、学习品质好

新幼儿童在各种活动中都能保持专注的状态,并且初步掌握了一些学习策略和学习方法(见图9),有充足的好奇心和探究欲,学习兴趣浓厚,可持续发展的基础牢固。

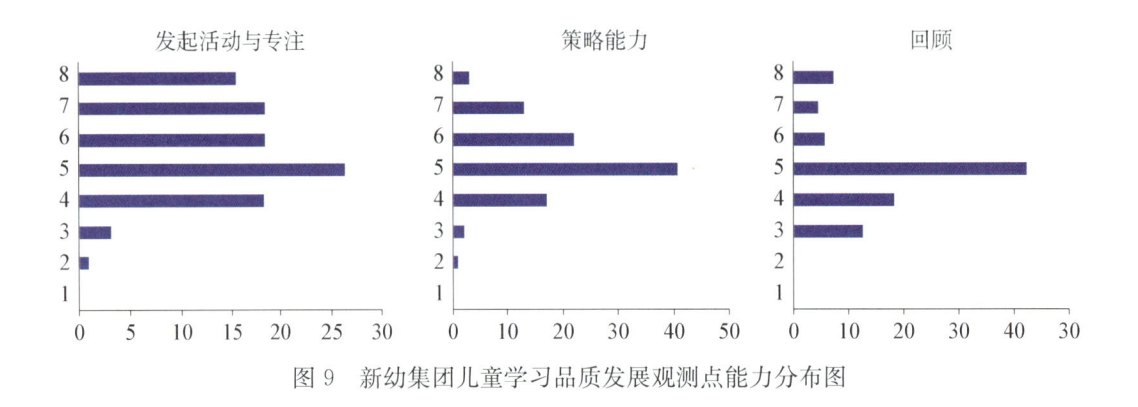

图 9 新幼集团儿童学习品质发展观测点能力分布图

(四) 学习认知能力强,在语言发展、数学经验、科学探究、艺术表现中均有突出表现

实施同时满足儿童发展共需、特需、个需的课程,儿童的多元智能发展得到了尊重和保护,新幼深度挖掘社区资源,联合市科技馆、市消防总队、区图书馆、区交警队开展各种社会实践课程,形成了良好的教育生态。此外,新幼儿童担任小主持人全程主持、参与自然探究形成大量的探究成果等,呈现生动活泼的生长态势。2021年12月在《今日教育(幼教金刊)》上发表的《我和水稻有个约会》《养蚕记》《一花一世界》《地图智造家》等班本课程案例客观反映出认知能力强、全面均衡发展的新幼儿童样貌。

四、教师全面发展,长效持续地支持儿童发展、家长成长

新幼坚持党建统领,在"儿童第一"教育价值观的引领下,建设"感恩懂礼、悦纳均爱、专业优雅"的教师团队,教师以德育爱,以德育人,师德过硬,办园66年来零投诉。新幼坚持"科研立校、科研强校",提供各级各类学习培训、蹲岗外派、比赛展示、专家结对的成长发展平台与机会,以看见每一位教师、成就每一个教师为宗旨,新幼教师

各美其美绽放区内外。在连续两届(相隔12年,2011年、2023年)的重庆市幼儿园教师基本功大赛中,我园教师均获第一。在成渝青年教师风采大赛上,新幼教师连续两届分获第四名和三等奖。此外,新幼输出11名管理者、市区骨干教师支持区域独立建制的公办幼儿园建设,孵化3个成熟公办幼教集团,成为当地优质教育的领头羊,将新幼全面育人模式进行复制推广,惠泽更多儿童。

五、基于一线视角的幼儿园过程评价标准与实践机制全国领先

教育评价作为打通教育的"最后一公里"起着育人末端的总结审视作用,也起着育人开端的指引导向作用。基于全面发展的育人目标、满足儿童发展需求的育人理念,过程评价成为适配欢乐谷课程的研究重点。幼儿园过程评价标准与实践机制的研究成果通过首届(重庆)教育评价国际会议、2023年幼儿园课程建设的理论探索与实践创新暨基础教育国家级教学成果推广交流研讨会、学前教育研究会主办的第三次圆桌会议、"2023年全国学前教育评价研讨会"第二届学术年会等会议推广至全国各地,产生了深远的影响。新幼论文《高质量视域下幼儿园教育过程评价指标的园本化构建——基于德尔菲法的调查分析》获得重庆市第二批深化新时代教育评价改革典型案例一等奖;论文《以三方叙事,提升课程实施质量》获第二届学前教育质量监测评价研究论文评选一等奖,并收录在2023年第2期《教育评估与监测》;其余研究论文在江北区学前教育论文比赛评选中累计获得一等奖2个,二等奖2个,三等奖3个。

第一章

欢乐谷课程的理念哲学

01

教育应充分释放儿童固有的天性和生命活力,为儿童提供丰富多样的生活、游戏和学习体验,使他们能够深刻感受到其中的乐趣。通过这样的方式,儿童对自己的成长感到由衷的喜悦和自豪,进而形成积极向上的生命态度。

随着时代的变迁,人类社会经历了从原始社会、农业社会、工业社会、信息社会到 21 世纪全球化和数字化、智能化时代的发展进程,当下正是人工智能突飞猛进的新时代,对人才培养提出了更高的要求,因而对教育也提出了更大的挑战。面对新时代社会对综合型人才的需求,教育也应以促进人的全面发展为核心思想。全面育人重在强调"全面",一方面是要注重个体德智体美劳全方位的发展,实现完整发展;另一方面则是要关注全体儿童的发展,实现优质教育的普及普惠,不让一个儿童掉队。

构建全面育人的教育模式首先要解决个体、群体与整体发展需求之间的关系。既要关注当下时代和国家的未来,也要紧扣不同地域之间的差异,同时更要关注不同群体与个体的独特性发展需求。只有在满足儿童个体发展需求的情况下才能更好地发挥教育效能,为国家未来的发展培育出一代又一代的中流砥柱,从而实现中华民族的伟大复兴。快乐哲学是实施全面育人的基点,其倡导的教育方式、教育目的和教育成效都是快乐的,这是深层次的、一直持续成长的快乐,是个体全面成长的快乐。快乐哲学样态下的儿童始终保持着积极快乐的学习兴趣,并享受获得学习经验和成就的满足感与快乐感。

第一节　发展需求与快乐哲学

人的发展是社会发展的核心和最高目标,这是马克思、恩格斯最基本的理论观点和价值取向之一。快乐是每个人的追求。不同人在不同阶段获得快乐的方式与途径存在差异,本质上是因为每个人有不同的发展需求,当发展需求得到满足时,人就会达到快乐的状态,快乐哲学与人的发展需求有着密切的联系。

一、人的全面发展理论

19 世纪,以圣西门、傅里叶和欧文为代表的三大空想社会主义者,在批评资本主义社会制度及其教育造成人的片面发展时,提出了人的全面发展的思想。欧文坚持认为所有的人都有受教育的权利,应让每个人的才能、力量和志趣都得到充分发展。[1] 三大空想社会主义者的教育观点对马克思、恩格斯的教育思想产生了极大影响。

人的全面发展理论是马克思关于人类发展理论的根本价值目标,是人的解放的最高境界,是马克思人学理论的精髓所在。在马克思看来,人的全面发展意味着劳动者的智力和体力各方面都得到发展,达到体力劳动和脑力劳动相结合,这是人的全面发展的基础。从更深层次看,也指一个人在志趣、道德、个性等方面的发展,即作为一个真正"完整的""全面性"的人的发展,而且每个社会成员都能得到自由的、充分的发展。[2]

发展是每个个体、每个物种以及整个社会的主旋律,只有保持发展的态势,才能在物竞天择的生态下得以生存或汲取更多的资源与能量。人的全面发展可以从两种层面进行理解:一种是一个人个体多方面综合能力的发展,达到一个完整的人的状态;另一种是以类为基础,指全面的人,即所有的人都得到发展。前者指向个体的发展,后者指向社会群体的发展。个人与社会的发展始终包含着人的全面发展,社会发展实质上就是人的发展,两者具有一致性,且互为条件。

人的全面发展思想要求在教育中既要关注个体的发展,强调教育因材施教的独特性;也要注重全体的发展,强调教育有教无类的均衡性。无论是个体发展还是群体发展,都对社会的发展有着重要的价值和意义。

(一)立德树人的国家需求

教育是国之大计、党之大计,要坚持教育优先发展,建设教育强国,坚持为党育人、为国育才,立德树人是根本。为党育人、为国育才是教育的根本遵循。培养什么人,是教育工作的政治方向,也是教育的首要问题,一个国家的教育应该紧贴国家对人才的需求,符合时代和社会对未来人才的预期。

我国是中国共产党领导的社会主义国家,这就决定了我们的教育必须把培养德

---

[1] 吴式颖. 外国教育史教程[M]. 北京:人民教育出版社,1999:426.
[2] 吴式颖. 外国教育史教程[M]. 北京:人民教育出版社,1999:440.

智体美劳全面发展的社会主义建设者和接班人作为根本任务,培养一代又一代拥护中国共产党领导、拥护社会主义制度、立志为中国特色社会主义奋斗终身的有用人才,这是教育工作的根本任务。因此,学校的教育目标、课程目标必须遵从社会主义核心价值观与国家课程标准的要求。

(二) 全面育人的群体需求

春秋时期,孔子提倡"有教无类"的教育思想,强调教育的均衡性,每个人都有受教育的权利。全面育人即关注全体教育对象的需求,让所有教育对象都得到积极的发展。

不同时期不同地区儿童的发展水平不同,其发展需求以及对教育资源的需求也不尽相同。同一教育群体中,因受到群体交往、年龄认知的影响,在某些时期会出现共同的教育需求,可能来自生活中的某种现象,可能来自某件偶然发生的事情,也可能来自社会时事热点。

随着不同地区的政策的实施,一所学校的生源大多集中在某一固定范围之内,这为学校了解学生学习背景、生活背景提供了便利,也有利于地域优秀文化的传承。在追求学校品质内涵发展的今天,地域文化资源成为学校品质、课程特色建设的宝藏资源。因在同一地域文化背景下,学生群体自然有共同的群体需求,这也成就了每所学校(幼儿园)各有千秋的校本课程(园本课程)。

(三) 终身发展的个体需求

信息化、智能化的时代瞬息万变,唯有保持终身学习才能跟上时代发展的步伐,因此养成良好的学习品质和学习能力对每一个儿童都尤为重要。

每个儿童都是独立的个体,其发展是一个持续、渐进的过程,同时也具有一定的阶段性特征。每个儿童在沿着相似进程发展的过程中,各自的发展速度和到达某一水平的时间不完全相同,因此教师要充分理解和尊重儿童发展进程中的个别差异,根据个体需求制定教育对策,支持和引导他们从原有水平向更高水平发展。儿童在活动过程中表现出的积极态度和良好行为倾向是其终身学习与发展所必需的宝贵品质。教师要重视培养儿童能够适应未来生活和终身发展的必备品质及关键能力,为满足儿童个体终身发展的需求奠定坚实的能力基础。

人的全面发展的三种需求明确了人的发展具有从个体到群体再到国家的社会属性,三者之间依次递进,既顺应国家教育目标,又落实于儿童个体发展。

二、快乐是人最高层次的需求之一

人作为一种生命生物的存在,相比自然界中植物、动物生命的生长需求,人具有更复杂的需求。行为主义心理学派代表人物马斯洛对人的需求进行层次划分,从低到高分为五个等级。最低等级的需求是生理需求,即需要满足基本需求,维持个体生存;第二等级是安全需求,即需要保障安全稳定,免除恐惧威胁;第三等级是爱与归属的需求,即需要建立情感联系,归属某一群体;第四等级是尊重需求,即需要内在价值肯定,外在成就认可;最高等级的需求是自我实现的需求,即充分发挥潜能,实现理想抱负。马斯洛认为高层次需要的满足能使人体悟人生的幸福感、存在感和内心生活的丰富感。他主张通过人的需要层级体系研究和挖掘人的内在潜能,通过对具有创造力的人进行人格特性分析,充分开发个人的创造力。马克思在其著作中也提到了人的多种需要,包括肉体需要、货币需要、教育需要、奢侈需要等,无论何种类型的需要,概括起来归结为三个方面:生存需要、享受需要、发展需要。这三个方面由低级到高级,呈逐渐递进的趋势。[①]

无论是马斯洛提及的五个等级需求还是马克思概括的三类需求,人都需要首先满足较低等级的需求,只有在较低等级需求得到满足的条件下,才会产生更高等级的需求。值得注意的是,无论人处于哪一种需求阶段,当其需求得到满足时都会产生身体的或心理的快乐感。

快乐总是伴随着需求而产生,对快乐的追求是人一生的目标。只是不同的人需求不同,其对快乐的感受也不同,儿童在吃糖果味蕾感受到甜蜜时是快乐的,交到喜欢的朋友时是快乐的,学会一种本领时是快乐的……成人在完成一件具有挑战性

---

① 薛亚莉.马克思人的全面发展思想及其当代价值研究[D].牡丹江:牡丹江师范学院.2023.

的工作时是快乐的,在得到他人认可获得荣誉时是快乐的……人从出生到生命的尽头,都一直在追求快乐的路上,本书中认为快乐是人最高层次的需求之一,快乐无时不需,快乐无人不需。

第二节　快乐哲学的基本观点

快乐,这一心理状态自古以来便是哲学家们竞相探索的议题。其内涵之丰富,外延之广泛,使得快乐哲学成为了一个跨越时空、多元交融的思想体系。在世界范围内,关于快乐的观念异彩纷呈,不同学派与思想家对此各抒己见,形成了各具特色的快乐观。本书旨在追溯快乐哲学的历史渊源,梳理其发展脉络,解析不同时期对快乐的阐释及其缘由,并最终探讨其在当代中国学前教育中的实践内涵与概念。

一、快乐哲学的历史流变

(一) 古希腊的快乐哲学:快乐与幸福的初步对话

古希腊哲学家们率先开启了关于快乐与幸福的对话。柏拉图在其著作中,虽以追求真理与灵魂完善为幸福的核心,但并未忽视快乐在人生旅途中的伴随作用。亚里士多德则明确提出,快乐是人生的终极目的,是至善的化身。他强调,快乐源自德性的实现与智慧的实践,二者和谐统一,方能体验到真正的快乐。① 伊壁鸠鲁作为古希腊享乐主义的重要代表人物,将快乐定义为人类生活的最高标准。他主张,快乐既包含着肉体上的满足,也同样涵盖了人类精神层面的愉悦,而精神的愉悦是对肉体快乐的内化与升华,是最为重要的。② 总之,古希腊时期哲学领域对快乐的阐释既关注快乐作为人生目的的价值,也强调快乐与德性、智慧及精神愉悦的紧密联系。

---

① 王成光,刘笔利,王立平.论亚里士多德的幸福观及其当代意义[J].四川大学学报(哲学社会科学版),2010,(02):34-38.
② 丁智琼."快乐即幸福"与"有德即幸福"——伊壁鸠鲁学派与斯多亚学派幸福观之比较[J].安徽大学学报(哲学社会科学版),2009,33(03):32-35.

(二) 中国古代的快乐哲学:快乐与道德、自然的和谐

在中国古代哲学中,快乐与道德、自然的和谐紧密相连。儒家思想强调内心的平和与道德的修养是通往快乐之径。孔子认为,快乐是一种内心的满足和对道德行为的回报,是以忠信礼义为基础的"仁爱"。他提出,"知者乐水,仁者乐山",通过修身齐家治国平天下的德行来实现人生的快乐。①

道家则提倡顺应自然,内心的宁静是达到快乐的关键。老子在《道德经》中提到,快乐源于"无忧无虑",意思是人应自然而然地随缘,追求简单和平静的人生境界与生活方式。庄子则进一步发展了这一思想,在《庄子》一书中,他认为快乐是与自然和谐相处的状态,追求心灵的平静与自由,努力脱离烦恼和欲望的纷扰。他认为,人们所追求的世俗快乐是低级的,真正高级的快乐是超越世俗欲望的"至乐"。② 与老子、庄子对于快乐的理解有所不同,墨家认为快乐来源于对他人的利益和幸福的关心与追求,是一种奉献的快乐。他强调道德和利益的统一,认为追求社会和谐是实现个人快乐的关键。③

(三) 近现代的快乐哲学:快乐与生命意义的深度探索

进入近代,哲学家们对快乐的探讨更加深入。蒙田在其作品中,将幸福定义为由简单快感构成的生活体验,如恋爱、饮食、散步等,强调快乐的可感知性与可享受性。他提出,快乐需经历生活的磨砺方能日益丰富。④ 斯宾诺莎则从生存能力的完善与增强的角度,阐释了快乐的本质。他认为,快乐即承担生命赋予的一切,包括痛苦在内,每当我们成长、进步,便会感受到快乐的力量。⑤ 尼采进一步将快乐提升至道德准则的高度,认为快乐的存在赋予人类活动以合法性。他倡导释放天性,驱动欲望,让生

---

① 李煌明,王耕."知者乐水,仁者乐山"——论《论语》中的两种"乐"[J].思想战线,2008,(05):135-136.
② 刘旭阳,谢丽芳.浅议庄子的快乐观——"至乐无乐"[J].语文学刊,2011,(19):21-22+29.
③ 韩永安.墨子义利观研究[D].湘潭:湖南科技大学,2013.
④ 单中惠.蒙田儿童教育思想探析[J].中国教育科学,2016,(04):195-209+194+237.
⑤ 仰和芝,张德乾.试论斯宾诺莎的幸福观[J].江淮论坛,2004,(04):89-92.

命在追求快乐的过程中不断充实与升华。①

受西方近代哲学思想的影响,中国近代也涌现了一大批哲学家、思想家,基于中国的传统文化与时代土壤,提出了多样化的快乐哲学思想。熊十力与冯友兰等新儒家代表人物强调内心修养与精神境界的提升,认为真正的快乐在于内心的平和与满足,超越物质世界的束缚。② 牟宗三则融合儒、道、佛三家之长,提出通过顺应自然、无为而治达到内心的宁静与快乐。③ 胡适受西方实用主义影响,认为快乐应追求实际效用和价值,并在追求自由中实现个性的解放。④ 梁漱溟则从人生哲学角度,强调快乐是人生的重要部分,但需关注人生整体价值和意义。⑤ 这些阐释为追求快乐提供了有益的启示和指导。

除此之外,值得凸显的是,近代对于我国哲学思想影响最为深远的马克思主义哲学,也同样对于快乐提出了具有价值的观点。卡尔·马克思从劳动改变生活的角度论述了他对快乐的理解。青年时期的他在博士论文中提出,自由是幸福的必要条件之一,不自由,无幸福⑥。马克思认为,人只有体现本质才能实现幸福,人们通过自由自觉的劳动,改变自身,发展自身,最终走向幸福,幸福就是向着完善的个人发展,自主活动带来真正的幸福。

现代哲学家们对快乐的探讨更加多元,存在主义认为,快乐是个体在面对生活困境时展现出的勇气与自由精神的体现。黑格尔则从辩证法的角度,揭示了快乐与痛苦之间的统一关系,认为快乐是一种辩证的过程。⑦

---

① 李荣博.尼采哲学中的快乐问题研究[D].西安:西北大学,2014.
② 张丽华.冯友兰的幸福观及其启示[J].江西社会科学,2006,(02):126-128.
③ 周良发.牟宗三幸福观探略——基于《圆善论》的考察[J].河南工程学院学报(社会科学版),2013,28(01):35-39.
④ 程林辉,张强.胡适的人生哲学[J].学术论坛,2014,37(01):16-19.
⑤ 张方玉."孔颜之乐"的现代转型:论梁漱溟的新儒家幸福观[J].中南大学学报(社会科学版),2019,25(04):13-18.
⑥ 宋美沂.人的自由何以可能——马克思《德谟克利特的自然哲学与伊壁鸠鲁的自然哲学的差别》的自由思想研究[D].长春:东北师范大学,2014.
⑦ 许启彬.生命伦理学语境下黑格尔《精神现象学》的生命向度阐释[J].伦理学研究,2011,(01):90-95.

二、快乐哲学在当代中国学前教育中的体现与内涵

在当代中国学前教育的相关政策与实践探索中,快乐哲学的重要性在政策表述与实践操作中均得到了生动的体现。具体而言,以儿童为中心、注重情感与心理健康、强调游戏与体验、倡导家园共育与社区参与等核心观点,正是快乐哲学在当代中国学前教育相关政策及实践中的深刻融合与体现。

(一) 以儿童为中心的快乐教育理念在《3—6岁儿童学习与发展指南》中得到了明确的体现

《3—6岁儿童学习与发展指南》(以下简称《指南》)强调,教育者应尊重儿童的主体性与独特性,关注儿童的个性差异与兴趣导向,让儿童在快乐中自由成长,实现自我价值的最大化。这一理念不仅体现了对儿童个体的尊重与关怀,更与熊十力的"本体论"哲学思想相契合,彰显了快乐哲学在教育领域的深刻内涵与实践价值。

(二) 快乐教育注重情感教育与心理健康的培育

《指南》指出,教育者需深入洞察儿童的情感需求,通过情感表达与管理的训练,帮助儿童建立健康稳定的情感世界。同时,还需关注儿童的心理健康状态,通过积极的心理干预与辅导,培养儿童面对挫折的坚韧心态与应对能力。这一理念不仅体现了对儿童情感世界的关注与呵护,更与牟宗三"无为而无不为"的哲学思想相呼应,彰显了快乐哲学在促进儿童全面发展中的重要作用。

(三) 游戏与体验被视为快乐教育的核心要素

这一观点在学前教育相关政策及实践中得到了广泛的认可与实践。《指南》鼓励教育者设计富有创意与趣味性的游戏,让儿童在游戏中获得知识与技能,实现寓教于乐的目标。同时,还强调注重儿童的亲身体验,通过实践操作与探索发现,让儿童在快乐中感受知识的魅力与学习的乐趣。这一理念不仅体现了对儿童学习方式的尊重与引导,更与胡适实用主义思想中的"快乐应追求实际效用和价值"相契合,彰显了快

乐哲学在激发儿童学习动力与创造力中的独特作用。

（四）快乐教育倡导家园共育与社区参与的教育理念

《指南》鼓励教育者与家长建立紧密的合作关系，共同关注儿童的成长与发展；同时，还倡导鼓励儿童积极参与社区活动，通过社会实践与交往互动，培养社交能力与社会责任感。这一理念不仅体现了对儿童成长环境的关注与优化，更与梁漱溟人生哲学中的"关注人生整体价值和意义"相契合，彰显了快乐哲学在促进儿童全面发展中的深远影响。

总之，快乐哲学在当代中国学前教育相关政策及实践中的深刻融合与体现，不仅为儿童提供了快乐成长的舞台，更为学前教育事业的蓬勃发展注入了新的活力与动力。

三、新幼的快乐教育哲学内涵

通过对快乐教育哲学发展史的梳理，结合其在当代学前教育中的体现，基于二十多年的办园实践，新幼集团对快乐教育哲学进行了园本化解读：在新幼，快乐教育哲学的内涵在于让每一个儿童体验成长的快乐，成为更好的自己。快乐是每位儿童时刻都保持积极愉悦的情绪，认真专注地探索环境中的秘密，获得身体和心理的双满足；是每位教师在自己的赛道中持续向上成长，与同事、儿童、环境形成一种温暖、愉悦、融洽的相处模式。

快乐教育是新幼集团推进素质教育的价值观和方法论，是以积极心理学为指导，充分调动师幼的积极性，使教师善教、儿童乐学，在师幼融洽的气氛中，全体儿童得到生动活泼、促进发展的教育。其价值追求在于：引导儿童走向"知之者不如好之者，好之者不如乐之者"的乐学境界，让每一个儿童体验成长的快乐，不断增长积极的生命张力，在快乐体验中成长，以快乐奠基美好人生。

新幼集团倡导的快乐教育重在关注儿童内心的丰盈，而不是单纯感官刺激的满足；重在关注个体可持续发展的核心品质生长，而不是即时的学习效应；重在关注教育环境、教育内容、教育方式的适宜性，而不是花哨的活动形式、游乐园式的高档建设。

第三节 快乐哲学下的新幼文化

德国古典哲学家康德认为教育使人成为人,强调了教育为人的终身发展塑形的功能。把儿童培养成什么样的人是每位教育工作者实施教育的核心指引。英国著名教育家赫伯特·斯宾塞认为教育的最终目的是让孩子成为一个快乐的人,为了达到这样的目的,教育的方法和手段也应该是快乐的①。

在快乐教育哲学的引领下,新幼集团的园所文化、园本课程、教师队伍、过程评价随着时代的发展得到了持续更新和优化,并形成了具有园本内涵的文化体系。

一、新幼快乐教育的发展历程

基于对快乐教育的追寻,新幼集团经历了持续的探索,不同时期对幼儿教育的解读与实践逐步构筑出新幼集团特有的文化系统。

(一)积极追随:一切为了儿童

20世纪90年代,新一轮课程改革全面开启,以邓小平同志提出的"教育要面向现代化,面向世界,面向未来"和江泽民同志"三个代表"重要思想为指导,全面贯彻党的教育方针,全面推进素质教育。应时代培养"四有新人"的育人目标,以及"一切为了学生""为了一切学生""为了学生的一切"的"三个一切"教育理念,新幼的新课程观与教育理念也随之应运而生。

新幼集团积极响应新课程改革的教育倡导,开始探索以儿童为本的学前教育主张,提出"一切为了儿童"的行动纲领。"一切为了儿童"强调幼儿园所有的人、事、物都应为儿童的发展服务,体现儿童的主体地位。"一切为了儿童",确切地说是一切为了儿童的发展。在"一切为了儿童"的指引下,处于硬件环境艰苦条件下的新幼集团

---

① 赫伯特·斯宾塞.斯宾塞的快乐教育全书[M].周舒予,译.北京:北京理工大学出版社,2013:26.

努力创设有益于儿童成长的"软"环境,摈弃师者为尊的传统课堂,坚持探索儿童主体的游戏化教学。此外,持续提升教师专业水平,充分利用场地创设学习空间,尽管场地有限,但老师们想方设法为儿童创设种植、饲养的小天地,打造儿童健康成长的乐园。

(二) 理念萌芽(2001年):让孩子在活动中成长,让每一个孩子得到成长

"一切为了儿童"的行动纲领表达了新幼集团教育的基本追求,强调教育中的儿童主体地位、教育服务儿童发展的中心思想。随着我国《幼儿园教育指导纲要(试行)》的颁布,新幼集团开展了系列学习,并积极探索如何将该行动纲领落实到教育教学实践之中,儿童如何获得发展。

于是,刘静园长组织全体教师就"如何落实一切为了儿童"展开了大讨论,老师们从观念意识与实践总结两方面纷纷发表见解,分享交流了从园所管理到一日活动各个环节落实体现儿童主体的具体做法。诚然,"一切为了儿童"的第一主体是儿童,儿童应是一切实践探索的起点与归宿。刘静园长在全体教师的讨论中看到了"教育要尊重儿童的成长规律、每个儿童都有成长与发展的权利"的共同观点,由此提出了新幼集团"让孩子在活动中成长,让每一个孩子得到成长"的教育理念。

"让孩子在活动中成长,让每一个孩子得到成长"这一理念是新幼集团落实"一切为了儿童"的行动指南,既指明了儿童在活动中成长的学习方式,也强调教育应关照到每一个儿童的成长,恰如其分地呼应了我国古代教育家孔子"有教无类""因材施教"的教育主张。

1989年11月20日,在第44届联合国大会上通过的《儿童权利公约》强调每个儿童都有成长发展受教育的权利,教育要最充分地发展儿童的个性、才智和身心能力。[①] 学龄前儿童处于具象思维阶段,以直接经验建构为主要的学习方式,因此儿童的成长必须以活动为基础,在富有层次的活动中充分满足感官的感知和探索。儿童是成长中的个体,每个儿童都有自己的成长速度,教师应根据不同儿童的特点采用不

---

① 联合国.儿童权利公约.学前教育研究[J].1997(06):54-61.

同的教育方式与策略,让每个儿童都能得到适宜的教育,从而促进每一个儿童的发展。

(三) 理念升华(2003年):让每一个孩子体验成长的快乐

经历了一段时期的实践探索,教育部、中央编办、国家计委、民政部等多部门共同颁布了《关于幼儿教育改革与发展的指导意见》,幼儿教育有了新的时代发展目标。在此背景下,新幼集团也开启了对教育理念的持续探寻。如何在新幼这块方寸之地上真正实现让每一个儿童获得成长?儿童如何获得成长?获得怎样的成长?在对这三个问题的不断追问与讨论下,新幼集团刘静园长认为无论在何时何地都要坚持让每一个孩子在新幼集团体验到成长的快乐。于是,新幼集团"让每一个孩子体验成长的快乐"的办园理念诞生了。

"让每一个孩子体验成长的快乐"办园理念是当下公平教育、科学幼儿教育的"新幼表达",其教育内涵丰富,表达了新幼集团关注每一个儿童的成长,不仅体现了重视教育对象的个体性,更体现了注重教育的全面性与公平性,其中"体验"一词诠释了儿童获得经验的途径与方法。体验是指一种亲历和亲历中的体会及获得的经验,以身体之,以心悟之。[①] 体验有直接性、个体性、亲历性、情感性及意义性等特征,是儿童理解世界与人生的方式,也是儿童追寻自身生命意义的方式,建构了人的生命意义和精神世界。

在践行办园理念的过程中,新幼集团以"体验教育"为课程核心,进行了深度的幼儿园多元文化美术主题课程和幼儿园体验课程的开发研究,进一步明确了富有体验性的教与学的逻辑关系。通过深度理解体验的含义,促使儿童由被动学习转变为主动学习,充分发挥儿童的自主学习精神,尊重儿童的个人感受和独特见解,关注儿童和教师主体性及创造性的发挥。探索体验教学的模式,从理论研究到实践活动探索,"体验教育"由一个名词发展为具象的一年四季中的各项活动,渗透于各类不同教育活动中,儿童在多层次的体验中自然、生动、真实地成长。同时,通过研制"六步体验

---

① 刘静.体验,陪伴儿童成长[M].重庆:西南师范大学出版社,2018:4.

教育模式"与"五色花幼儿体验学习法",设计六类典型体验活动,建构了体验特色课程体系。由此,新幼集团的课程从照搬、借鉴、重组走向了独立建构,并形成了具有新幼特质的欢乐谷园本课程体系。

(四) 确立教育价值观(2010年):儿童第一

随着体验教育理念逐渐深入每位新幼人的内心,"体验"成为了老师们口中的高频词,也成为了儿童获得直接经验的主要学习方式。无论是新教师的教学,还是骨干教师的论坛,体验教育的故事始终保持着持续新生的状态。

由来契机:种植角之争

当体验教育已成为常态,后勤组与教学组之间的一次冲突引发了新幼集团关于教育的新追问。

2010年春季学期刚开学,教学组、后勤组各自忙碌着,并且都以最快速度将各项开学工作推上正轨,唯独种植区一片荒芜。关于此事,保教主任与后勤主任各执一词,场面一度陷入僵局。听了双方的"原因"后,刘静园长提出了以下问题:"我们为什么要设置种植地,种植地是为谁规划的,谁来主要负责才能最大限度地发挥种植地的价值?"三个连环问题让后勤主任和保教主任都陷入了思考。当天,刘静园长组织全体后勤人员和保教人员开展了一场关于种植地谁负责的现场教研。刘静园长在教研会上提到:"儿童是幼儿园一切活动和环境的第一主体,我们做和儿童有关的事情时,首先要考虑儿童的需求,每一位新幼人都要树立'儿童第一'的意识。"从此,"儿童第一"成了新幼的教育价值观。

"儿童第一"教育价值观的内涵是:把儿童的利益与成长作为考量一切的依据,儿童第一不是"唯儿童"论,更不是"伪儿童"论,而是儿童利益第一、发展第一,让儿童成为更好的自己。

"儿童第一"看似简单的四个字,却有其独特的力量,在时间的浸润下,"儿童第一"逐渐印刻进园所环境,渗透到儿童的每日活动中,新幼集团的环境视线也移到了"一米二以下"区域,课程有了真正的"儿童味",实现了把幼儿园全方位地"还给"儿童。贯彻"儿童第一"教育价值观后的新幼,每一天都有小主人们履行主人义务与权利的忙碌身影,晨间"小巡警们"负责接送小班弟弟妹妹进入教室,"小管家们"管理班级日常事务、帮助厨师摘蔬菜、照顾种植饲养区的动植物,"小蜜蜂们"既要清洁班级玩具,还要负责园所环境的清洁与整理。每个节假日和每月小主人节前夕,新幼都会开展儿童谏言、儿童商讨、儿童决议的小主人会议。从班级会议到园所会议,每个儿童都有发表意见的机会与权利,大到节日如何过、课程如何进行……小到礼物选什么、餐桌怎么摆……都由小主人会议决定。在新幼集团,"儿童第一"价值观真正落实到了行动上,儿童友好环境俯拾皆是。

(五) 追求教育哲学(2020年):快乐教育

培养什么人、怎样培养人、为谁培养人,是推动教育改革的基本出发点和落脚点。① 教育要培养德智体美劳全面发展的社会主义建设者和接班人,这是我国教育的根本任务。② 在学前教育阶段,新幼集团要培养什么样的儿童? 终极目标又在哪里呢?

园所文化是一所幼儿园的灵魂,也是幼儿园产生持续生命力的根本保障,是幼儿园实现内涵发展的重要依托,也是重要的教育手段和教育资源。高品质的幼儿园文化建设能够不断推进幼儿园教育质量的提升。基于多年对办园理念与价值观的实践探索,新幼集团的园所文化已有初步沉淀,但园所和儿童未来的发展仍然需要明确的指向。由此,对园所育人目标的定位势在必行。

1. 提出育人目标

顶层设计的园所文化描绘的是教育的美好蓝图,育人目标是园所一切保教活动的风向标。经历了一段时间关于育人目标的大讨论,新幼集团回归对办园理念"让每一个孩子体验成长的快乐"的深度分析与解读,即"每一个孩子"体现教育对象是每一个个体,不落下任何一个儿童;"体验"则表达了儿童学习和成长的方式,以亲身经历、

---

① 姚冠男.中国式教育现代化之路探讨——基于十八大以来教育改革实践及二十大报告相关论述[J].内蒙古师范大学学报(教育科学版),2023,36(03):1-10.
② 中华人民共和国教育部.落实立德树人根本任务 努力办好人民满意的教育[EB/OL].(2024-08-19). http://www.moe.gov.cn/jyb_xwfb/s5148/202408/t20240819_1146169.html

操作实践的方式建构知识与经验；而"快乐"就是儿童成长的理想状态。因此，儿童所有的学习与游戏都应指向获得成长的快乐。

在"儿童第一"价值观引领下的新幼集团，每一位儿童都是幼儿园的小主人，他们参与幼儿园的日常管理、课程建构、环境创设、文化营造，自信、自主成为了新幼儿童最显著的特质，因此"培养快乐自信小主人"自然而然成为了新幼集团的育人目标。快乐而自信是极重要的性格品质，将对儿童一生的发展产生深刻且深远的影响。"快乐"指向个体稳定、积极向上的内在情绪；"自信"指向在群体中开朗真诚的交往状态；"小主人"则指向儿童对自我、他人以及生活中各种事务的掌握与管理，是权利与义务、个人与集体的统一体。

2. 探寻教育哲学视角

哲学不仅是构成思想的方式，也是反思思想的方式，而反思思想是哲学理论的特殊性质，标志着哲学思维方式的特殊功能。① 哲学是人类发展的精神产品与时代精华，是最高层次的精神需要之一。保持哲学思维能让人从世界观、方法论的高度来认识和处理问题，拥有辩证的思维品质。教育哲学作为一种思想，是对教育思想的"思想"，"思想"教育思想的前提和基础、限度与根据，以一种"内在的注视"看待"外在的问题"。② 教育哲学具有生成、或许与突变三种样态。

快乐是一种心理情绪状态，也是一种富有深度的哲学视角。在快乐教育的哲学视角下，教育通过快乐的途径和方法促进儿童的全面发展，教师充满情感地教学，做一个激情之师，推动儿童实施自我教育，成为快乐的赋予者。在追求快乐的过程中，人应该关注个体的内心体验，努力实现自我价值，从而找到真正的快乐，故快乐亦是一种哲学态度。

在"培养快乐自信小主人"育人目标的催化下，新幼集团主张"快乐教育"的教育哲学，为园所文化的系统发展又一次注入新力量。

经历了理念萌芽、理念升级到确立教育价值观的探索，新幼集团进入了"快乐教育"的教育哲学探索新时期，努力建设新时代快乐教育新面貌，成就高质量学前教育

---

① 赵汀阳.四种分叉[M].上海：华东师范大学出版社，2017：3.
② 石中英.教育哲学[M].北京：北京师范大学出版社，2007：28.

的新样态。

二、快乐哲学下的欢乐谷课程理念

基于对快乐教育哲学的深度领悟,结合多年来的课程探索积淀与园所文化,新幼集团总结提炼出了欢乐谷课程理念:向着快乐出发。其具体内涵如下。

新幼集团认为儿童是教育的第一主体,在学习成长过程中具有主动性,在课程中获得快乐是其学习成长的终极目的。"向着快乐"则表明了学习成长的目的性,这里的"快乐"更多是指儿童获得经验上的积累与精神上的满足。儿童的成长需要良好的生活环境、优质的教育环境及学习需求被满足。具象思维为主的儿童更容易接纳亲身经历、直接感知、实际操作的学习方式。新幼集团以体验教育理论和快乐教育思想为指导确立的"向着快乐出发"的课程理念,还有一种具象的表达,即主动体验,快乐成长。这对于转变传统幼儿教育方式,推动儿童对周围事物与人的关注、交往、探究以及建构必要的核心经验,无疑都具有独特的教育价值。

第一,主动体验体现了哲学意义,体验是人的生存方式,也是人追求生命意义的方式之一。体验的生存方式是一种发自个体内心的、独特的、与生命直接相联系的行为方式,是对生命发展的感悟。

第二,主动体验体现了心理学意义,体验一般意义上是指一种由诸多心理因素共同参与的心理活动,这种心理活动是与主体的情感、态度、想象、直觉、理解、感悟等心理功能密切结合在一起的。体验是在与一定经验关联中发生的情感融入和态度、意义的生成。

第三,主动体验体现了美学意义,体验是在观赏和享受美时产生的深层的、生动的、令人沉醉痴迷而难以言说的、特殊的内心感受,伴随着紧张、剧烈的内心活动,丰富活跃的想象,带来热烈、欢快的情感。

主动体验体现的是尊重儿童、相信儿童、引导儿童、激励儿童,秉持"儿童第一"教育价值观的师幼互动的教学样态。主动体验体现了教育者十分珍视童年生活的价值,支持儿童独立、自主、自我、自信发展的教育原则和方式。

快乐成长诠释了"教育的目的是让孩子成为一个快乐的人",体现的是让儿童尽情享受、感受、体验教育环境和园舍文化,分享和感恩家庭成员及保教人员的关爱、温暖、呵护与陪伴。教育必须以每一个儿童的成长为目的,儿童的天性和生命张力得到释放,儿童的合理需要得到满足,儿童的多元智能得到良好发展,儿童能够充分感受和体验生活、游戏、学习的乐趣,体验自己成长中的各种经历并为自己的成长感到快乐和骄傲。这就是快乐成长体现的儿童教育目标追求。

"向着快乐出发"课程理念,是快乐哲学的园本化进展,是对人的全面发展实践样态的描绘,是新幼集团的教育价值凝结。"向着快乐出发"课程理念既是对办园理念"让每一个孩子体验成长的快乐"的传承,也为课程方向和课程模式进行了定位。为此,必须积极建设富有"快乐""体验"的园本课程文化与环境,建构快乐教育课程体系和体验式课程模式,培育全面发展的快乐儿童,造就持续成长的快乐教师。

新幼集团经历了二十三年的园本课程探索与实践,而欢乐谷课程体系在一轮又一轮的课程建构中逐步得到完善。欢乐谷课程理念不仅是整个课程架构、内容、实施、评价的"神经中枢",更是园所文化体系的核心支柱。从课程框架模块、课程内容建构到课程实施评价,欢乐谷课程始终以快乐哲学为坚实的理念支撑,教师深化理解快乐哲学在课程中的运用,进而将其内化为新幼集团的教育哲学、育人目标、课程理念,助推新幼集团新时代学前教育全面育人模式的探索,新幼集团实现了"让每一个孩子体验成长的快乐"的美好教育愿景!

第二章

欢乐谷课程的目标价值

02

立德树人是教育的根本任务，教育要培养德智体美劳全面发展的社会主义建设者和接班人。遵循国家对教育的要求，新幼集团不断寻找园本化课程目标，努力培育快乐的儿童、自信的儿童、有担当和有主人翁意识的儿童。

课程目标是指课程最终要实现的育人结果，它对课程建设既起到导向作用，又起到调控作用，是确立课程框架、设计课程内容的依据，也是保证课程质量、推动课程优化的关键准则。

2012年，党的十八大报告首次提出"把立德树人作为教育的根本任务，培养德智体美全面发展的社会主义建设者和接班人"。之后，我国一直不断强调这一教育目标与任务。在此背景下，新幼集团通过自下而上的课程文化建构，建立了独有的儿童发展观，将欢乐谷课程的育人目标确定为"培养快乐自信小主人"，并具体分解为"好奇求真、悦己爱人、尚美创美、阳光运动、悦读乐演、自理担当"六大素养，以此指导课程体系建设，实现儿童的快乐成长，实现"为党育人，为国育才"的育人使命。

第一节 课程文化下的儿童发展观

新幼集团儿童发展观是"培养快乐自信小主人"，其内涵体现为以下三个方面。

一、快乐的儿童：成为快乐的人

在儿童发展观中，快乐是被放在首位考虑的要素之一，"快乐的儿童"这一发展要求关注儿童的心灵世界，之所以将它放在首位，是因为心理健康对个人发展至关重要，心理健康与幸福感既是个人成长、发展的基础，也是个人成长与发展的终极需求之一。经过长时间的实践探索，新幼认为"快乐的儿童"有以下特点：率性自然、热爱生活、积极乐观、友善愿交。"率性自然"源于"知行合一"的理论，"率性"意指顺从、遵循人的本性或天性，也就是与生俱来的、未经外界影响的本质；"自然"则指的是事物的自然状态或规律，不受人为干预的状态。二者结合起来，就代表了儿童的天性能够被顺应，儿童的真实感受能够被理解，儿童的个体差异和多样性能够被尊重，儿童能够按照自己成长的自然规律，在自然的、生活化的环境中和谐地成长。"热爱生活"源于儿童天然所处的生活环境，儿童是处于生活中的儿童，要想收获快乐，就需要关注生活中的人、事、物，并从中发现美好，从而产生愉悦的、幸福的心灵感受。"积极乐观"要求着眼于儿童成长之路上的各种挫折,只有具备良好的适应能力与调整能力,从积极的角度去看待自己碰到的困难与挫折,不断克服挫折带来的负面影响,才能够保持阳光、持续快乐。"友善愿交"源于哈贝马斯的"主体间性"思想理念,人并非独立的个体,与不同的人通过友善、理性的交流,才能够达成真正的人际和谐,实现个体的快乐。因此,新幼集团希望儿童能够关心自己,善待他人,愿意讲述与倾听,能够求助与帮助他人,建立和谐的人际关系。

二、自信的儿童:人的自在状态

自信,在现代汉语词典中的解释为"相信自己"。我国的伟大民族英雄孙中山先生说过:"吾心信其可行,则移山填海之难,终有成功之日。"由此可见,自信心对个人的重要性。自信不仅是一个人获得成功的基础之一,也是一种积极的心理状态。个体的自信根源于国家的文化自信,国家的文化自信能够激发个体更强大的精神力量。因此,新幼认为"自信儿童"应有"身体健康,自爱自立,了解、热爱我国文化"三个方面的特点。健康的身体是保持自信的基础,自尊心是维持儿童自信的底线,文化自信是个人自信的根源。"身体健康"不仅意味着儿童能够掌握"站、走、跑、跳、攀、爬、投、抛、平衡、滚、转、钻、踢、拍、推、拉"等基础的运动技能,还意味着能够适应天气、环境的变化,有一定环境适应能力。"自爱自立"包含了两个方面,自爱代表着儿童爱自己,会珍视自己的价值,不随意地贬低自己或放弃自己,无论碰到什么困难,都相信自己能够解决,在与他人交往时,也会努力维护自己的尊严和权利;而自立则代表儿童有独立自主的精神,能够自己独立地玩耍,面对困难时尝试自己独立地解决问题,保持独立思考的品质,不过于依赖他人帮忙解决。"了解、热爱我国文化"是儿童能够保持个体自信的源头,儿童应该对中华民族的优秀传统文化、经典革命故事以及现代各项先进成果有所了解,树立民族自信心和自豪感,从而为个体自信奠定基础。

三、小主人:成为祖国的栋梁之材

时刻牢记培养德智体美劳全面发展的社会主义建设者和接班人这一任务,新幼集团坚持"为党育人,为国育才",为祖国培养能够建设社会主义的栋梁之材是新幼集团育人的终极目标。栋梁之材包含两个方面:一方面是要求儿童具有优秀的品德,并在此基础上产生强烈的社会责任意识;另一方面则要求儿童全面发展,有创新精神,拥有能够建设祖国的能力。

品德的培养主要包括以"热爱家乡、热爱祖国"为引领的八大主要内容与以"自我控制"为引领的三项道德能力,在此基础上,社会责任感的培养需要从小就引导儿童参与生活的方方面面。通过自我服务、为他人服务、为社会服务的三维立体活动的开展,儿童持续增加对社会的了解,感受人与社会相辅相成的关系,增强社会责任感。儿童由此感受到不仅自己需要被照顾,同时也应照顾他人,能够关心、帮助他人。儿童的全面发展要求除了"德"之外,还强调"智""体""美""劳"的全面发展。其中,"智"主要体现在两个方面,一方面是知识技能的提升,包括五大领域的基础知识及基础技能;另一方面则是学习品质的发展,学习品质包括好奇心与学习兴趣、主动性、坚持与专注、想象与创造、反思与解释[1]等方面。"美",广义上指儿童美育,包括儿童审美能力以及创造美的能力,儿童能够发现生活中的美,从而陶冶情操,提高生活品位,促进身心全面健康成长。"劳"指的是劳动的精神与劳动的能力,一方面要使儿童拥有"劳动最光荣"、热爱劳动、愿意劳动、喜欢劳动人民并积极向劳动人民学习的意识与情操,另一方面是支持儿童掌握包括"围绕儿童一日生活开展的全景式劳动、工程劳动、工艺劳动及农业劳动"等劳动活动中的基础劳动技能。

为了实现儿童的创新精神,新幼集团非常注重儿童学习兴趣、学习愿望、学习习惯的培养。春秋战国时期,孔子曾说:"知之者不如好之者,好之者不如乐之者。"在西方教育界,卢梭和杜威则认为兴趣是学习的动力[2]。教育家们的观点说明了学习兴趣对儿童可持续发展、终身学习的重要性,儿童应该在尊重其心理发展客观规律的教育中,感受学习的乐趣,从而产生不断重复参与学习与探究的想法。此外,除了适宜教育之下产生的学习兴趣外,持续拥有的学习愿望也是促成可持续发展的重要途径,长期的学习愿望可以源于两个方面,一方面是儿童在教师的不断鼓励、帮助和挖掘下,发现自己的长处和兴趣点,从而拥有挑战自我、不断成长的学习愿望;另一方面则是

---

[1] 鄢超云,魏婷.《3~6岁儿童学习与发展指南》中的学习品质解读[J].幼儿教育,2013(6):1-5.
[2] 薛小丽.西方近现代兴趣教学思想研究——兼论当代教学论的重建[D].重庆:西南大学,2008.

儿童在形式丰富的故事和活动中了解世界,产生充满奇幻想象的梦想,为了实现梦想而产生一定的学习愿望。最后,学习习惯会影响学习结果的有效性,良好的学习习惯可以为收获更佳的学习成果提供良好保障,实现学习的良性循环,从而推动儿童可持续发展。

第二节 新幼集团的儿童核心素养

在"培养快乐自信小主人"的育人目标引领之下,结合《3—6岁儿童学习与发展指南》中的要求,"好奇求真、悦己爱人、尚美创美、阳光运动、悦读乐演、自理担当"成为了新幼儿童的六大核心素养。

一、好奇求真

"好奇求真"源于《3—6岁儿童学习与发展指南》中科学领域的要求,"幼儿的科学学习是在探究具体事物和解决实际问题中,尝试发现事物间的异同和联系的过程","成人要善于发现和保护儿童的好奇心","不应为追求知识和技能的掌握,对幼儿进行灌输和强化训练"。[①] 好奇代表了儿童在碰到新事物或是自己不解的问题时,愿意不断地提出问题。而求真则代表了一种追求真理的态度,不仅要求儿童愿意通过思考和尝试、了解和探索,从而拓宽自己的视野和认知;更要求儿童在探索的过程中,不浅尝辄止,而是深度持续地探索,遇到问题时不找借口,愿意提出各种解决方法,并寻求新的答案,不困于一个角度,而是探索事物、问题的方方面面,建立全面的思维。好奇求真是一种积极的学习和生活态度,包括"儿童遇到问题或想探索的问题时能够积极进行猜想、主动获取信息、探索与验证答案、尝试独立探索"。

---

① 中华人民共和国教育部.3—6岁儿童学习与发展指南[EB/OL].(2015-05-27). http://www.moe.gov.cn/jyb_xwfb/xw_zt/moe_357/jyzt_2015nztzl/xueqianjiaoyu/yaowen/202104/W020210820338905908083.pdf

二、悦己爱人

悦己爱人源于《3—6岁儿童学习与发展指南》中社会领域的要求,儿童应该有自己的好朋友,也有自尊、自主、自信的性格品质。"悦己"一方面指的是儿童对自身的喜欢和接纳,对自己的关怀和照顾;另一方面指的是儿童通过满足自己的兴趣爱好,在集体中感受到自己的价值,让自己觉得快乐与满足,获得一种积极的心态。此外,"爱人"指的是对他人有善意和爱心,这里的"他人"包括了家人、朋友、师长以及一些陌生人等,儿童能够尊重他人、关心他人,进一步帮助他人。综合来说,悦己爱人是一种健康地平衡自己和他人之间的关系的态度与方法,包括"尊重并满足自己的内心需求,尊重和关心他人,力所能及地帮助他人"。

悦己爱人这一核心素养有助于儿童自尊心和自信心的建立,能够让儿童感受到自己的价值感,从而收获勇气;有利于儿童与他人之间建立感情,从而培养良好的人际关系以及沟通能力;帮助他人与照顾自己不仅能够让儿童的幸福感不断增强,而且有利于社会责任心的增强,帮助儿童融入社会,成为优秀的公民,让自己和他人都收获满足。

三、尚美创美

尚美创美源于《3—6岁儿童学习与发展指南》中艺术领域的要求,"在大自然和社会文化生活中萌发幼儿对美的感受和体验,丰富其想象力和创造力,引导幼儿学会用心灵去感受和发现美,用自己的方式去表现和创造美"。[①] "尚美"指的是儿童对美的事物的崇尚和追求,儿童能够观察生活中不同事物的美,包括自然风景、艺术作品、人文景观等,并发现以及欣赏其中的美,感受美好事物带来的愉悦心情。"创美"则是要求儿童在观察、欣赏美的基础上,用唱歌、跳舞、画画、手工以及其他丰富多彩的表达形式,根据自己心中对美好事物的理解,创造出新的美好事物。综合来说,尚美创美能够丰富儿童生活,有益儿童心理健康发展,包括"学会欣赏美,提升审美素养;通过各种形式进行创作,表达自我"等。

---

① 中华人民共和国教育部.3—6岁儿童学习与发展指南[EB/OL].(2015-05-27). http://www.moe.gov.cn/jyb_xwfb/xw_zt/moe_357/jyzt_2015nztzl/xueqianjiaoyu/yaowen/202104/W020210820338905908083.pdf

尚美创美这一核心素养不仅能够促进儿童审美素养以及艺术修养的提升，还能够通过自我表达来推动儿童创造力的发展，以及通过积极表达自己的情感和思想，来保护儿童的心理健康以及人格独立。同时，尚美创美能够丰富儿童的生活乐趣，增加儿童的主观幸福感，培养快乐。尚美创美也是儿童全面发展的重要环节之一，注重尚美创美这一核心素养培养，才能真正促进儿童综合素质的提升。

四、阳光运动

阳光运动源于《3—6岁儿童学习与发展指南》中健康领域的要求，儿童身心发育尚未成熟，需要成人的精心呵护和照顾，但不宜过度保护和包办代替，以免剥夺儿童自主学习的机会，使其养成过于依赖的不良习惯，影响主动性、独立性的发展。"阳光"代表着光明与温暖，象征着希望与活力，阳光指的是儿童拥有积极向上的生活态度与生活方式，既包括乐观、自信、坚韧的生活态度，面对困难和挑战时的冷静乐观，也包括健康、规律的生活方式。"运动"则是指体育锻炼，对儿童而言，主要包括"站、走、跑、跳、攀、爬、投、抛、平衡、滚、转、钻、踢、拍、推、拉"等十六个方面的重点体育动作。综上，阳光运动旨在让儿童身心健康成长，更有精力去面对各种挑战，包括"积极阳光的生活态度，乐于运动的情感态度，每日坚持运动，运动技能较为娴熟"等。

阳光运动这一核心素养的发展既有助于儿童维持心理健康，形成乐观自信的心理品质，增强心理韧劲，提升学习和工作效率；也有助于提升身体素质和抵抗力，促进身体健康和生长发育；还有助于进一步培养克服挫折、团队协作、积极竞争、坚持等品质和能力。

五、悦读乐演

悦读乐演源于《3—6岁儿童学习与发展指南》中语言领域的要求，"幼儿的语言能力是在交流和运用的过程中发展起来的，应为幼儿创设自由、宽松的语言交往环境，鼓励和支持幼儿与成人、同伴交流，让幼儿想说、敢说、喜欢说并能得到积极回应"。[①] "悦

---

① 中华人民共和国教育部.3—6岁儿童学习与发展指南[EB/OL].(2015－05－27). http://www.moe.gov.cn/jyb_xwfb/xw_zt/moe_357/jyzt_2015nztzl/xueqianjiaoyu/yaowen/202104/W020210820338905908083.pdf

读"指的是儿童能够享受阅读带来的各种乐趣,阅读乐趣包括有趣的情节和生动的人物带来的享受,想象世界的丰富带来的享受,以及通过阅读接触到更广阔的知识带来的享受。"悦读"的儿童愿意开展阅读,经常积极主动地要求大人帮助他们共读,对各种形式的阅读内容都有兴趣。"乐演"则是指儿童愿意在舞台上、公共场合、朋友之间、家庭中等不同场合,用自己的表演来展示自己喜欢的故事、儿歌以及其他文学内容。综上,悦读乐演能够让儿童拓宽知识面并展示自己、丰富自己,包括"喜欢阅读图书,能够理解并吸纳书中的知识,愿意用自己的方式表演自己所喜欢的文学内容"。

悦读乐演这一核心素养的发展可以让儿童接触到丰富的内容,增加知识与内涵,提升读写能力,为未来学习打下基础,实现幼小衔接的良性过渡。此外,还可以为儿童带来愉悦的情感体验,提升幸福感、想象力。最后,还有助于儿童表达自己,锻炼表演能力,并在表演中不断发展自己的语言能力、表现力以及团队合作能力等。

六、自理担当

自理担当既源于《3—6岁儿童学习与发展指南》中的健康、社会等多领域的要求,也源于国家近年来对劳动能力的重视。"自理"指的是儿童能够自己照顾自己的一种能力,不仅包括了在日常生活中的衣食住行方面能够自己承担力所能及的任务,将自己的生活打理得井井有条,还包括了在学习中也能够自己安排一定的学习任务,进行自我管理。"担当"指的是儿童面向生活中各种事务,愿意担负起自己可以胜任的任务,知道自己作为"小公民"的责任与义务,为他人或者是整个社会提供自己力所能及的帮助。总之,自理担当是一种将自我管理和社会责任结合起来的素养,包括"能够自己处理能力范围内的自我管理任务,有家庭成员、班级成员以及社会公民的责任意识,能够承担力所能及的家庭、幼儿园、社会任务并付诸行动"。

自理担当这一核心素养有助于儿童培养责任感,让儿童身体力行地体会到对自己以及对集体的责任心,从而可以理解自己在社会中的定位,培养社会道德观念和自律的能力,培养生活技能,提高自己的生活自理能力,增强独立性,学会独立思考,提升思维能力,为将来的独立学习、独立生活打下坚实的基础。

第三节 新幼集团的"六乐儿童"目标

新幼集团"培养快乐自信小主人"育人目标下的具体课程目标包含六个维度的内容：乐于运动（身心愉悦、坚持锻炼）、乐于表达（自信大方、多元表达）、乐于交往（友好相处、合作交流）、乐于探索（好奇求真、探索发现）、乐于创造（感受欣赏、表现创造）、乐于劳动（生活自理、服务他人）。"六乐儿童"目标包括教师视角的观察指标及家长视角的观察指标，旨在让家园能够"对标同评"地观察幼儿，实现家园之间的教育共振。

一、乐于运动

乐于运动的相关目标源于"阳光运动"的核心素养需求，该维度下的目标主要是针对儿童身体健康及运动能力发展的具体要求，由三级指标及小、中、大班各年龄段的观察要点构成。

表 2-3-1 "乐于运动"观察要点

一级指标	二级指标	三级指标	观察要点		
			小班	中班	大班
乐于运动	教师指标	身心愉悦	1. 身体健康，能够适应天气变化和本班集体生活环境。出勤情况较好，达85%以上。	1. 身体健康，较快适应新的人际环境和物理环境。出勤情况好，达90%以上。	1. 身体健康，适应不同生活环境，关注气温变化，能主动增减衣服。坚持全勤。
			2. 学会躯体、五官的保护方法。在提醒下能坐直、站直。	2. 能使用正确的方法保护躯体和五官。在提醒下能保持正确的站、坐和行走姿势。	2. 能够主动躲避危险，遵守安全规则，学会自我保护的基本方法，经常主动保持正确的站、坐和行走姿势。

(续表)

一级指标	二级指标	三级指标	观察要点		
			小班	中班	大班
乐于运动	教师指标	身心愉悦	3. 情绪比较稳定，不无理地大哭大闹。在成人的安抚下，学会自我控制情绪。	3. 经常保持愉快的情绪，不高兴时能较快缓解。有比较强烈情绪反应时，能在成人的提醒下逐渐平静下来。	3. 能用适当的方式表达自己的情绪，不乱发脾气，学会情绪的自我调控方法，学会关注和安抚他人的情绪。
			4. 可以表达出自己的情绪。	4. 愿意把自己的情绪告诉亲近的人，一起分享快乐或求得安慰。	4. 能随着活动的需要转换情绪和注意力。
		坚持锻炼	1. 喜欢参加运动活动，走、跑、跳、爬、钻等基本动作发展良好。	1. 有运动好习惯。在走、跑、跳、投掷、钻爬、攀登、做体操等过程中动作协调、稳定。	1. 能灵活掌握走、跑、跳、平衡、投掷、吊等运动技能。
			2. 愿意尝试运用简单器械和玩具，进行身体锻炼。	2. 能灵活协调地运用各种器械锻炼身体。	2. 能灵活协调且创造性地运用各种器械锻炼身体。
			3. 能在较热或较冷的户外环境中活动。	3. 能在较热或较冷的户外环境中连续活动半小时左右。	3. 能在较热或较冷的户外环境中连续活动半小时以上。
	家长指标	喜欢运动	愿意和家人一起参加运动。	每天坚持运动。	每天坚持运动半小时以上。
		运动技能	学会灵活地爬和快步走，平衡性较好。	学会拍球方法，能够连续拍球。	学会跳绳的方法，跳绳坚持一分钟。
		运动保护	运动中有保护自己的初步意识（比如护住头，护住脸，减少碰撞等。）	运动中有主动保护自己的意识，在安全的地方运动。	运动中注意安全，不去做危险的事情。

二、乐于表达

乐于表达的相关目标源于"悦读乐演"的核心素养需求，该维度下的目标主要是针对儿童表达意愿、表达能力发展的具体要求，由三级指标及小、中、大班各年龄段的观察要点构成。

表 2-3-2 "乐于表达"的观察要点

一级指标	二级指标	三级指标	观察要点		
			小班	中班	大班
乐于表达	教师指标	自信大方	1. 愿意在熟悉的人面前说话。 2. 与人说话时知道眼睛要看着对方。	1. 愿意与他人交谈。 2. 别人对自己讲话时能回应。	1. 愿意与他人讨论问题。 2. 别人讲话时能积极主动地回应。
		多元表达	1. 能大方地与人打招呼。 2. 喜欢用涂涂画画表达一定的意思。	1. 喜欢谈论自己感兴趣的话题。 2. 愿意用图画和符号表达自己的意愿与想法。	1. 敢于在众人面前表达观点或看法。 2. 愿意用图画和符号表现事物或故事。
	家长指标	表达意愿	愿意在熟悉的人面前说话,能大方地与人打招呼。与人说话时眼睛要看着对方。	愿意与他人交谈,喜欢谈论自己感兴趣的话题。	愿意与他人讨论问题。乐意在众人面前表达。
		表达礼仪	学习使用常用的礼貌用语,学说普通话。	能主动使用常用的礼貌用语,不说粗话和脏话。	懂得按次序轮流讲话,不随意打断别人。
		口头表达	能口齿清楚地说儿歌、童谣或复述简短的故事。	能基本完整连贯地讲述自己的所见所闻和经历的事情。	能有序、连贯、清楚地讲述一件事情。
		符号表达	喜欢用涂涂画画表达自己的想法。	愿意用图画和符号表达自己的意愿和想法。	愿意用图画和符号表现事物或故事。

三、乐于交往

乐于交往的相关目标源于"悦己爱人"的核心素养需求,该维度下的目标主要是针对儿童社会交往能力发展的具体要求,由三级指标及小、中、大班各年龄段的观察要点构成。

表 2-3-3 "乐于交往"的观察要点

一级指标	二级指标	三级指标	观察要点		
			小班	中班	大班
乐于交往	教师指标	友好相处	1. 愿意和小朋友一起游戏。	1. 喜欢和小朋友一起游戏,有经常一起玩的小伙伴。不欺负弱小。	1. 有自己的好朋友,也喜欢结交新朋友。
			2. 想加入同伴的游戏时,能友好地提出请求。	2. 会运用介绍自己、交换玩具等简单技巧加入同伴游戏。	2. 能想办法吸引同伴和自己一起游戏。有问题愿意向别人请教。有高兴的或有趣的事愿意与大家分享。
			3. 在成人的指导下,不争抢、不独霸玩具。	3. 对大家都喜欢的东西能轮流分享。	3. 不欺负别人,也不允许别人欺负自己。
		合作交流	1. 学习与他人愉快合作,共同完成成人交代的简单有趣的任务。	1. 乐于接受任务,并与同伴商量、协作完成任务。	1. 活动时能与同伴分工合作,遇到困难能一起克服。活动时愿意接受同伴的意见和建议。
			2. 与同伴发生冲突时,能听从成人的劝解。	2. 与同伴发生冲突时,能尝试解决问题和寻求成人帮助。	2. 与同伴发生冲突时能自己协商解决。
			3. 理解每个人有不一样的想法	3. 能够倾听他人的不一样的想法。	3. 能倾听和接受别人的意见,不能接受时会说明理由。
	家长指标	交往意愿	愿意和小朋友一起游戏。想加入同伴的游戏时,能友好地提出请求。	喜欢和小朋友一起游戏,有经常一起玩的小伙伴。	有自己的好朋友,喜欢结交新朋友。
		交往策略	愿意和其他小朋友分享自己的玩具。	对大家都喜欢的东西能轮流分享。	能协商分工合作,碰到困难时能一起解决。
		冲突解决	在成人的指导下,不争抢、不独霸玩具。	与同伴发生冲突时,能在他人的帮助下和平解决。	与同伴发生冲突时能自己协商解决。

四、乐于探索

乐于探索的相关目标源于"好奇求真"的核心素养需求,该维度下的目标主要是针对儿童科学探索精神、科学探索能力发展的具体要求,由三级指标及小、中、大班各年龄段的观察要点构成。

表 2-3-4 "乐于探索"的观察要点

一级指标	二级指标	三级指标	观察要点		
			小班	中班	大班
乐于探索	教师指标	好奇求真	1. 喜欢亲近大自然,对周围的很多事物和现象感兴趣。	1. 有探索周围事物、现象变化的兴趣。	1. 充满好奇心,对自己感兴趣的问题喜欢刨根问底,愿意寻找答案。
			2. 经常问各种问题,喜欢好奇地摆弄物品。	2. 喜欢接触新事物,经常问一些与新事物有关的问题。	2. 喜欢主动探索问题,探索中有所发现时感到兴奋和满足。
		探索发现	1. 能仔细观察周围事物,学习用多种感官探索自己感兴趣的物体。	1. 能对事物或现象进行观察比较,发现其相同与不同。	1. 学会运用观察、比较与分析等方法,能发现并描述各种事物的特征、关系和发展规律。
			2. 能感知和体验天气对自己生活及活动的影响。	2. 能感知和发现不同季节的特点,体验季节对动植物和人的影响。	2. 能制订简单的调查表、观察记录表、统计表,尝试用一定的方法验证自己的猜测和记录。
			3. 喜欢感受和体验生活与游戏中事物的数量、形状、空间等数学现象,了解现实生活中数字、量的实际意义。	3. 在指导下,感知和体会有些事物可以用形状、数字来描述,对环境中各种数字的含义有进一步探究的兴趣。	3. 喜欢学习数学,有数学思维习惯,初步理解规律性、相对性,会简单的计算方法,能用多种形式表示简单的数量关系。
			4. 学习观察和照料自然角的动、植物,了解其生长过程和结果。	4. 常常动手动脑探索物体和材料,并乐在其中。	4. 乐于主动找寻解决问题的方法,具有初步的探究能力。
	家长指标	积极探究	喜欢到大自然中玩耍,对周围的动、植物感兴趣。	喜欢接触新事物,经常问一些和新事物有关的问题。	对自己感兴趣的问题刨根问底,愿意动手动脑解决问题。

(续表)

一级指标	二级指标	三级指标	观察要点		
			小班	中班	大班
乐于探索	家长指标	善于观察	愿意仔细观察，好奇地摆弄物品，经常问各种问题。	乐于探索材料，感知物体特征，观察比较其相同与不同。	在成人的帮助下能制订简单的调查计划并执行。
		思维发展	认识简单图形，能点数5以内的物体，能按数取物。	通过实物操作，理解5以内的数字分解、组合。	能通过实物操作或其他体验学习法进行10以内的加减运算，尝试用数学方法解决生活中的问题。

五、乐于创造

乐于创造的相关目标源于"尚美创美"的核心素养需求，该维度下的目标主要是针对儿童艺术能力、美育素养发展的具体要求，由三级指标及小、中、大班各年龄段的观察要点构成。

表 2-3-5 "乐于创造"的观察要点

一级指标	二级指标	三级指标	观察要点		
			小班	中班	大班
乐于创造	教师指标	感受欣赏	1. 喜欢观察、感受和欣赏自然界与生活中的形态美、声音美。	1. 在欣赏自然界和生活环境中美的事物时，关注其色彩、形态等特征。	1. 喜欢欣赏并初步感受大自然及周围环境的结构美、内涵美、意境美。
			2. 喜欢听音乐或观看舞蹈、戏剧等表演。	2. 喜欢倾听各种好听的声音，感知声音的高低、长短、强弱等变化。	2. 善于发现生活中建筑、工艺品、广告等事物的美感特征。
			3. 乐于观看绘画、泥塑或其他艺术形式作品。	3. 能够专心地观看自己喜欢的演出或艺术品。	3. 欣赏艺术时常常用表情、动作、语言等方式表达自己的理解。
		表现创造	1. 经常自哼自唱或模仿有趣的动作、表情和声调。	1. 经常唱唱跳跳，愿意参加歌唱、律动、舞蹈、表演等活动。	1. 能用自然优美的歌声、舞蹈动作、戏剧表演、故事表演、打击乐伴奏、美工等多种形式创造性地表现艺术美。

（续表）

一级指标	二级指标	三级指标	观察要点		
			小班	中班	大班
乐于创造	教师指标	表现创造	2. 初步学习用动作、声音、表情、绘画、手工等各种形式表达艺术美。	2. 经常用绘画、手工制作、即兴表演等多种方式表现自己的所见所想。	2. 能用多种工具、材料或不同的表现手法表达自己的感受和想法。
			3. 能用声音、动作、姿态模拟自然界的事物和生活情景。	3. 能用拍手、踏步等身体动作或可敲击的物品敲打节拍和基本节奏。	3. 能用自己制作的美术作品布置环境、美化生活。
	家长指标	音乐表现	能学唱简单歌曲，跟随熟悉的音乐做动作。	主动表演所学的音乐、舞蹈等，能用拍手、踏步等身体动作来打节拍。	能用基本准确的节奏和音调唱歌，能用舞蹈动作表达自己的情绪。
		美术表现	喜欢涂画、粘贴。	经常用绘画、手工制作等多种方式表现自己的所见所想。	能用多种工具、材料创意表达自己的想法，用自己制作的美术作品装饰家庭环境。
		美育欣赏	喜欢听音乐或观看舞蹈、戏剧等表演。	能够专心地观看自己喜欢的演出或艺术品。	能根据自己的想法自编自演。

六、乐于劳动

乐于劳动的相关目标源于"自理担当"的核心素养需求，该维度下的目标主要是针对儿童生活自理、劳动、服务他人等能力发展的具体要求，由三级指标及小、中、大班各年龄段的观察要点构成。

表 2-3-6 "乐于劳动"观察要点

一级指标	二级指标	三级指标	观察要点		
			小班	中班	大班
乐于劳动	教师指标	生活自理	1. 初步学会正确解手、洗手、洗脸、漱口的方法。	1. 能自己穿脱衣服、鞋袜、扣纽扣。	1. 能分类整理自己的物品。
			2. 能独立进餐、睡觉，在帮助下能穿脱衣服或鞋袜。	2. 能整理自己的物品。	2. 尝试叠被子，会自己系鞋带。

(续表)

一级指标	二级指标	三级指标	观察要点		
			小班	中班	大班
乐于劳动	教师指标	生活自理	3. 能熟练地用勺子吃饭。	3. 会用筷子吃饭。	3. 能熟练使用筷子。
	教师指标	服务他人	1. 愿意完成老师交代的简单劳动任务。	1. 积极承担值日生工作,学习为同伴和集体服务。	1. 积极主动地参与家庭、幼儿园、社区里力所能及的劳动。
			2. 会叠餐巾、收椅子、收拾桌面垃圾等简单劳动技能,爱护周围环境。	2. 会扫地、拖地、擦桌子等简单劳动技能,爱护周围环境。	2. 能够熟练掌握扫地、拖地、擦桌子等劳动技能,爱护周围环境。
			3. 在成人的引导下,学习收拾整理玩具,能将玩具和图书放回原处。	3. 主动学习收拾整理玩具以及教室里的其他物品。	3. 能按类别整理好教室里的各种物品。
	家长指标	自理能力	能自己解手、洗手、洗脸和漱口,在家人的帮助下穿脱衣服鞋袜。	能自己穿脱衣服、鞋袜。	早睡早起,坚持规律作息。
		筷勺使用	能独立地用勺子吃饭。	能独立地用筷子吃饭。	能熟练地用筷子吃饭,保持桌面干净。
		收拾整理	能在家人的提示下收拾玩具,物品用后放回原处。	能主动整理收拾玩具,物品用后放回原处。	能主动整理,将物品分类放回原处。
		劳动意愿	愿意做力所能及的家务(如擦桌子,发碗筷等)。	尝试扫地、倒垃圾等家务,能够基本打扫干净。	可以与家人商量,分工完成家务。

从"培养快乐自信小主人"的育人目标,到"好奇求真、悦己爱人、尚美创美、阳光运动、悦读乐演、自理担当"的六大核心素养,再到"乐于运动、乐于表达、乐于交往、乐于探索、乐于创造、乐于劳动"的"六乐儿童"目标,新幼集团经过层层深入、步步拆解,制定出一套既具有可实施性又便于评价的目标体系。这套细致入微的目标体系,为欢乐谷课程的进一步建设提供了清晰的引领。

第三章

欢乐谷课程的框架体系

03

课程与儿童的真实生活紧密联系。它立足生活、回归生活，满足儿童的共同需要、特殊需要和个别需要，实现儿童的全面发展、特别发展和个性化发展，带领儿童走在快乐自信成长的道路上。

课程是教育立场、教育哲学、教育目标转化为教育实践的中介和桥梁,每所学校因异于他校的课程而具备不同的特质。新幼认为"课程是幼儿园实现育人目标的主要途径,是幼儿园保教质量提升的核心,是幼儿园办学思想落地的关键"。

经过二十三年的课程实践探索,新幼集团牢记党的立德树人教育根本任务,在"儿童第一"价值观的基础上,基于"让每一个孩子体验成长的快乐"的办园理念,向上追溯将快乐教育哲学作为教育思想的引领,以"培养快乐自信小主人"为育人目标,引领建构了欢乐谷课程,形成了涵盖领域基础课程、园本拓展课程及班本特色课程的全面育人课程体系。

第一节　支持儿童发展需求的课程建构

新幼集团实施的课程是欢乐谷课程,其包含了满足儿童全面发展的领域基础课程、满足新幼快乐教育的园本拓展课程(即"三小"课程)以及满足儿童个体化和个性化需求的班本特色课程三个部分。

领域基础课程指向育人目标"培养快乐自信小主人"的落实,满足《幼儿园教育指导纲要(试行)》《3—6岁儿童学习与发展指南》等对幼儿园教育的要求,兼顾儿童发展的均衡性与全面性。

园本拓展课程("三小"课程),注重园所特色课程的建构,涵盖小主人课程、小蜜蜂课程及小耍坝课程。小主人课程重点彰显儿童在园所管理、课程建构方面的小主人翁意识,充分给予儿童发展的权利;小蜜蜂课程重点引导儿童对园所、环境负责,通过全景式劳动、项目式劳动、社团式劳动服务自己、班级和园所;小耍坝课程则以户外区域游戏为主要形式,儿童在具有浓厚重庆地域文化特色的环境中进行自主游戏,通过持续深度探索获得学习相关的多种能力,积累直接经验。

班本特色课程是以班级为单位,在一段时间内对班级儿童共同感兴趣的主题进行持续的深度探索,从而建构出具有班级特色的个性化主题课程,教师、儿童、家长都是课程中的重要参与者。

第二节 回应儿童发展需要的课程设计

欢乐谷课程在实践中以过程模式进行课程编制,以育人目标为靶向,以园所、班级为基点自主建构课程。此时的课程是一个不断发展的过程,关注具有内在价值的课程内容,以儿童的实际活动过程为课程设计线索。

一、三种需要 VS 三种课程

诺维奇(Norwich,1996)认为,学习需要可以分为共同需要(common needs)、特殊需要(exceptional needs)和个别需要(individual needs)三类:共同需要——对每个人来说都是一样的;特殊需要——对某些人来说都是一样的;个别需要——对每个人来说都是不一样的。①

从新幼欢乐谷课程体系来看,三种需要与三种课程紧密契合。

(一)共同需要——领域基础课程

儿童发展的共同需要对每个3—6岁的儿童来说都是一样的,促进儿童全面发展的领域基础课程,能满足儿童德、智、体、美、劳全面发展的需要。

幼儿园五大领域教育活动是实现幼儿全面发展的主要途径,也是实现幼儿园教育目标、满足幼儿学习特点、落实幼儿园教育任务的手段。新幼集团根据《幼儿园教育指导纲要(试行)》《3—6岁儿童学习与发展指南》等国家层面的学前教育相关文件精神,将新幼六乐儿童发展目标与本土化资源融合,进行体验式教育的园本化落地。在六乐儿童发展目标的指导下,成立五个领域工作坊,围绕各领域核心经验,提炼出各个领域教育的精粹要点,建构具有新幼特色的领域基础课程,承载了儿童全面均衡发展的基本要求,五育并举,培养德、智、体、美、劳全面发展的社会主义建设者和接班人。

---

① 奥布赖恩,吉内.因材施教的艺术[M].陈立,译.北京:北京师范大学出版社,2006:14.

(二) 特殊需要——园本拓展课程(三小课程)

儿童发展的特殊需要即新幼儿童(新幼小主人)的成长需要,其对应的是彰显儿童权利与义务的三小课程,该课程以园所文化为基点。

新幼集团以"培养快乐自信小主人"为育人目标,以"儿童第一"为教育价值观,将这一园所特有的教育文化融入课程,便形成了集中体现六乐儿童品质的小主人课程。在新幼,儿童是小主人,他们与成人一样,也是权利与义务的结合体。每一个儿童,都有快乐玩耍、自主发展的权利,也有管理个人及幼儿园各项事务的义务。三小课程从儿童成长的权利与义务出发,设计了以"天性·对话·生活"为主线培育小主人品质的"小主人课程""小蜜蜂课程"和"小耍坝课程"。三小课程通过剖析幼儿园各项事务中的权利与义务,划分儿童在事务中的角色,以游戏活动的形式驱动儿童对幼儿园各项具体事务的深度参与,保障儿童权利和义务的具体实现,让儿童真正成为新幼快乐自信的小主人。

(三) 个别需要——班本特色课程

因年龄不同、关注点与兴趣点不同,每个班级儿童的个别需要也不同。追随儿童兴趣的班本特色课程,是以班级为基点的创生性课程,满足每个班儿童的不同成长需要。

班本特色课程是基于班级儿童的兴趣和年龄特点生发的课程,它既是对园本课程的细化和具体化,也是落实园本课程的重要举措和有效途径。高质量的课程是经过实践检验且指向实际需求的课程。老师要顺应儿童的天性和需求,从儿童主动成长的需要出发,为儿童创造能够不断探索的环境和机会,为儿童构建一个可持续的创生课程网络。为了保障班本课程的质量,新幼形成了从课程标准到课程审议、课程指导、课程评价、课程资源运用等全方位的班本课程创生实践机制。在激活教师课程领导力的同时,也让课程的创生有依据、有纲领。

欢乐谷课程体系中的三种课程满足儿童发展的三种学习需要,让课程价值更加明晰,相辅相成,交相辉映。

二、课程设计的原则

（一）全面性原则

马克思的关于人的全面发展思想中对人类走向全面发展的道路进行了深刻的论证，为我们指明了行动的航向。儿童的发展是全面性的，生理、心理、道德、社会性的发展是其发展的不同方面，这些方面相互影响，彼此制约，构成一个整体。幼儿园的教育任务是对儿童实施德、智、体、美、劳全面发展的教育，促进其和谐发展。作为实现幼儿园教育功能的载体，幼儿园课程应能促进儿童的全面发展。因此，在设计幼儿园课程时，应遵循全面性原则。从儿童发展的全面性来讲，幼儿园课程应能促进儿童在健康、语言、社会、科学、艺术等领域的发展；从儿童心理发展的结构性来讲，幼儿园课程应能促进儿童在情感态度、认知能力等方面的发展。

（二）目的性原则

幼儿园课程内容是实现课程目标的手段，选择幼儿园课程内容时要紧紧围绕课程目标进行。目标为内容的选择提供了基本的范围和标准。这要求课程设计要具有目标意识，根据课程目标来选择课程内容。贯彻目的性原则：第一，既要关注五大领域的目标，又要考虑到每个领域认知、情感态度和动作技能等方面的全面性；第二，关注内容与目标的关联性，即要明确选择这个内容是为了实现哪个目标。

（三）适宜性原则

《幼儿园教育指导纲要（试行）》第三部分"组织与实施"中明确规定，教育活动内容的选择应既适合幼儿的现有水平，又有一定的挑战性。① 可见，幼儿园课程内容的选择应适合儿童的能力，其难度水平应处于儿童的"最近发展区"。同一年龄阶段的儿童既有共同的最近发展区，也有各自不同的最近发展区。《3—6岁儿童学习与发展指南》已指出了儿童的年龄特征及发展阶段，这为课程内容的选择提供了重要的依

---

① 中华人民共和国教育部.幼儿园教育指导纲要（试行）[S].北京：北京师范大学出版社，2001：58.

据。现实中儿童的发展水平虽大体遵循这些规律,但也会表现出个体差异。因此,了解本地、本园、本班儿童的实际发展水平和需要,是选择适宜的课程内容的前提。[①]

课程内容的选择除了要遵循儿童的身心发展特点外,还应适应当地当时的课程资源。具体来说,课程内容应与季节、气候、时令等相适应,应与本地本园所拥有的自然资源和社会资源相适宜。

(四)时代性原则

教育是一种社会现象,是一种以影响人的身心发展为本质特征的社会性活动。不同时代的教育必然反映所处时代的社会、政治、经济、文化等方面的发展变化对教育的要求、对人才的要求。基于教育的时代性特点,在设计幼儿园课程内容时,就应该且必须考虑不同时代对人才的不同需求和对教育的不同要求,并在确定目标时充分反映这一要求。面对社会发展与时代变迁,联合国教科文组织提出教育要培养学生的四种能力,即学会认知、学会做事、学会共同生活和学会生存。根据社会发展对人才的要求,在制定幼儿园课程目标时,也应充分考虑不同时代对人才素质的不同要求,在目标的表述中充分反映培养幼儿的爱国情怀、责任感、创新能力、应变能力、处理人际关系和组织协调的能力、合作精神等方面的素质要求。

第三节 满足儿童发展需求的课程内容

满足儿童发展需求的课程是为了实现幼儿园教育目的,帮助儿童获得有益的学习经验,促进其身心和谐发展的各种活动的总和。新幼集团在建构支持儿童发展需求的课程时,以儿童认知的具体形象性及行动性为基点,重视儿童的学习以直接经验为主的特点,通过适宜的活动帮助儿童获得有益的学习经验,从而满足儿童的发展需求。

---

① 虞永平,原晋霞.幼儿园课程[M].北京:高等教育出版社,2014:51.

一、支持儿童全面发展的领域基础课程

幼儿园五大领域的教育活动是实现儿童全面发展的主要途径,也是实现幼儿园教育目标、满足儿童学习特点、落实幼儿园教育任务的手段。为了不断提高园所课程质量,更好地促进儿童和谐健康发展,深入贯彻《幼儿园教育指导纲要(试行)》《3—6岁儿童学习与发展指南》等文件精神,新幼集团以六乐儿童发展目标为基点,围绕领域关键经验,提炼出各个领域教学的培育亮点,建构了领域基础课程。

为了实现"六乐儿童"育人目标的核心品质,新幼集团通过领域基础课程给予教师更多的教学自主权和拓展的空间,例如,指向健康领域的"向日葵课程"以实现阳光运动为核心品质,指向社会领域的"手拉手课程"以实现悦己爱人为核心品质。同时,领域基础课程与六乐儿童发展目标的有效融合也对一线教师的专业能力提出了新的要求。在实际教学中,教师需要将新的课程研究成果融入到五大领域教育活动的设计与实施中,从不同的角度促进儿童情感、态度、能力、知识、技能等方面的全面发展。

(一)健康领域——向日葵课程

向日葵课程重点培养儿童心理阳光向上、身体敏捷善动的两大品质,旨在引导儿童用阳光的姿态、愉悦的心情去享受运动与生活带来的乐趣。

健康的体魄蓬勃向上,

阳光的心态快乐生长。

阳光下,我们快乐奔跑、嬉戏,

运动中,我们挑战自我,勇往直前。

热爱生活,乐于运动,

阳光向上,身体敏捷。

……

我们是阳光运动小达人!

1. 课程目标:身心阳光的双向定位

洛克曾说:"健康的精神寓于健康

图 3-3-1 我是篮球小健将(周霖锋 6岁)

的身体。"《幼儿园教育指导纲要(试行)》指出"幼儿园必须把保护幼儿的生命和促进幼儿的健康放在工作的首位。树立正确的健康观念,在重视幼儿身体健康的同时,要高度重视幼儿的心理健康"。① 健康教育应培养身心健康全面发展的儿童,只有身心和谐的儿童才能真正担起未来主人的责任。

(1) 课程目标阐释

新幼集团六乐儿童发展目标中的健康领域核心素养"阳光运动"包含三个价值取向:第一,关注身心和谐发展;第二,保护与锻炼并重;第三,注重健康行为的形成。基于此,确立了向日葵课程的核心目标——阳光向上、乐动会玩。

阳光向上——热爱生活,自己的事情自己做;心理健康,善于表达情绪,能很好地适应环境、展现自我,拥有积极乐观的心态。

乐动会玩——热爱运动,坚持锻炼,动作协调,掌握基本的运动方法与技能;安全游戏,快乐运动,创新玩法,养成勇于挑战的运动品质。

(2) 课程总目标

向日葵课程以《幼儿园教育指导纲要(试行)》和《3—6岁儿童学习与发展指南》为指导准则,基于六乐儿童目标中"乐于运动"部分提出的"身心愉悦,坚持锻炼"的要求,制定了课程的总目标,具体如下。

热爱生活,乐意动手动脑,掌握最基本的生活技能,自我服务能力强。

懂得安全,掌握基本的安全常识与技能,学会自我保护。

能用多种方法表达和调控自己的情绪。

坚持锻炼,乐于运动,提高身体素质,积累运动经验,培养运动习惯。

(3) 课程不同年龄段目标

结合课程总目标,从不同年龄段儿童的水平出发,拟定了聚焦运动与生活、身心发展的不同年龄段目标。

① 爱生活能自理

3—4岁:愿意做一些力所能及的事情,有初步的生活自理能力;能将用完的物品

---

① 中华人民共和国教育部.幼儿园教育指导纲要(试行)[S].北京:北京师范大学出版社,2001:31.

放回原处;有初步的营养常识,爱吃各种食物,初步了解食物的简单制作过程;认识、喜欢摆弄生活中的常见工具。

4—5岁:基本养成良好的生活卫生习惯,有爱护生活环境的意识和行为;能够整理玩具、工具、图书等,愿意为他人服务,有基本的生活自理能力;有较好的饮食习惯,具有营养保健意识,初步掌握食物的简单制作方法;尝试应用生活中的常见工具进行生活体验活动。

5—6岁:养成良好的生活卫生习惯,爱护生活环境;能做力所能及的事,积极主动地为集体和他人服务,体验成功的快乐;初步理解食物与健康的关系,不偏食、不挑食;掌握1—2种食物的制作方法,乐意制作食物;喜欢并能灵活应用生活中的常见工具制作物品。

② 懂安全能保护

3—4岁:有初步的安全与自我保护意识,知道简单的交通安全、生活安全等相关常识;初步了解自己的成长过程、五官的主要功能及保护方法;身体不舒服时知道告诉成人,能配合医务人员进行预防接种。

4—5岁:具有安全意识,知道交通、生活、交往等安全常识;认识人体皮肤和身体的主要器官,有一定的自我保护意识;积极配合成人进行体检并愿意接受疾病的预防和治疗;注意体育活动中的自我保护,乐意在活动中互相合作,遵守规则。

5—6岁:掌握基本的应对意外事故的常识,能及时避开危险场所;认识身体的主要器官,了解其主要功能;掌握保护器官的基本方法,懂得预防龋齿和换牙的卫生常识,初步形成自我保护意识,知道预防常见疾病的简单方法;基本掌握运动中的安全保护技能与方法。

③ 会表达善调控

3—4岁:能识别并察觉到他人明显的情绪,在成人的引导下愿意表达自己的情绪并能宣泄自己的消极情绪。

4—5岁:能识别并觉察他人的情绪变化;愿意用较恰当的方式表达并调节自己的情绪。

5—6岁:能识别自己、他人的多种情绪变化;能用恰当的方式表达自己的情绪,尝试用多种方法调控情绪,经常保持良好的情绪状态。

④ 勤锻炼乐运动

3—4岁:愿意参加体育活动,初步体验体育活动的乐趣;初步掌握走、跑、跳、钻、爬等基本动作;能按口令做各种动作和模仿操,动作较协调;喜欢尝试摆弄各种轻器械,参与小肌肉操作活动。

4—5岁:喜欢参加各项锻炼身体的活动,活动中能够克服困难;大胆尝试投掷、攀登、助跑跨跳等基本动作;有初步的队列队形意识,会做徒手操和轻器械操,动作较正确有力;喜欢探索多种运动器材的玩法,动作较灵活,手眼协调。

5—6岁:乐意利用多种运动器械、操作材料进行体育活动,熟练掌握基本动作技能,动作灵敏;有1—2项自己喜欢并擅长的体育运动,并能坚持锻炼,创新玩法;善于合作、遵守规则、敢于挑战;能用轻器械做韵律操和健身操,动作规范有力;对不同的气候、环境变化有一定的适应能力,初步养成锻炼身体的习惯。

2. 课程内容——蓬勃向上的健康攻略

结合《3—6岁儿童学习与发展指南》,该领域中的儿童发展参考水平,以游戏的方式引导儿童绽放生命的力量,向日葵课程聚焦运动、生活两大板块建构了"阳光里"运动课程和"万花筒"生活课程两大课程内容。

(1) "阳光里"运动课程内容

聚焦动作发展、身体素质、体育精神,围绕幼儿运动核心经验"身体控制与平衡""身体移动""器械操控",打破时空界限,开展系列运动主题课程内容,把"乐动会玩"融入到课程里,培养阳光运动小达人。

① 基于器械操控的"球""绳"运动课程内容

<u>班班互通的炫酷篮球</u>

"快乐球操"课程让中、大班组打破班级界限,通过队形变化、方位空间变化、同伴合作互动把运球、传球、投球及花样运球融入其中,全面提升中、大班儿童篮球运动的兴趣与技能。

"每月球会"课程为各年级组每月一次的篮球盛会,包含球技展示、篮球三对三比赛、篮球运动大循环(利用多元运动器械创设运动情境,在移动中滚球、运球、传球、投篮等)等活动,让儿童感受篮球运动带来的快乐。

"炫酷篮球"课程主要是针对大班儿童开设的篮球舞团、篮球创意馆、篮球宝贝秀、篮球竞技场、篮球小报、篮球4S、篮球故事秀、篮球播报台八个主题课堂,通过认知探索、情感体验、艺术表达、实践挑战等多元趣味活动引导儿童从自己的特长、兴趣出发,自主选择主题活动,进一步萌发热爱篮球的积极情感。

层层推进的"绳彩"飞扬

"绳趣30分"课程,各年级组从运动材料的使用、运动项目的设计以及运动能力的提升三方面层层推进。小班重在兴趣培养,利用短绳把走、跑、跳、钻等基本动作融入到"牵小猪""小鸭过小桥"等情景游戏里,发展平衡能力,提升大肌肉动作的力量。中班重在培养初步的合作能力,通过两两合作或小组合作玩绳,提高身体的协调能力及利用绳子造型的创新能力。大班则重在尝试各种花式跳、个人跳、合作跳,跟着音乐变化快慢跳、边数边跳等培养节奏感,在提高平衡能力和弹跳力的同时增强体能和耐力。

"花样跳绳"课程重在激发儿童利用不同材质的绳子探索跳绳的方法、跳绳的连贯性与节奏感。各年级组儿童结合材料特点进行多元运动探索:跳短绳、竹节绳、皮筋绳、长绳,从单人到双人再到多人合作跳绳,探索更多的跳绳方式。每班每月重点选择一种绳、一种玩法深入探究,如大班儿童9月探究单人跳绳、10月合作跳绳、11月跳长绳、12月跳橡皮筋。通过阶梯式递进,逐步引导儿童进行各种花样跳绳。

② 基于身体移动的"大风车"运动课程内容

充分挖掘幼儿园可利用空间,通过空间互通、廊道串联、室内外衔接等策略,让儿童在区域运动空间里实现身体的自由伸展。同时,充分考虑不同年龄、不同能力的儿童运动需要,让儿童在混龄运动中相互交往、相互合作,形成多个可循环的"运动圈"。室内外场地可灵活切换选择,让儿童的运动不受时间、空间、天气的限制,随时随地像"大风车"一样快乐"转"起来。

户外大风车(春夏版)有"极地探险""雪上飞龙""投掷小镇""篮球乐园""丛林冒险""时光隧道"六大功能区,分别基于攀爬、平衡、翻滚、障碍跑(跳)、投掷等几大基本动作的锻炼来创设运动情境;户外大风车(秋冬版)在基本功能区的基础上增加了器械,如轮胎、垫子、圈等材料和可供跳橡皮筋、跳房子、跳竹竿、滚铁环等民间体育游戏开展的材料。

大风车(室内版)充分利用教室、走廊空间,结合儿童的生活用品,如书包、跳绳、椅子、桌子、玩具柜等设置运动障碍,创设"蚂蚁运粮""穿越火线""双龙戏珠""巧过山谷"等游戏情境,实现班班互通。

③ 基于亲子互动的父子运动会课程内容

立足亲子运动,围绕"亲情、趣味、体验、运动"四个关键词建构的父子运动会课程,形成了"我的爸爸是超人""聪爸向前冲"等一系列运动主题内容。每一届的父子运动会既有经典活动,如亲子操、师幼绳趣表演、爸爸8字长绳、爸爸拔河赛等,也有不断更新的富有挑战性、趣味性的亲子运动项目。课程的实施不仅能增进父子关系,也能激发父亲更多地参与到教育中来。

④ 基于机体适应的"三浴"锻炼课程内容

对阳光、空气、水等自然因素的充分挖掘形成了户外瑜伽、"慢跑时光"、"小脚丫去旅行"、打水仗等多元的"三浴"锻炼课程内容,多途径提高运动兴趣,同时也让儿童在"三浴"锻炼中茁壮成长。

"户外瑜伽"可在小区草坪或操场上实施,在老师或家长的带领下引导儿童舒展身体、沐浴阳光、呼吸新鲜空气,体验活动的快乐。

"慢跑时光",让儿童在慢跑中学习规范的跑步姿势,探讨慢跑中会遇到的安全问题和注意事项,引导儿童理解科学跑步的重要性。

"打水仗"让儿童在炎炎夏日里拿上"长枪短炮",蓄水、泼洒、射击,感受在层层水线中穿梭的玩水乐趣,提高追击与躲避的敏捷反应能力,促进肢体协调性和手眼协调能力的发展。

(2) "万花筒"生活课程内容

生活万花筒课程从自我保健、情绪管理、日常劳动、健康饮食四个维度建构了有衔接、有递进、有融合的生活教育课程体系,让儿童"会生活、悦生活、享生活"。"会生活"聚焦儿童的基本生活经验,具体指学习生活技能,丰富生活经验,提高自我服务意识和自我保护能力,形成良好的生活卫生习惯,学会与他人相处;"悦生活"关注儿童在生活中的情绪情感状态,包括在体验生活乐趣的过程中感受生活、培养热爱生活的情感;"享生活"强调儿童生活态度的养成,旨在支持儿童做生活的主人,在生活中发挥奇思妙想,树立积极的健康生活理念,真正实现能做会爱①。

① 基于乐享食趣的食育课程内容

"美好'食'光"让儿童通过了解营养与身体健康的关系,认识食材、了解食材,尝试制作简单的餐食,激发儿童对食物的兴趣,养成不挑食、均衡饮食的习惯;丰富儿童在园进餐模式,以自主进餐、户外进餐、区域进餐、混龄进餐、进餐游戏等多种方式,让儿童在进餐环节中享受轻松与愉悦;儿童通过食物大调查、进餐问题讨论、光盘大行动等活动学习进餐礼仪,探讨进餐规则,养成文明进餐习惯,表达对生活的热爱。

② 基于自我服务的自立课程内容

"'巧'手自立"围绕"能够做什么""怎么做""如何大比拼"三个板块梳理内容,建立各年龄段的自理自立服务项目,通过"学习—练习—比赛"的方式让儿童在课程中习得自我服务的本领,熟练掌握各种自理技能,体验自我服务和挑战成功的快乐,定期通过"叠被子""穿衣裤""叠衣裤""整理书包"等巧手大比拼活动评选出生活小达人,让儿童学会自理自立,体验满足感、成就感、自信带来的快乐。

③ 基于责任担当的小当家课程内容

"我爱我'家'"让儿童了解什么是小当家以及小当家的职责,探讨班级、家庭"整理小当家、安全小当家、区域小当家、饮食小当家"等各种小当家可以掌握的本领以及工作计划。鼓励儿童尝试做力所能及的事情,通过当家体验谈当家烦恼、说当家感受,培养爱生活的能力。赋权"值日生",以提高劳动技能,发展解决问题的能力,培养责任意识,增强服务能力,从自我服务过渡到为家人、集体服务。通过体验小当家来表达对"家"的热爱,小当家不仅是儿童身份的象征,更是儿童成长的宣言。

④ 基于绘本学习的悦心课程

"'绘'说情绪"通过一系列的情绪绘本故事让儿童正确地了解自己,关注和体验

---

① 张岚. 健康生活视域下的幼儿园生活教育园本课程实践探索[J]. 幼儿教育研究,2022(01):17-20.

自身的心情变化,学习用合适的方法表达自己的情绪,能初步感受和体验同伴的情绪,学会与同伴友好相处。通过绘本戏剧表演、自制绘本、心情笔记等多种有趣的活动让儿童掌握自我安慰、转移替代、解决问题、认知重构、表演宣泄等多种情绪表达策略,让儿童成为情绪的主人。

⑤ 基于健康防护的小卫士课程

"健康小卫士"通过在小班开展"我会喝水""自己吃饭""不跟陌生人走"等活动,在中班开展"明亮的眼睛""长高了,长壮了""文明交通,'安全'同行"等活动,在大班开展"我的牙齿咔咔咔""学会自我保护""勇敢说'不'"等活动,帮助儿童养成良好的卫生习惯,掌握身体保健常识,学习安全知识,懂得保护自己。

3. 课程案例

大班体育活动"好玩的桌子"

活动来源

"桌子"对儿童来说熟悉又陌生,熟悉在于和桌子朝夕相处,陌生在于它很少正式出现在儿童的活动中。大班儿童的活动量大,在日常活动中,喜欢在教室里拉、推椅子,合作的欲望也很强烈。从儿童的兴趣出发,我把生活中常见的桌子运用到体育活动中,儿童通过自主探索玩法,体会一物多玩的乐趣,发展动作平衡协调能力,同时也发展社会合作能力与主动思考问题的能力。

活动目标

- 探索利用桌子保持身体平衡的方法,提高身体动作的协调性、灵敏性。
- 通过用不同方式摆放桌子,探索桌子的不同玩法。
- 体验合作、互相帮助,勇敢大胆地进行游戏。

活动重点:利用桌子探索保持身体平衡的方法,提高动作的协调性、灵敏性。

活动难点:在具有挑战性的物体上,身体保持平衡地移动。

活动准备:木制长桌子八张,地垫两张,锥形桶四个,音乐。

活动过程

① **热身活动,初步感知与桌子互动的游戏**

● 桌子纵向摆成两个长条,幼儿跟随老师绕着桌子跟做热身游戏。

听指令做动作:快走、骤停、慢走、转圈走、坐、躺、趴、跪、一只脚站在桌子上等。

● 听指令玩桌子互动游戏。

师:听清楚动作指令——

两手撑于地上,两脚放在桌上。不用手帮忙,让身体在桌上移动。

师:请小朋友像陀螺一样转起来,坐在桌上转动;反方向移动;只用屁股移动,不用手移动。

② **探索桌子的各种玩法,并找到保持平衡的方法**

● 过高桥:幼儿排队依次从桌子摆成的长桥上用自己喜欢的动作过桥。

规则:分两队,从起点开始到终点下桥,再从两边回到队伍的最末。每一队要等前面一个幼儿下桥后下一个幼儿再上桥。每个人要用和别人不一样的办法过桥。

教师引导幼儿尝试用各种不同的动作(走、跑、跳、滚等)过桥。

幼儿两两尝试合作(牵手)过桥。

师:当我们两个人或几个人一起做事时,需要互相配合。什么是互相配合?就是我等等你,你等等我,不能只顾着自己,这就叫配合。

每一组幼儿手拉手过桥。

● 过吊桥:幼儿依次从桥的边缘过桥,保持平衡。(自由探索)

师幼交流保持平衡过桥的方法。

师小结:眼看前方,步子均匀,身体不摇晃,胆大心细地往前走。

幼儿两两合作(牵手)过吊桥。

● 探险(随意拼搭桥):幼儿自由摆桌子,自主探索。

③ **放松游戏,听音乐跟随老师做放松运动**

(重庆市江北区新村幼儿园　魏璨)

在向日葵运动课程中，儿童的"身""心"健康列车在快乐运动和阳光生活的双轨道中快乐前行，该课程让儿童拥有更健康的体魄、更阳光的心态，源源不断的愉悦体验为儿童的健康成长助力。

(二) 语言领域——小书虫课程

通过诵读经典，激发儿童热爱阅读的兴趣，感知图画和文字、口头语言与书面语言的关系等。小书虫课程作为"能听、会说、乐读"的课程体系，致力于培养乐学爱读、善编敢演的"书香小读者"。

我喜欢书

（陈梓茉　6岁）

书里面有香喷喷的花园，

有飞舞的蜜蜂和蝴蝶！

妈妈不同意我养小宠物，

我就去书里面看它们，好可爱啊！

睡觉之前我还要看一眼，

这样我就能梦见它们啦！

图 3-3-2

1. 课程目标——传承发展的价值追求

研究表明早期阅读对促进儿童语言发展具有重要的价值,《幼儿园教育指导纲要(试行)》明确把儿童早期阅读纳入了语言教育目标体系,提出"利用图书、绘画和其他多种方式,引发幼儿对书籍、阅读和书写的兴趣,培养前阅读和前书写技能"。① 绘本阅读能有效提高儿童的早期阅读能力,促进社会性、情感以及思维的发展。② 因此,小书虫课程基于新幼集团六乐儿童语言领域核心素养"悦读乐演"的要求,让儿童在读、玩中尽情享受阅读与表达的乐趣。

(1) 课程目标阐释

在承袭新幼集团"快乐教育"理念的基础上,小书虫课程以"让幼儿尽情享受阅读与表达的乐趣"为课程追求,主要通过深度阅读和多元表达两种方式,激发儿童浓厚的阅读兴趣,培养儿童良好的阅读习惯,拓展儿童丰富的阅读策略,尊重儿童在阅读中的感受和想法,鼓励儿童运用多种方式进行阅读后的表达和表现。

① 深度阅读、畅想体验

阅读作为间接学习的主要形式,是儿童了解外部世界的重要途径,能够为阅历与经验有限的儿童提供认识世界的经验。小书虫课程支持儿童从浅表阅读走向深度阅读,通过为儿童提供多形式、多角度的阅读体验,让儿童的多感官参与阅读,对阅读的内容进行独立自主的思考,深度体验书中的奥秘和趣味。

② 多元表达、享受乐趣

以绘本为主的儿童读物因其生动形象、生活性、丰富性、亲儿童性等特点,深受儿童的喜爱。在阅读过程中,鼓励儿童紧密联系生活经验对阅读内容进行讲、编、画、演等多元表达,鼓励儿童将自己的阅读经验进行迁移,搭建各种平台促进儿童与同伴、老师及家长进行阅读交流,使儿童能真正感受到阅读的作用,在真实的情境中发展语言能力。

(2) 课程总目标

基于六乐儿童目标中的语言领域"乐于表达"的具体要求"自信大方、多元表达",

---

① 中华人民共和国教育部.幼儿园教育指导纲要(试行)[S].北京:北京师范大学出版社,2001:19-20.
② 李倩.绘声绘色 畅游绘本——浅析绘本阅读对幼儿的教育价值[J].教育教学论坛,2012(15):188-189.

结合语言领域关于早期阅读方面的关键经验,根据课程理念及实践基础对以上内容进行了融合和深入细化,形成了小书虫课程的总体目标,具体如下。

- 对阅读产生浓厚的兴趣,养成良好的阅读习惯。
- 感知和理解阅读内容,初步使用有效的阅读策略。
- 用讲、编、画、演等方式多元表达表现对阅读内容的理解和感受,丰富词汇量。

(3) 课程不同年龄段目标

儿童语言能力的发展是一个连续性的逐步提高的过程,处于不同年龄阶段的儿童在语言能力发展上存在不同的表现水平。因此,参照《3—6岁儿童学习与发展指南》与语言领域核心经验中关于"阅读能力"的发展目标内容,拟定了小书虫课程不同年龄段发展目标。

① 阅读兴趣和阅读行为习惯的养成

3—4岁:喜欢翻阅图画书,愿意和成人一起阅读;掌握基本的图画书翻阅规则;不撕书,不乱扔书。

4—5岁:经常翻阅自己喜欢的图画书,并能专注地阅读;能熟练地按照阅读规则翻阅图画书;初步学习整理图画书。

5—6岁:喜欢阅读不同类型的图画书,并能较长时间专注地阅读;熟悉图画书的结构,熟练地随成人的朗读翻阅图画书,认真观察图画书中的画面和文字信息;具有初步独立阅读的能力,愿意跟别人分享图画书;能主动整理图画书。

② 阅读内容理解和阅读策略形成

3—4岁:了解图画书中的主角,初步感知主角的动作和表情;能清晰、准确地指认画面上的物体,能简单描述单个画面的故事情节;根据封面阅读,初步猜想故事的情节。

4—5岁:主动观察图画书中主要角色的特征、行动路径,以及故事的发展方向;能描述单个画面以上较为丰富的情节,并能将前后画面的故事情节串联起来;较准确地理解书中的关键词;在成人的提示下猜想图画书的情节,会根据主要人物的动作、表情、姿态等来验证自己的猜想。

5—6岁:能细致地观察画面中主要人物的动作、表情、姿态等,初步理解主角的心理状态;能有意识地观察画面细节,将细节与主要故事情节串联起来;根据图画书的信息,较准确地理解完整图画书的内容;能用预期、假设、比较、验证等方法对图画书的内容和情节作不同的猜想、假设。

③ 阅读内容的多元表达

3—4岁:尝试做出与图画书主角相应的动作和表情;愿意尝试用口头语言简单叙述图画书的内容;尝试用简单的符号或图示记录表达对阅读内容的感受。

4—5岁:产生与主要人物相应的情绪,逐渐表现出移情的反应;能较为连贯地叙述图画书的主要情节;尝试采用口头语言或者图画等方式仿编、续编故事情节;愿意用肢体动作或口头语言等方式表达对阅读内容的感受和理解。

5—6岁:能准确地解释图画书中主要角色行为背后的原因;能完整、清晰、连贯地使用图画书中的词语、语句叙述图画书的内容;会根据自己的经历和想法,仿编、创编图画书情节,制作图画书;会用肢体动作、口头语言、图示等多种方式独自或与同伴合作表达对阅读内容的理解和感受。

小书虫课程主要通过深度阅读和多元表达两种方式,让儿童在对经典绘本的感知、体验和表达中,最终成为爱读会读的"书香小读者"和乐说会表达的"创意小读者"。

2. 课程内容——丰富多彩的创生课程

小书虫课程依托园所丰富的语言教育实践经验,以图书为载体,以阅读为途径,以小见大、从点到面,让儿童在与文学作品、绘本等的阅读、体验和互动中整合发展"倾听与表达、阅读与书写准备"方面的核心语言能力,并侧重选取能促进儿童深度阅读和多元表达的、儿童喜爱的内容作为课程的主体内容,主要有以下几个方面。

(1) "悦读"绘本课程内容

"悦读"绘本课程内容是以儿童喜爱的各类绘本生成的多领域的主题体验内容。旨在通过多形式阅读体验、发散性阅读体验、多元阅读表达等方式,引导儿童对绘本内容进行立体的、深度的阅读和表达表征,并在不同年龄层次上体现内容的差异,以实现儿童能力的有序提升。

以"好饿的小蛇"绘本课程为例,儿童在阅读《好饿的小蛇》中了解了小蛇的奇妙经历后,又在艺术活动"舞动的蛇"和"彩色的蛇"中感知、表达小蛇在动态及形态上的美,然后在健康活动"认识各种水果"中拓展对小蛇吃掉的食物的认知,在"贪吃蛇"和

"蛇形走"活动中体验与小蛇一起游戏的乐趣,最后在科学活动"小蛇吃什么"和"生活中的图形宝宝"中对小蛇的饮食习性及生活中常见的其他简单图形有了进一步的认知。

"悦读"绘本课程基于绘本中的角色及其相关内容进行了拓展式的深入体验,对绘本内容的理解和表达更加深刻、顺畅。最重要的是,这些拓展是教师根据儿童在绘本阅读过程中提出的问题或兴趣点进行建构的,符合儿童的好奇心、求知欲,也颇具语言教育价值。

(2) "博物"图书课程内容

"博物"图书课程内容以对书籍相关知识(如书的演变、种类、结构、制作方式等)的了解、对经典故事及绘本的欣赏、表达等为主题体验内容。旨在提升儿童对书籍的了解、激发儿童对书籍和阅读的喜爱,培养儿童良好的阅读习惯,并在不同年龄层次上体现内容的差异,以逐步提升儿童的语言能力。

"博物"图书课程从书籍出发,让儿童通过对书籍相关知识的了解、对阅读载体的表征和感知体验,从而了解书籍制作的历史与过程,拓展对书籍的认知,激发对书籍的喜爱;通过对经典文学作品(主要是故事、图书)的欣赏和表达表征以及演绎,体验作品以及阅读的趣味,培养良好的阅读习惯和表达能力。

(3) "读书节"节庆课程内容

"读书节"节庆课程内容是以4月23日"世界读书日"为中心、调动家师幼共为主体的节庆系列活动,课程内容既包含儿童自主体验的活动内容,又包含家园互动的亲子体验活动内容,还包含师幼互动体验的活动内容;既有全园集体的综合活动,又有分年级组开展的小组活动,还有分班开展的班级活动,并体现出一定的年龄差异。

每一届的读书节均围绕"阅读"推进,重点突出"阅读和讲述""阅读和表演""阅读和创编"等核心要点。每一名儿童在园的三年里可以体验到不同内容和类型的阅读活动,极大地保证了儿童成长和发展的序列性及全面性。

(4) "DIY文创"拓展课程内容

"DIY文创"课程内容是指在区域游戏功能室中开展的课程活动内容,主要依托游戏功能室的场地和材料,基于儿童感兴趣的主题开展活动,并将其作为室内课程的补充和延展。

如,在造书房里,儿童可以选取自己喜欢的材料进行阅读表征。大小、材质各异的材料可以助力儿童续编或创编绘本故事。在这里可以看到儿童在各种材料上表征的人物角色、绘本元素:书签上画了蚂蚁搬西瓜、帆布包上画了好饿的小蛇、球上画了恐龙……除了用涂涂画画的方式表达自己对阅读材料的理解和创作,儿童还可以用游戏沙盘再现绘本场景,他们一边摆弄一边交流绘本里的故事情节或自编自演的场景,自信从容,玩得不亦乐乎。

3. 课程案例

大班语言(早期阅读)活动"我家是动物园"

活动来源

动物一直是儿童比较感兴趣的话题内容,本次的教学活动既与班级儿童感兴趣的动物有关,又与儿童最熟悉的家人有关,能够充分激发儿童对教学活动的兴趣,引发儿童的共鸣。在日常观察中发现,我班儿童在阅读绘本时,大都以快速翻阅的方式进行,对绘本的画面缺乏仔细观察。通过对绘本细节变化的观察,可以培养儿童仔细观察、认真阅读的习惯。现代家庭结构可能与儿童自我中心现象较严重,在同伴交往中容易出现不能共情等问题相关。希望通过绘本内容引发儿童对周围家人、朋友不同生活习惯与个性的关注。

活动目标

- 体验故事诙谐幽默的风格,感受小主人悦纳家人的情感。
- 通过对画面的细致观察与分析,大胆预测书中人物与动物之间的相似及关联。
- 能用绘本中的句式描述自己的特征、喜好与动物之间的相似之处。

活动重点:推测、理解书中人物与动物之间的相似及关联。

活动难点:能用绘本中的句式准确地描述自己的特征、喜好与动物之间的相似之处。

活动准备

物质准备:音频《奇妙动物世界》,绘本PPT,抽页小书30本,绘画纸和笔每人1份。

经验准备：对常见动物的习性、喜好以及本领已有所了解。

活动过程

① **律动引入，感受轻松的氛围**

播放音乐《奇妙动物世界》，带领幼儿做与动物相关的律动。

② **谈话交流，调动以往经验**

师：孩子们，你最喜欢什么动物？为什么呢？

师：你身边有像兔子一样可爱的人吗？他是谁？

师：你身边有像老虎一样威武的人吗？他做什么事情的时候很威武？

师：那我们在哪里能看到很多动物呢？你们知道吗？有一个小男孩说他的家是动物园！这也太不可思议了吧！他明明是个人，他的家怎么会是动物园呢？你们觉得原因可能是什么？

③ **阅读封面，激发阅读兴趣**

出示封面图片，提问引导幼儿观察（阅读策略：读图、读文）

师：你从封面上看到了什么？有什么画面？有什么文字？"动物园"这三个字在哪里？

④ **自主阅读，猜测绘本内容**

在幼儿阅读前抛出问题：他家里真的是一个动物园吗？有哪些动物呢？你是从画面中的哪个细节看出来的？

请幼儿自主阅读小书，可小声讨论。教师了解幼儿的阅读情况、个别指导。

请个别幼儿分享表达，幼儿讲到哪里老师就调出相应页面。

⑤ **集体阅读，验证猜想内容**

师：你们读绘本的时候都很有办法，知道画面中隐藏了很多细节，所以能够推测出绘本的内容。那到底我们的分析对不对呢？让我们一起来阅读这本绘本——《我家是动物园》。

教师完整讲述绘本内容。

幼儿讨论"我家是动物园"的真正含义。

师：现在大家知道"他家是动物园"是什么意思了吗？那为什么与每个人相似的动物都不一样呢？

⑥ **操作体验·迁移阅读经验**

幼儿操作体验。

师：如果让你选一种动物来代表你，你会选什么动物？为什么？（个别幼儿表达）

师：请你在纸上画一画，把你的名字也写上。（引导幼儿思考自己的特征、喜好，并找出与哪种动物有相似之处）

幼儿表达分享。教师引导幼儿大胆自信地向大家介绍自己的特征与喜好等。

⑦ **延伸活动**

将与幼儿相似的动物形象画合订成一本自制图书——《我们班是动物园》，放在图书区供幼儿阅读。

（重庆市江北区新村幼儿园　陈燕）

小书虫课程根据儿童的兴趣点和发展需要创生了绘本课程内容、图书课程内容、读书节课程内容和DIY文创课程内容，为儿童建构了一个立体、多元的促进语言发展的体系，为课程目标的达成提供了有力的支撑。

（三）社会领域——手拉手课程

社会性发展完善的儿童既有悦己爱人的自我意识，也能履行善合作、有担当的社会公民角色。手拉手课程以"儿童是发展中的人，是权利的主体，儿童有自身的价值"这一儿童观为课程基点，充分认识到儿童在学习与发展过程中的潜能，在生活中有愉悦自己、关爱他人的主人翁精神。

在悦己纳人中获得自信

在互助合作中体验成长

做有担当的伙伴

自在亲密　火花四射

感受快乐向上的力量

图 3-3-3 （张翰予 6 岁）

"我的朋友祁菲旎,以前我和她发生过矛盾,但我们还是好朋友。"

图 3-3-4 （陈未晞 5 岁）

"我喜欢我自己,因为我有很多朋友。"

1. 课程目标——追溯真我的价值核心

3—6岁是儿童社会性发展的关键阶段,在这个时期儿童开始认识自我,感受到自己和他人的情绪,开始学习正确地表达自己的情绪和想法,尝试与他人合作、共享……所有这些都是儿童社会性发展的表现。[①]《3—6岁儿童学习与发展指南》中指出"良好的社会性发展对幼儿身心健康和其他各方面的发展都具有重要影响"。[②] 因此,手拉手课程围绕六乐儿童核心素养"悦己爱人"深入挖掘领域亮点课程,努力实现"培养快乐自信小主人"的育人目标。

（1）课程目标阐释

通过让儿童在活动中发现自我、凸显自我、塑造自我,将"悦己爱人、合作担当"寓

[①] 张明红.学前儿童社会学习与发展核心经验[M].南京:南京师范大学出版社,2018:12.
[②] 中华人民共和国教育部.3—6岁儿童学习与发展指南[EB/OL].(2015-05-27). http://www.moe.gov.cn/jyb_xwfb/xw_zt/moe_357/jyzt_2015nztzl/xueqianjiaoyu/yaowen/202104/W020210820338905908083.pdf

于一日活动之中,通过集中体验活动和渗透体验活动全面贯彻落实新幼集团的育人目标。

悦己爱人:能够认识、欣赏、尊重、创造自我价值,以"爱"和"尊重"的信念面对生命,促进自我全面和谐发展,体验成长的快乐,构建完整的自我,悦纳自己、悦纳他人、悦纳自然、悦纳社会。

合作担当:乐于交往和互动,愿意合作和沟通,融入集体,建立强烈的对个体、幼儿园、家庭、社会的认同感、归属感和责任感,成为一个"内心满足、外在和谐"的社会公民。

通过丰富的体验活动,提升儿童对自己、身边事物和社会中不同现象的包容与尊重,帮助儿童丰富社会交往的方式方法,树立交往自信,感知社会公民的权利和义务,养成良好的社会公德,具有社会参与的责任感和成就感,最终成为社会小公民。

(2) 课程总目标

以《3—6岁儿童学习与发展指南》为指导准则,结合新幼集团六乐儿童社会领域的育人目标"友好相处、合作交流",提取出"接纳、合作、担当"等关键词。因此,课程的总目标是:能较为客观地评价身边的人、事、物,能尊重、接纳不同意见,能主动积极、清楚连贯、大胆自信地围绕主题表达思想、解决问题。

有社会公民的角色意识与责任意识,能独立或与同伴协商、合作完成自己所接受的任务,在坚持完成工作任务后,体验成为社会小主人的自豪感与成功感。

关注国家大事、关注社会活动,能够认同和赞美身边愿意为国家、社会、社区等贡献自己力量的榜样,且愿意付诸行动做"社会小主人"。

(3) 课程不同年龄段目标

根据《3—6岁儿童学习与发展指南》与社会领域核心经验,从不同年龄段儿童的发展水平出发,结合课程总目标,确定了目标聚焦于"社会适应、多元接纳""社会角色、交往合作""社会能力、责任担当"等。

3—4岁:社会适应、多元接纳

- 熟悉幼儿园环境,逐渐适应幼儿园集体生活,能在他人的引导下自我服务,情绪愉悦。

- 主动参与集体活动,乐意与同伴共同游戏,能够积极参与幼儿园和班级的各项活动。
- 能主动表达自己的需求、喜好、意愿、想法与情绪情感,萌发自信。

4—5岁:社会角色、交往合作

- 知道自己与他人的不同,能认真倾听和收集同伴的意见,主动参与园内各项活动的讨论与决定。
- 在教师的指导、帮助下,能与他人合作、分享,学会轮流、等待和谦让。
- 愿意为班级、幼儿园做力所能及的事情,对自己能做的事情有信心,不怕困难,有初步的责任感。

5—6岁:社会能力、责任担当

- 增进对不同社会成员的了解与认知,接纳、尊重与自己不同的人,并能给予他人一些力所能及的帮助。
- 能主动参加各项活动,大胆自信地围绕主题表达意见和建议,在有不同意见时能通过说明、辩论、表决等方式自主协商,与同伴合作解决困难。
- 具有主人翁意识,积极参与家庭、幼儿园、社区中力所能及的活动,了解国家的重大事件、成就,培养对祖国和各民族的热爱之情,萌发对世界文化的兴趣。

《幼儿园教育指导纲要(试行)》中提出,幼儿园社会领域教育是指幼儿园专门以发展幼儿的社会性为目标,以增进幼儿的社会认知、激发幼儿的社会情感、引导幼儿的社会行为为主要内容的教育。[①] 本课程围绕社会领域目标中"幼儿"与"社会"的发展关系,融合六乐儿童的核心价值,建构了由社会认知、社会情感及社会行为技能组成的发展目标。

2. 课程内容——渗透融合的课程内容

手拉手课程将培育"悦己爱人、合作担当的小主人"作为本领域课程目标。幼儿园社会教育的实施途径主要有两种:一是教师专门组织的教育活动,包括某个单一的社会教育活动以及围绕某个主题而组织的一系列活动,即单元主题活动;二是渗透式

---

① 中华人民共和国教育部.幼儿园教育指导纲要(试行)[S].北京:北京师范大学出版社,2001:07.

的教育活动,包括渗透于日常的生活活动、游戏活动、其他领域活动、班级环境、家园合作等。于开莲教授在《幼儿园社会教育活动指导》一书中提及:"渗透式的教育活动是实施幼儿园社会教育的主要途径,幼儿园的社会教育大多通过渗透于幼儿一日生活的各个环节来实施。"①

因此,本课程内容主要体现为集中式体验活动与渗透式体验活动相结合,最终构建成了多元、丰富的社会领域实施途径。

在课程内容的建构上,以接纳、合作、担当为主线创生出了以下三方面的课程内容。

(1)"悦纳小达人"接纳课程内容

为帮助儿童学会接纳自己与他人,接纳社会多元文化,培养与他人和谐、融洽相处的品质,本课程以接纳自己、接纳他人、接纳社会作为本核心经验下的具体内容。

以集中式体验活动的形式开展的课程内容有:围绕认识自己、了解自己、接纳自己的"男孩、女孩""独一无二的我""接纳不完美的自己"等活动内容;围绕生活中的不同人群的"爱的抱抱""你好、朋友""关爱特别的人""我的家人"等接纳他人的活动内容;引导儿童认识周边环境、激发儿童热爱家乡、热爱祖国的"我的幼儿园""最美重庆""祖国是个大家庭"等接纳社会的活动内容。

以渗透式体验活动的形式开展新幼小广播、自信小主持、小小升旗手等特色课程内容,让儿童在活动中发现自我、凸显自我、塑造自我。将教育寓于儿童活动中,引导儿童懂得尊重他人、接纳他人意见,自主思考。让儿童履行社会公民的义务,养成良好的社会公德,具有责任感和成就感,最终成为幼儿园的主人和社会公民。

(2)"合作小能手"合作课程内容

合作是一种社会互动和学习的主要形式与途径,是幼儿社会性发展的重要内容,是否具有良好的合作意识及能力将决定幼儿能否顺利融入同伴群体之中。② 在合作方面,本课程围绕亲子交往、师幼交往、同伴交往以及与他人交往几方面开展了丰富多彩的课程内容。在亲子交往方面,开展了亲子调查、亲子手工、亲子运动会、小蜜蜂

---

① 于开莲.幼儿园社会教育活动指导[M].北京:人民教育出版社,2016:43.
② 刘晶波.幼儿园社会领域教育精要——关键经验与活动指导[M].北京:教育科学出版社,2015:203.

阅读活动等。在师幼交往方面,则贯穿于一日活动之中,体现为如师幼齐劳动,师幼共探究,师幼同游戏。在同伴交往方面,开展了"合作力量大""小纤夫"等集体活动,还有小主人运动节、丰收节等大型活动以及运动圈、搭搭乐等游戏活动。除此之外,如"各行各业的人""工作达人""我家的邻居"等,帮助儿童增进了对邻里及其他社会成员的了解与认识,掌握了与他人交往的技能技巧。利用不同职业的节日,邀请社会中不同职业的人员来园参与活动,儿童作为小主人也会参与到接待外来人员的工作之中。

(3)"担当小标兵"担当课程内容

为培养儿童的担当意识,该课程从社会环境认知、社会活动参与以及社会文化认同三个方面建构课程内容。在社会环境认知方面,儿童了解了周围社会环境,形成了主动爱护社会环境的责任感,能遵守社会中的行为规则。通过集中教育活动、亲子活动或远足活动带领儿童认识生活中的标识、宣传语,认识周围的自然环境等,引导儿童爱护环境并养成良好的社会行为习惯。在社会活动参与方面,调动家长及社区资源,带领儿童参观各类社会机构,参与到社会活动之中,宣传社会新风尚,强化规则意识,如开展社区垃圾分类活动、参观消防队等。在社会文化认同方面,为培养儿童爱祖国、爱家乡的情感,认同本民族文化,将领域课程内容与其他领域活动相联系,如开展"京剧天地""版画""四大发明"等富有中国及地方特色的活动。

3. 课程案例

小班社会活动"爱我你就抱抱我"

活动来源

小班儿童刚进入集体生活,要学习与同伴交往,要跟同伴一起活动,要开始他们社会生活的第一步,儿童对此会有不适应且对家人有强烈的依恋。拥抱是一种身体的接触,更是一种心灵的接触,儿童通过拥抱增进与老师、同伴之间的交流,消除陌生感,尽快熟悉环境,适应集体生活,对集体产生归属感,从而喜欢上幼儿园。

活动目标

- 理解"抱抱"的不同含义,知道"抱抱"这一行为是出自爱。

- 学会正确表达自己对他人的喜爱,感受爸爸妈妈、老师和同伴的关爱之情。
- 乐意与老师、同伴拥抱,体验师幼之间和同伴之间相互拥抱的快乐。

活动重点:理解"抱抱"的不同含义,知道"抱抱"这一行为是出自爱。

活动难点:知道如何正确表达自己对他人的喜爱,感受爸爸妈妈、老师和同伴的关爱之情。

活动准备:PPT、歌曲《爱我你就抱抱我》《找一个朋友抱一抱》。

活动过程

① **听音乐《爱我你就抱抱我》,引入活动**

师:孩子们,刚才我们一起听了一首好听的歌曲,你们知道这首歌曲的名字叫什么吗?

师:你们喜欢什么样的抱抱?

师:那我们来抱一抱身边的好朋友吧!(幼儿和同伴拥抱)

② *感受爱的抱抱*

- 感受安慰的抱抱

播放PPT,幼儿感受"抱抱"的不同含义,知道"抱抱"是因为爱。

师:除了开心的时候会抱抱,还有哪些时候可以抱抱呢? 我们来看看。(出示小朋友不开心的PPT页面)

师:这位小朋友怎么了? 我们怎么安慰他?

师:让我们一起来给他一个安慰的抱抱吧!(师幼一起做一个拥抱的动作)

小结:我们心情不好的时候,别人来安慰我们,给我们的抱抱就是"安慰的抱抱"。

- 感受关心的抱抱

师:老师这里还有一个宝宝,我们一起来看看他怎么了?(出示生病小朋友的PPT页面)

小结:人在生病的时候,特别难受,想要得到别人的关心照顾,这个时候的抱抱就是"关心的抱抱"。

- 感受爱的抱抱（学会正确表达自己对他人的喜爱）

师：除了和小朋友抱抱，你们还抱过谁呀？（出示PPT页面）

师：面对喜欢的人，我们会想去拥抱。老师也想和小朋友抱抱，谁想来和老师抱抱？

通过对两次拥抱（幼儿一拥而上去拥抱老师、个别幼儿拥抱老师）的对比，引导幼儿理解拥抱时要轻一点、慢一点。

小结：原来抱抱是轻轻的、软软的、香香的、甜甜的……这种抱抱才是"爱的抱抱"。

③ 通过游戏体验拥抱别人和被拥抱的快乐

师：刚刚我们感受了安慰的抱抱、关心的抱抱、爱的抱抱，你们想不想再抱抱其他的小朋友？（再次强调抱抱的动作）

请幼儿尝试去轻轻地拥抱同伴和老师。

（重庆市江北区新村幼儿园　杨晓红）

良好的社会适应和人际交往能力对儿童来说极为重要。本课程希望通过培养会接纳、善合作、能担当的儿童，全面促进其社会性发展。这是时代与社会赋予幼儿教育的使命，也是儿童成长发展的需要。

（四）科学领域——放大镜课程

好奇是儿童与生俱来的天性，儿童总是对未知的世界充满无限的探索欲望。放大镜课程以"好奇求真，自在探究"为课程精神，引导儿童在拥抱自然中进行科学探究，在生活中发现数学的有用和有趣，让儿童在多维互动的课程活动中积极建构直接经验，促使好奇的科学态度与求真的探索精神自然生长。

每个孩子都好奇，

带着奇妙的放大镜，

探索解密，寻求本真；

拥抱自然，启迪智慧。

科学于我们，

是一次次惊喜的相遇。

让我们和孩子一起，

发现科学的奥秘。

图 3-3-5　小布丁晒太阳（王艺曼 5 岁）　　图 3-3-6　牛奶变"矮"了（李佳芸 4 岁）

1. 课程目标——固本溯源的价值追求

皮亚杰曾说"儿童就是科学家"。① 《3—6岁儿童学习与发展指南》指出幼儿科学学习的核心是激发探究兴趣，体验探究过程，发展初步的探究能力。② 放大镜课程遵循科学领域"好奇求真"的核心素养，充分挖掘幼儿园、家庭、社区资源，在顺应儿童天性的前提下，激发其"善观察、乐好奇、勤发问、勇探索"的潜能，从而实现每个儿童的科学探究学习能力的发展。

---

① 皮亚杰.结构主义[M].北京：商务印书馆，2011：06.
② 李季湄，冯晓霞.《3—6岁儿童学习与发展指南》解读[M].北京：人民教育出版社，2013：315.

(1) 课程目标阐释

① 培养好奇求真的精神

"乐于探索,以发现为乐"是新幼集团"六乐儿童"的培养目标之一。放大镜科学课程以"乐于探索"为引领,鼓励儿童在真实的生活情境中尝试新事物,运用科学的方式去探索环境和事物,解决生活中的实际问题,从而培养好奇、爱探索的科学精神。

② 建构自在探究的经验

儿童可以通过观察、拍照、叙述、记录等多种方式感知和认知世界,自主运用科学的方法记录下观察到的事物、现象,在创作科学记录的过程中不断思考,并通过语言阐述记录内容,在成人的协助下运用、理解科学词汇,做"探究小学者"。

(2) 课程总目标

放大镜课程以《幼儿园教育指导纲要(试行)》和《3—6岁儿童学习与发展指南》为指导思想,深度解读"培养快乐自信小主人"六乐儿童的育人目标,联结科学、数学两个领域儿童发展的核心经验,制定了课程的总目标。从课程总目标到不同年龄段具体目标,均注重突出"好奇求真、探索发现"的课程精神。因此,放大镜课程的总目标具体如下。

- 喜欢亲近自然,知道人是自然的一部分,感受人与自然的关系。
- 通过观察、提问、操作、记录、反思等方法去发现和探究身边的自然资源。
- 理解自然事物和现象的基本规律,尊重生命、敬畏自然、保护自然。
- 对生活中的数学现象和问题感兴趣,感受数学的有用和有趣,喜欢参加数学活动和游戏,有良好的学习习惯。
- 感知和理解数、量及数量关系以及物体的形状特征和空间关系。
- 运用数学的方法描述生活或游戏中的现象,解决简单的问题,并用适当的方式描述探索的过程和结果。

(3) 课程不同年龄段目标

根据《3—6岁儿童学习与发展指南》中的科学探究与数学认知的具体内容,结合放大镜课程的特征,拟定了不同年龄段儿童在科学探究和数学认知两方面的发展目标。

① 科学探究不同年龄段目标

好奇有兴趣

3—4岁:喜欢接触大自然,对周围的很多事物和现象感兴趣;知道一年有春、夏、秋、冬四个季节及四季的基本特征,体验天气对自己生活和活动的影响;了解自己生活的环境,对生活中的动植物感兴趣。

4—5岁:喜欢亲近自然,有探索自然的兴趣;喜欢感知动植物的生长与变化;乐于感知不同季节对动植物和人的影响。

5—6岁:能够主动亲近自然,对自己感兴趣的事物持续关注;主动感知并了解季节变化的周期性,知道变化的顺序;喜欢探究自然界的事物,经常动手动脑寻找答案,有所发现时感到兴奋和满足。

观察有方法

3—4岁:学习运用多种感官感知、发现事物明显的外部特征;观察现象的发生和事物的变化;通过观察和触摸使用简单工具收集信息。

4—5岁:能有顺序地观察事物的外部特征;能比较各个事物的不同和相同;尝试运用简单的观察工具收集细节信息。

5—6岁:能观察动植物的变化,并进行长期系统的观察;能够探寻自然观察对象的变化规律;在观察中逐渐发现事物和现象之间的内在联系,学习观察运用标准化的工具来收集信息;能根据事物的特点有顺序、有方法地观察,并能观察到事物的细小特征。

交流有指向

3—4岁:经常问各种问题;能大胆描述物体的外部特征,喜欢问为什么。

4—5岁:有问题意识,能发现并提出问题;能运用完整的语言讲述并交流自己的发现;能结合已有经验与同伴讨论和分享观察到的事物。

5—6岁:对自己感兴趣的自然现象刨根问底;能提出具有指向性的问题;能用叙述性语言来传达信息、提出问题和提供解释。

探究有过程

3—4岁:喜欢摆弄物品;探究并辨别常见的动植物,了解动植物与人们生活的关系;能用简单的符号对探究过程进行记录;学习根据自己的目的选择和使用不同的工具及材料进行探究。

4—5岁:能运用多种感官探究自然;能用自己的符号或简单的图画对探究过程进行记录;在探究过程中,能进行简单的调查和收集信息,能安全地使用简单的工具进行探究;愿意与同伴合作探索。

5—6岁:能运用多种感官体验自然,了解事物的各种属性,动手动脑,探究问题;能用准确、有效的语言表达和交流自己在活动中的做法、想法及发现;能用数字、图画、图表或其他符号对探究过程进行记录;能制订简单的探究计划并执行,用一定的方法验证自己的猜测和记录,在探究中能与他人合作;正确使用不同的探究工具,充分利用多种材料、工具及多种方法进行拼装、拆卸、制作和绘画,有初步的科学设计制作能力。

② 数学认知不同年龄段目标

发现有用处

3—4岁:关心生活中常见物体较明显的形状特征,并能用自己的语言进行描述,喜欢用几何体进行拼搭;体验和发现生活中很多地方都涉及数学概念。

4—5岁:运用多种感官感知生活中常见物体的特征,并发现立体物品与二维图形之间的差异;能注意和发现日常生活、周围环境中各种数字的含义,并产生探索的兴趣。

5—6岁:能感受生活中的模式,并尝试复制与延伸模式;能运用规律解决生活中的实际问题;能发现生活中许多问题都可以用数学的方法来解决,体验解决问题的乐趣。

感知有概念

3—4岁:能感知和区分生活中物体的大小、多少、高矮、长短等量方面的特点,并能用相应的词进行表示;能通过一一对应的方法比较两组物体的多少;能手口一致地点数5以内的物体,并能说出总数,能按数取物;能用数词描述事物或动作。

4—5岁:能感知和区分物体的粗细、厚薄、轻重等量方面的特点,并能用相应的词语进行描述;能通过数数比较两组物体的多少;能通过实际操作理解数与数之间的关系;会用数词描述事物的排列顺序和位置。

5—6岁:初步理解量的相对性;借助实际情境和操作(如合并或拿取)理解"加"和"减"的实际意义;能通过实物操作或其他方法进行10以内的加减运算;能用简单的记录表、统计图等表示简单的数量关系。

推理有逻辑

3—4岁:能注意物体较明显的形状特征,并用自己的语言描述圆形、三角形、正方形的特征;能感知物体基本的空间位置与方位,理解上下、前后、里外等方位词;能判断两个物体之间明显的上下、前后、里外关系。

4—5岁:能感知和发现常见图形(长方形、梯形、椭圆形等)的基本特征,并发现图形之间的差异;能通过操作根据平面图形的角和边的数量正确区分、辨认不同的图形,初步形成形体守恒的概念;能感知物体的形体结构特征,并在拼搭、拆中感受整体与部分的关系;能使用上下、前后、里外、中间、旁边等方位词描述物体的位置和运动方向。

5—6岁:能感知和发现常见立体图形(球体、正方体、长方体、圆柱体等)的基本特征,能发现并理解平面图形和相对应的立体图形间的关系;能用常见的立体图形有创意地拼搭和画出物体的造型;能以自身为中心区分左右,知道上下、前后、左右方位是相对的,能按语言指示或根据简单示意图正确取放物品。

2. 课程内容——内外相融的活动体验

《3—6岁儿童学习与发展指南》指出,成人要支持幼儿在接触自然、生活事物和现象中积累有益的直接经验与感性认识;鼓励和支持幼儿发现、尝试解决日常生活中需要用到数学的问题,体会数学的用处。[①] 基于日常观察识别儿童的兴趣和需要,结合科学探究的主题性特征和数学认知的序列性特征,放大镜课程聚焦园所自然资源建构了科学探究课程内容,聚焦儿童生活建构了数学认知课程内容,从而实现了儿童的经验建构。

(1)"拥抱自然"科学课程内容

放大镜课程以园本自然资源为课程基础素材,以儿童兴趣为课程生发点,师幼共

---

① 李季湄,冯晓霞.《3—6岁儿童学习与发展指南》解读[M].北京:人民教育出版社,2013:321.

同从班级个性化主题探究和户外区域探究两条线进行了课程建构，班级个性化主题探究课程内容涵盖生命科学、物质科学和地球与空间科学三部分。

① 班级个性化主题探究课程内容

班级个性化主题探究课程是以班级为单位，在"六乐儿童"育人目标和领域基础课程具体目标的引领下，师幼从班级的共同兴趣点或班级热点事件出发，通过在一段时间内开展多种活动进行深度探索，以解决某个问题或探索某种事物为焦点，最终形成了主题式的个性化探究课程。

生命科学主题课程内容

儿童对生命概念的理解是通过生活中对动植物的接触而逐渐建立的。生命科学内容主要包括生物的身体特征、生物的基本需求、生物的简单行为、生物的生命周期、生物的多样性、生物与环境的相互作用。[①] 例如，"神机妙'蒜'"活动引导儿童通过种植大蒜，了解蒜瓣长成蒜苗所需要的条件，了解蒜苗、小葱和韭菜的不同特征，认识蒜的食用价值与功效。"你好，燕子"活动通过引导儿童观察幼儿园屋檐下燕子的日常生活，了解燕子的生活习性，探究燕子宝宝的出生过程，萌发爱护小动物的情感。

物质科学主题课程内容

我们生活在物质世界中，身边有丰富的、不同种类的物质和材料。物质科学主题课程内容重点关注物体与材料的特性、物体的位置和运动、声光电磁热等物质现象。[②] 例如，"米饭历险记"活动中师幼共同探索米饭变成米酒的过程，感知米饭发酵产生的变化、发酵的条件等。"探秘冬藏"活动，引导儿童探索冬天不同食物的储藏方式，感知不同食物在不同环境中的变化。

地球与空间科学主题课程内容

浩瀚的星空和广袤的大地蕴藏着无穷的未知。儿童对地球与空间充满探索的向往。地球与空间科学主题课程内容主要包括地球物质的特性、天气和气候、太阳与月

---

① 张俊,等.幼儿园科学领域教育精要：关键经验与活动指导[M].北京：教育科学出版社，2015：082.
② 张俊,等.幼儿园科学领域教育精要：关键经验与活动指导[M].北京：教育科学出版社，2015：089.

亮的活动、地球与人类的活动。① 例如,"春天里"活动引导儿童从气候、环境探索春天的典型特征,发现春天动植物和天气的变化,感受春天的季节特征。"地图智造家"活动引导儿童从幼儿园的地理布局开启了对方向和线路的研究,探索了从平面到立体的空间变化特点。

② 户外区域性探究课程内容

本课程以地形特点和环境材料为基础。实施过程中,教师根据儿童的游戏需求开展集体探索、小组项目、个别探索的课程内容,不同班级在不同区域开展的课程不尽相同。例如,"风车车自然馆"活动通过对园内不同自然物的探索进行自然教育,儿童与自然发生深度互动,激发热爱自然的情感,积累对自然探索的认知经验。"沙堆堆魔幻山"活动以干沙、湿沙的不同激发儿童探索沙的特性,儿童尝试通过调整水和沙的比例进行沙雕造型,从而积累对沙的丰富经验。

热爱自然、亲近自然是儿童的天然本性。课程内容紧密贴合儿童身边的自然环境和素材,材料的选择与内容密切相关,并符合儿童"玩中学""多感官体验"的特点。只有激发了儿童的好奇心,才能更好地引导他们去感知、探索自然世界的规律。

(2)"趣味生活"数学课程内容

数学在生活中无处不在,无时不有。由于数学本身具有逻辑性和抽象性,而儿童正处于具体形象思维为主的阶段,逻辑性思维和抽象性思维尚处于萌发及初步发展时期,这就决定了儿童数学教育应依托于生活情境,从生活和游戏中感受事物的数、量和形。课程内容应紧扣儿童生活,才能保证数学活动接近儿童的生活经验,数学活动的思维方式接近儿童在生活中的思维方式。该课程内容分为两个部分:大自然中的数学和生活中的数学。

① 大自然中的数学

有趣的测量:课程内容主要为引导儿童感知和区分物体的大小、多少、高矮、长短、粗细、厚薄、轻重等量方面的特点,估算,认识测量单位,使用自然物或测量工具测量物体。

---

① 张俊,等.幼儿园科学领域教育精要:关键经验与活动指导[M].北京:教育科学出版社,2015:094.

好玩的数数：课程内容主要为引导儿童学习点数、相邻数、分数、数物对应、数量等分、一多对应、加与减的启蒙、操作中的加减法、暗差、明差。

② 生活中的数学

多样的形状：课程内容主要为引导儿童感知平面图形（三角形、正方形、长方形、圆形、椭圆形、梯形等）和立体图形（正方体、长方体、圆柱体、球体等）；平面图形的分解与组合；立体图形的分解与组合；制作平面图和立体图。

奇妙的规律：课程内容主要为引导儿童了解分类启蒙、多维度分类、图形推理、类比推理、AB式推理、周期推理、数的比较、综合比较、不等式交换、重量代换、简单的排队问题、行列位置应用、排队问题等。

时间的学问：课程内容主要为引导儿童了解时间、认识日历，了解时间推演、间隔问题。

趣味统计：课程内容主要为引导儿童了解简单统计、统计与概率。

空间方位：课程内容主要为引导儿童认知上下、前后、左右、里外、中间、旁边各个方位，了解行列位置应用、空间方位大综合。

3. 课程案例

大班自然科学活动"有趣的树皮"

活动来源

大自然中蕴藏着无数的教育资源，对自然的探索能让儿童更加深入地了解自然。《3—6岁儿童学习与发展指南》指出教师要提供丰富、可操作的材料，为每个幼儿都能运用多种感官、多种方式进行探索提供活动条件。为此，我组织孩子们开展了多感官自然科学探索活动——有趣的树皮。

活动目标

- 多感官观察树皮的特征，理解树皮的作用。
- 通过触摸、闻嗅、观察、倾听等多种方式探索树皮，知道多种探索方法。
- 对自然科学活动感兴趣，激发热爱、保护树木的情感，愿意亲近自然。

活动准备：放大镜、听诊器、笔、纸；树皮韧皮部放大图、保护大树的行为图片。

活动过程

① 组织幼儿站在大树下，交流谈话导入

师幼共同讨论大树。

师：你们见到过大树吗？能说一说你见过的大树吗？

师：大树在我们生活中随处可见，你们知道大树对人类的好处吗？

② 一起说说大树的组成：树干、树皮、树叶、树根

师：我们都见过大树，你们知道大树由哪些部分组成吗？你们知道树干最外面的这一层叫什么吗？

幼儿交流自己对大树组成部分的认识。

③ 引导幼儿运用多感官观察树皮

- 第一次观察

师问：我们面前这里有一棵小叶榕树，请你们来摸一摸树皮，体验一下有什么感觉？

- 幼儿自由抚摸小叶榕树，并说一说自己的感受。

师：请你们去看看这附近的几棵树，它们的树皮都是一样的吗？哪里不一样？

幼儿自主分散观察，观察完毕回到讨论的地方。

师：我们可以用哪些方式观察大树呢？

小结：刚才我们在对比观察附近的几棵树时，每个人都运用了自己的方法，有触摸感受、用鼻子闻、用耳朵听、用眼睛观察四种方法。

④ 幼儿按照兴趣，自主分为4组进行观察

教师出示四种观察记录材料，分别是放大镜、听诊器、笔、纸。

请幼儿在看（使用放大镜）、听（使用听诊器）、闻、摸后用笔拓印以观察大树的树皮，并进行记录。幼儿自主选取自己感兴趣的材料，四散到操场寻找大树并进行观察，教师巡回观察幼儿探索的情况。

⑤ 分组分享观察发现

师：刚才每个小组都选用自己喜欢的工具进行了观察，你们有什么惊喜

的发现吗?

幼儿分享自己的发现。

小结:运用工具能帮助我们观察到树皮更多的细节。待会儿,大家可以换一种工具再次观察,试一试收集更多关于树皮的信息。

幼儿思考、讨论树皮的作用。

师:接下来请你们想一想树皮对于大树来说有什么作用呢?

教师播放视频及细节图,讲解树皮的作用:

启迪儿童自发地保护大树。除了能防寒防暑防止病虫害,树皮还能运送养料。叶子通过光合作用制造的养料,就是通过它运送到各部位去的。

(重庆市江北区新村幼儿园　张文昕)

在放大镜课程中,儿童连接了户外自然探索和生活数学学习的双重经验,形成了不断螺旋上升的课程路径。拥抱自然的科学探究课程内容与基于生活的数学认知课程内容看似是两条线,实则相通,共同支持儿童的体验式学习。

(五) 艺术领域——魔法棒课程

魔法棒课程立足儿童真实的生活世界,建构了动静有序的"美术＋音乐"课程体系,连接了"幼儿园、家庭、社区"多重教育合力。通过建构真实丰富的艺术学习空间,营造了多感官参与的自主体验环境,促进儿童萌发对美的感受和体验,丰富想象力,提升大胆表现和创造美的能力。

我们是一群快乐的孩子,

哼哼唱唱,涂涂画画是我们的最爱,

小小的音符,短短的画笔,蕴藏神奇的魔法。

阳光下,花园里,大树旁,教室里,

我们施展"魔法",随律而动,闻乐起舞。

爱上艺术，感受符号跳跃的奥妙。

爱上艺术，拥抱天马行空的创造。

爱上艺术，体验自信成长的美好！

图3-3-7 在大自然中发现美

（王允溪5岁）

图3-3-8 创造艺术之美

（齐妙5岁）

（李美函5岁）

（赵允哲5岁）

1. 课程目标——创美尚美的美学本心

《3—6岁儿童学习与发展指南》指出：艺术是人类感受美、表现美和创造美的重要形式，也是表达自己对周围世界的认识和情绪态度的特有方式。① 魔法棒课程依据六乐儿童艺术领域的核心素养"尚美创美"，充分强调了在艺术发展中儿童对美的感知力和创造力的重要性。

（1）课程目标阐释

魔法棒课程的理念是"以美育心，多元创造"，旨在让儿童感受美、创造美，注重儿童在艺术活动中的审美意识的培养和情感体验，鼓励儿童在艺术学习的过程中拥有发现美的眼睛和表现美的意愿，保护儿童纯真的艺术表现力，激发儿童艺术创造的热情和创造能力。

① 尚美善发现

丰富多彩的自然世界和生活环境是蕴藏美的天地，其中包含美的事物、悦耳的声

---

① 中华人民共和国教育部.3—6岁儿童学习与发展指南[EB/OL].(2015-05-27). http://www.moe.gov.cn/jyb_xwfb/xw_zt/moe_357/jyzt_2015nztzl/xueqianjiaoyu/yaowen/202104/W020210820338905908083.pdf

音,儿童能够通过多感官体验、多通道参与,积累对生活美、艺术美的感性经验。"尚美"不仅是欣赏外观形态美,还涵盖语言美、行为美、心灵美等内容,重点关注儿童对美的内心体验,使儿童更好地感受艺术魅力,提升审美情趣。

② 创美爱表现

"乐于创造,以表达为乐"是新幼集团六乐儿童的培养目标之一,旨在鼓励儿童大胆表达,用多元的方式来表征和表现。快乐教育关注的是儿童内心的丰盈,魔法棒课程尊重儿童的兴趣和独特感受,引导儿童积极参加各类艺术活动,激发儿童表现美、发展艺术潜能和创造性地进行艺术表现,给儿童提供自由的空间和环境,支持他们富有个性和创造性地表达,获得满足感和成就感。

(2) 课程总目标

《幼儿园教育指导纲要(试行)》指出:艺术是实施美育的主要途径,应充分发挥艺术的情感教育功能。① 魔法棒课程以《幼儿园教育指导纲要(试行)》和《3—6岁儿童学习与发展指南》为指导准则,深度解读六乐儿童"感受欣赏、表现创造",制定了"以美育心,多元创造"理念下的课程总目标与不同年龄段目标。魔法棒课程的总目标如下。

● 喜欢欣赏自然界和生活中各种各样的艺术美,接触、感知、认识不同的艺术表现形式,体验不同的美感。

● 运用交叉学科思维模式,充分调动视觉、听觉、触觉、嗅觉等多种感官去发现、体验和欣赏美的事物的特征。

● 尝试用不同的艺术语言、创作方法,不拘一格地表现内心对于美的想法。

● 会倾听和感受音乐,能听辨音乐的美感。

● 能跟随音乐用身体动作表现熟悉的事物、音乐形象及情绪情感。

● 大胆想象和表现律动、舞蹈动作美,乐于尝试创造性的律动或舞蹈。

(3) 课程不同年龄段目标

依据魔法棒课程的总目标,以不同年龄段儿童的发展水平为参考,分别从美术和

---

① 中华人民共和国教育部.幼儿园教育指导纲要(试行)[S].北京:北京师范大学出版社,2001:6.

音乐两个方面拟定了具体目标。

① 美术创作不同年龄段目标

善于发现美

3—4岁：喜欢观察和发现身边美的自然物和生活物,愿意观看和欣赏各种美的事物及艺术作品；有自己喜欢的颜色。

4—5岁：喜欢欣赏和初步感受周围环境和自然界中的形态美、色彩美、动态美,并能用简单的语言、动作等进行描述；发现生活中玩具、服饰等美的事物的显著特点。

5—6岁：善于发现和欣赏生活、自然中美的事物,喜欢欣赏各种美的物品；能用语言、动作等与人分享和交流自己对美的感受及理解。

大胆表现美

3—4岁：喜欢参与各种美术活动,能够大胆地涂涂画画,用简单的线条和色彩表达自己的想法,并欣赏自己的作品。

4—5岁：能积极参与美术活动,用多种方式表现美；能综合运用绘画、手工等多种形式进行简单的艺术创作,表达自己的想法和想象。

5—6岁：有主动创作的愿望,大胆、自信地表达自己的艺术想法；主动、愉快地参与创作活动,能运用多种材料和自己喜欢的方式进行艺术创作；有自己喜欢的艺术表现形式。

② 音乐表现不同年龄段目标

乐感好

3—4岁：注意倾听音乐,感受二拍子音乐的节拍、节奏特点,分辨音乐节奏的强弱、速度的快慢等；能听辨音乐的简单结构,在教师的引导下能随音乐的乐句、乐段、变化有节奏、有韵律感地律动和舞蹈,并体验快乐。

4—5岁：注意倾听音乐,感受三拍子和二拍子音乐的节拍、强弱、速度等,感受二分、四分、八分音符的节奏特点；能听辨音乐的简单结构,能随音乐的乐句、乐段、变化有节奏、有韵律感地律动和舞蹈,并体验快乐。

5—6岁：学习一些以二分音符、四分音符、八分音符为主的稍复杂旋律,并学会创造新节奏旋律和创造性地表现熟悉节奏旋律的方法。能分辨弱起拍、先紧后松、紧凑与舒展等不同节奏,了解舞曲、摇篮曲、进行曲等不同风格的音乐。

动作美

3—4岁:喜欢学习用身体动作和语言描述自己对音乐、律动和舞蹈的感受;倾听音乐,初步学会简单的上肢、下肢律动及用简单动作模仿动物形象等,动作大方、基本协调、有美感;积极愉快地尝试学习集体舞蹈;在没有队形的规定下,能够自己选择便于活动的空间,移动时能保持自己的动作美;不碰撞到他人。

4—5岁:能听辨和用语言、动作表述音乐的变化,并用身体动作大胆、有韵律地表现音乐的乐句、乐段与情绪;能跟随音乐合拍地运用手、臂、躯干做简单的动作,并表述自己的感受和理解;学习儿童舞蹈中的基本舞步。在律动和儿童舞蹈中能感受简单的队形排列、变化。

5—6岁:能够准确地按音乐节拍做出稍复杂的基本动作等,并能进一步了解创编律动动作的规律。能较准确地随音乐变化改变动作的力度、速度、节拍、节奏。了解基本的舞蹈步伐,了解少数民族舞蹈,掌握经典动作的组合。

表现新

3—4岁:感受不同的音乐,尝试根据音乐的特点,按照自己的理解和意愿即兴进行韵律性动作表现,并体验乐趣;愿意尝试用简单的创造性动作表现音乐节奏特点。能根据音乐的速度、强弱特征,模仿或尝试创新做各种简单的律动。

4—5岁:乐于与同伴或成人一起做律动和舞蹈游戏,喜欢与他人合作表演律动和舞蹈;能即兴积极愉快地模仿学习和表现;愿意尝试运用道具或辅助材料进行律动和舞蹈;愿意尝试用儿歌、歌曲、绘画等艺术方式表现律动和舞蹈的主要特点及内容。

5—6岁:乐于用身体动作组合表现音乐的结构及其形象、情感和内容,积极熟练地使用动作、表情、体态与人沟通;能分辨乐曲中的重复句并能根据重复句创编动作。

总之,魔法棒课程追随新幼"快乐教育"哲学理念,以"培养快乐自信小主人"六为目标导向,遵循艺术教育的核心价值和理念,将儿童的完整、全面、和谐发展作为本课程的最终愿景。

2. 课程内容——萃取生活的美好创想

艺术源于生活,生活中的美需要成人与儿童一起去发现和捕捉。《3—6岁儿童学习与发展指南》指出,幼儿艺术领域学习的关键在于充分创造条件和机会,在大自然和社会文化生活中萌发幼儿对美的感受及体验,丰富其想象力和创造力,引导儿童学会用心灵去感受和发现美,用自己的方式去表现和创造美。[①] 因此,魔法棒课程开展了探索色彩的绘画课程内容,连接自然物、生活物的手工课程内容,以及聚焦律动、歌唱和舞蹈音乐课程内容。具体分为以下几个方面。

(1)"艺术创想家"美术课程内容

① "多彩串烧"课程内容

聚焦于色彩和形状,让儿童观察自然中的色彩,感知色彩的多变,尝试色彩的搭配,借助各种生活物和自然物作为作画工具和媒介进行绘画创作。

"刻刻印印真好玩"版画系列课程内容

版画的作画工具多元、开放、简单易得,尤其适合手部控制力不太成熟的儿童。在"刻刻印印真好玩"系列课程中,老师与儿童一起寻找生活中的资源进行艺术创作,一起"寻版"和"制版",儿童对作画工具进行探索和尝试,将传统艺术与生活紧密结合。依据不同年龄段儿童的发展水平开展了相应的版画活动,例如,小班"身体部位来作画"活动让儿童观察身体的不同部位,例如唇纹、指纹、手掌纹路、脚底纹路等,以及观察不同手部动作形成的不同纹理,儿童以自己的身体为"版"进行作画。

"颜色动起来"玩色系列课程

作为美术四大语言(线条、形状、色彩、构图)之一的"色彩",是儿童进行艺术表达的直接语言之一。"颜色动起来"系列课程通过水拓画、晕染画、流体画等不同作画形式带领儿童去感受颜色的流动和变化,走入彩色世界真正认识色彩和创造色彩。例如,"夏荷"晕染画活动中幼儿用一支彩色笔和一根棉签,将一个个色彩小点蘸水,欣赏色彩由深到浅逐渐晕开,感知色彩晕开流动,同时也感受中国传统水墨画的艺术效果。儿童一边创作一边欣赏,不断地会有新的画面产生,这个过程儿童的情绪是持续愉悦的。

② 多元体验课程内容

在艺术家眼里所有的材料都是创作工具。多元体验手工课程的核心是运用生活

---

① 中华人民共和国教育部.3—6岁儿童学习与发展指南[EB/OL].(2015-05-27). http://www.moe.gov.cn/jyb_xwfb/xw_zt/moe_357/jyzt_2015nztzl/xueqianjiaoyu/yaowen/202104/W020210820338905908083.pdf

之美创造艺术之美,让儿童去寻找身边可用于艺术创作的材料,让他们拥有一双发现美的眼睛。

基于主题教育的变废为宝手工课程内容

日常的主题教育里隐含着很多变废为宝课程。例如,随时节而生的"落叶创想"系列活动,保留大树掉落的树叶制造"一地金黄",让儿童身临其境充分感受落叶的美,跟随自己的意愿,依据自己的生活经验进行艺术创作。本着"艺术家眼里没有垃圾"的艺术精神,师幼合力搜寻生活中的各种食品、日用品,用最意想不到和稀奇古怪的材料制作创生课程。

基于园本课程的绘本创编手工课程内容

绘本作为幼儿园中最常见的教育资源之一,其中含有丰富的艺术资源,可选取经典的绘本形象进行延伸成为美工活动的素材。例如:阅读了绘本《情绪小怪兽》后,发动家长带领儿童一起利用废旧布料开展亲子手工活动"我的颜色怪兽",制作代表儿童自己情绪的颜色玩偶,以绘本刺激儿童的审美提升,激发儿童的表达创作愿望。

(2)"舞动小精灵"音乐课程内容

① 链接儿童生活的律动课程内容

儿童的思维特点是以具体形象思维为主,律动是儿童感知、理解和表现音乐最自然、最重要的途径之一。在律动课程中融入更多生活化的元素,让律动内容贴近儿童的生活,让课程充满趣味性和游戏性。

渗透于儿童一日活动的日常生活律动

爱德华兹指出,幼儿是行动导向的。[①] 律动的融入让儿童的一日活动更加灵动、有生机。教师选择节奏鲜明、旋律简单的音乐,有计划地引导儿童进入具体的生活情境中,巧妙运用儿歌,暗示动作要领和动作节拍,让儿童拥有较真实的、自然的情感体验,做出简单的动作。例如:"七步洗手法"律动把朗朗上口的儿歌辅以一系列洗手的步骤,让枯燥的洗手环节变得生动有趣,儿童自然而然习得洗手的方法。

---

① 琳达·卡罗尔·爱德华兹.音乐与律动:创造儿童的另一种生活方式(第7版)[M].冯婉桢等,译.北京:机械工业出版社,2015:5.

儿童熟悉的大自然主题律动

亲近大自然是儿童的本性。大自然主题律动的核心就是通过律动将听觉形象转化为"视觉形象",通过理解音乐的曲式结构,感受音乐的节奏、旋律、力度、速度的不同与变化,再创编动作表现大自然的美。例如,"动物狂想曲"将经典音乐作为律动课程的音乐资源,儿童通过模仿大自然中不同小动物的动作,感知乐曲欢快、优美的旋律和大自然和谐、幽静的意境。

融入生活情境的角色主题律动

儿童的学习特点是具体形象的,融入生活情境的律动更让儿童感同身受,获得更多的角色体验,感受音乐之美。例如,"农夫与禾苗"活动让儿童扮演农夫和禾苗,了解音乐的三段式结构,用动作表现不同的音乐形象,通过自身的动作体验,更能体会劳动者的辛苦。

② 经典儿歌歌唱课程内容

基于儿童的兴趣和发展需要,将经典的儿童歌曲纳入歌唱课程,让儿童喜欢歌唱,并传承中华优秀传统文化。

渗透主题教育的儿歌歌唱

将经典儿歌纳入主题教育内容,在儿歌的记忆、诵唱和演绎中生动形象地推动主题教育深入开展。例如,学唱《春天在哪里》《小螺号》《小树叶》《劳动最光荣》等歌曲,能帮助儿童了解节日、节气、四季特点以及自然环境、生态环境等,儿童由此深入理解歌曲背后的故事。

游戏化的儿歌歌唱

在儿童歌唱活动中融入游戏化、情境性的元素,实现儿童与同伴互动,让歌唱活动富有趣味,既有民间游戏中的儿歌歌唱,又有融合多种歌唱形式的儿歌歌唱。例如,儿童一边运动一边唱儿歌,如《编花篮》《丢手绢》《马兰花》等,极大地活跃游戏的氛围。

③ 富有童趣的舞蹈启蒙课程内容

舞蹈的肢体语言能将人内心的情感表达出来,它的综合性和丰富性帮助儿童提升审美能力。开展富有童趣的舞蹈课程内容,能直观、富有童趣地学习多种舞蹈动作。例如,"挤牛奶"活动让儿童感受蒙古族舞蹈的优美,了解蒙古族的生活习俗等。

3. 课程案例

大班流体画活动"流动的色彩"

活动来源

作为美术四大语言(线条、形状、色彩、构图)之一的"色彩",是让儿童直观感知美和审美培养的途径和重要方式。于是,借助"流体画"这种形式,围绕"色彩",带着儿童一起进行自由创作,一起感受色彩、纹理碰撞产生的美。

活动目标

- 喜欢观察发现感受大自然和生活中的美,体验流体画创作的乐趣。
- 大胆尝试冷暖色、邻近色的配色,运用倒、淌颜料等方式创作纹理作品。
- 体验用多种辅助材料创作出多样的纹理,表现和表达自己对生活及大自然中的美的感受。

活动准备

物质准备:各种纹理图,教师录制操作视频,纸盘,提前调制好的颜料,辅助材料,围裙,桌布等。

经验准备:对冷暖色系有一定了解。

活动过程

① 情景体验:大自然和生活中的纹理

- 欣赏图片,"猜猜我是谁"。

出示生活中的纹理图,如紫甘蓝、白菜的切面图及对应实物图。

师:猜猜这是谁? 形容一下它是什么样的? 有哪些颜色? 纹路是怎样的?

出示大自然中的纹理图,如山川河流、动物皮毛的纹理及对应实物图。

师:这又是谁呢? 它是哪个角度拍到的呢? 像什么呢? 有哪些颜色? 纹路是什么样的?

- 对比欣赏,感受色彩纹理的形成。

师：哪一幅是颜料创作出来的呢？想一想，你知道它是怎么做的吗？

② 欣赏流体画作品，感受和体验流体画的创作方法

欣赏流体画作品，感受想象纹理的色彩美和形象美，感知冷暖色、邻近色的配色方法。

师：运用哪些颜色，怎样搭配这些颜色？这些颜色带给你怎样的感受？

问：怎样创作流体画呢？（播放教师事先录制好的流体画创作视频）

师：你看到老师是怎么操作的呢？你想创作什么？

请幼儿分享自己创作时的想法、愿望。

③ 大胆尝试创作流体画，体验乐趣和美感

在纸盘上创作流体画。

教师拍照典型作品上传大屏幕，并围绕创作的方法、色彩美、形象美等进行小结。

师：这幅画像什么？带给你怎样的感觉呢？

幼儿尝试在多种材料（纸杯、花瓶、泡沫球等）上创作流体画。

师：你觉得你的作品像什么？

④ 幼儿互相欣赏、评价

师：为你的作品取一个好听的名字，你为什么要搭配这些颜色？做出来的纹理是什么样子的？带给你怎样的感受？你喜欢谁的作品？它又带给你怎样的感受？

（重庆市江北区新村幼儿园　李琳琳）

总之，"艺术创想家"美术课程和"舞动小精灵"音乐课程立足儿童生活，充分挖掘各种有价值的课程资源，唤醒儿童的艺术审美，让儿童听见美，看见美，不断滋养其精神、丰富其生命。

二、凸显新幼快乐教育的园本拓展课程（三小课程）

新幼集团通过深入开展五大领域的教学实践，推动儿童朝着育人目标稳步发

展,为育人目标的达成奠定了坚实的基础。虞永平教授提出幼儿园课程应从儿童身心发展的特点和特定的社会文化背景出发,有目的地选择、组织和提供综合性的、有益的经验。为了贴合本土地域文化,契合区域儿童需求的全面发展,并进一步激发儿童的自主自理、关爱互助、独立思考、深度探索等小主人精神,"培育快乐自信小主人",新幼集团建构了以"天性·对话·生活"为主线培育小主人品质的园本特色课程"三小课程"。三小课程主要包括小主人课程、小耍坝课程和小蜜蜂课程。

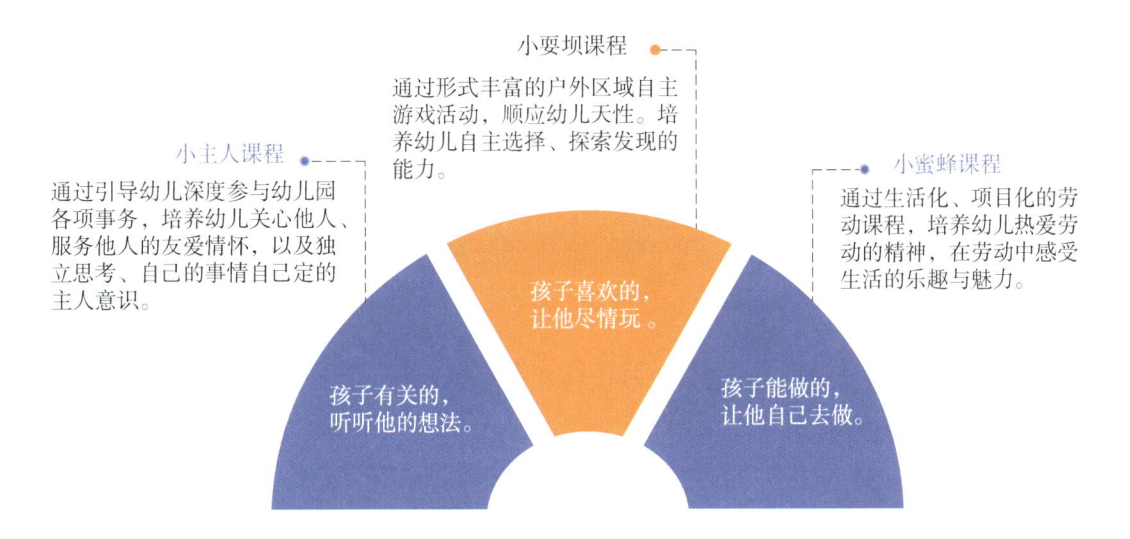

小主人课程
通过引导幼儿深度参与幼儿园各项事务,培养幼儿关心他人、服务他人的友爱情怀,以及独立思考、自己的事情自己定的主人意识。

小耍坝课程
通过形式丰富的户外区域自主游戏活动,顺应幼儿天性。培养幼儿自主选择、探索发现的能力。

小蜜蜂课程
通过生活化、项目化的劳动课程,培养幼儿热爱劳动的精神,在劳动中感受生活的乐趣与魅力。

孩子有关的,听听他的想法。
孩子喜欢的,让他尽情玩。
孩子能做的,让他自己去做。

图 3-3-9 三小课程结构图

(一) 小主人课程

1. 课程来源

十多年前的一天,六一儿童节快到了,今年的儿童节礼物该送什么给孩子呢?后勤主任找到刘静园长想要确定买什么。每年六一礼物都让园长、老师们绞尽脑汁,不仅要猜测儿童喜欢什么,还要考虑实用性、性价比。此时,刘静园长思考着既然是儿童节,何不把主动权交给儿童,让各班的儿童都来表达自己喜欢什么样的节日礼物。于是,基于尊重儿童意愿原则的"小主人会议"活动诞生了。

在十多年小主人课程的实施过程中,在"儿童第一"教育价值观的引领下,小主人

113

课程始终紧扣"尊重原则",以实现儿童生活教育与公民教育的有机融合建构课程内容。该课程以儿童为主体,通过富有自主性、规范性、发展性的活动,唤醒儿童的主体意识,培养儿童的自主能力,为儿童成长为幼儿园主人、社会公民和有责任担当的人打下基础。小主人课程通过让儿童在活动中发现自我、凸显自我、塑造自我,将教育寓于儿童活动中,儿童通过参与小主人会议体验社会公民的权利,在活动中懂得尊重他人、接纳他人意见,自主思考。结合生活情景与实际社会生活,儿童通过担任新幼小巡警、自信小主持、小小升旗手等角色,体验社会公民的义务,养成良好的社会公德,培养责任感和成就感,最终成为幼儿园的小主人和社会小公民。

2. 课程目标

- 有小主人角色意识与责任意识,能主动积极、清楚连贯、大胆自信地表达自己的想法,解决问题并完成任务。

- 有任务意识和担当意识,在坚持完成工作任务后,体验成为小主人的自豪感与成功感。

- 懂得幼儿园生活的基本规则,能在自觉遵守的基础上管理他人,尊重他人想法,乐于接纳,与他人友好交往,互帮互助。

3. 课程内容

图3-3-10 小主人课程框架图

(1) 小主人会议

小主人会议以关注儿童需求、倾听儿童心声、尊重儿童权利为宗旨,是儿童充分表达心声、表现自我的自我管理活动,该会议通过民主推选儿童成为"小主人",让儿童参与园务讨论、课程审议、主题活动延伸、班本课程建设等方面的管理活动。

每学期开展2—3次小主人会议,由中、大班儿童参加,每班选出2名小主人作为代表,每次召开小主人会议需要经历以下几个流程(如图3-3-11)。

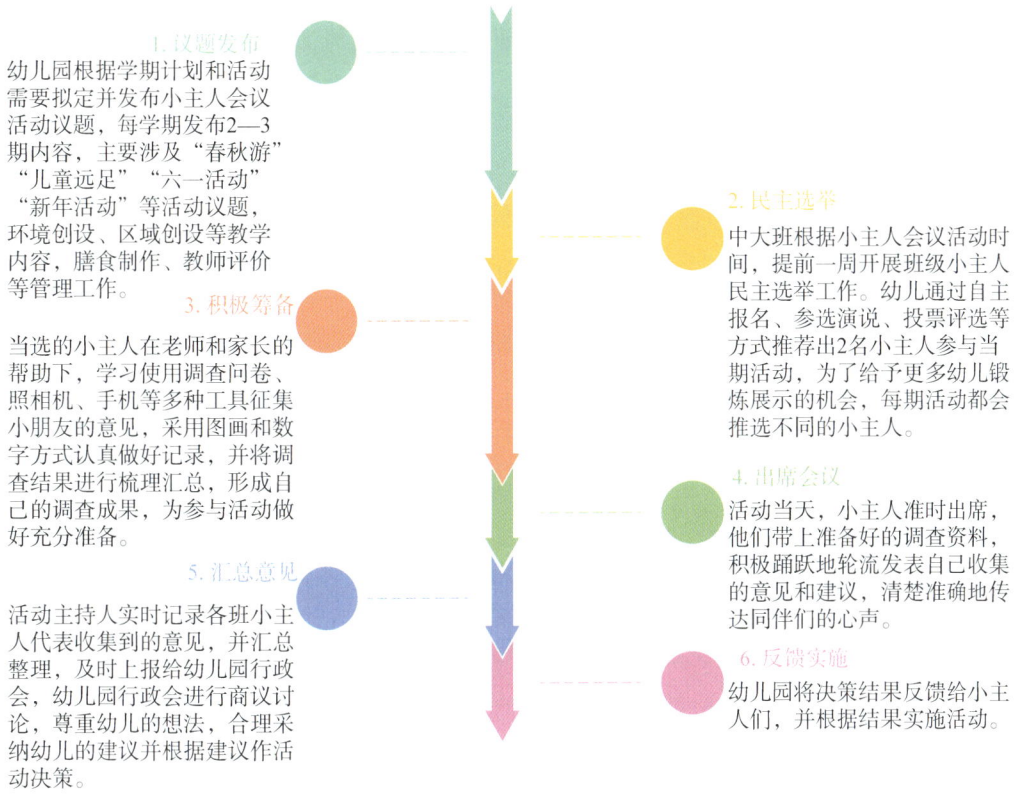

1. 议题发布
幼儿园根据学期计划和活动需要拟定并发布小主人会议活动议题,每学期发布2—3期内容,主要涉及"春秋游""儿童远足""六一活动""新年活动"等活动议题,环境创设、区域创设等教学内容,膳食制作、教师评价等管理工作。

2. 民主选举
中大班根据小主人会议活动时间,提前一周开展班级小主人民主选举工作。幼儿通过自主报名、参选演说、投票评选等方式推荐出2名小主人参与当期活动,为了给予更多幼儿锻炼展示的机会,每期活动都会推选不同的小主人。

3. 积极筹备
当选的小主人在老师和家长的帮助下,学习使用调查问卷、照相机、手机等多种工具征集小朋友的意见,采用图画和数字方式认真做好记录,并将调查结果进行梳理汇总,形成自己的调查成果,为参与活动做好充分准备。

4. 出席会议
活动当天,小主人准时出席,他们带上准备好的调查资料,积极踊跃地轮流发表自己收集的意见和建议,清楚准确地传达同伴们的心声。

5. 汇总意见
活动主持人实时记录各班小主人代表收集到的意见,并汇总整理,及时上报给幼儿园行政会,幼儿园行政会进行商议讨论,尊重幼儿的想法,合理采纳幼儿的建议并根据建议作活动决策。

6. 反馈实施
幼儿园将决策结果反馈给小主人们,并根据结果实施活动。

图3-3-11 小主人会议流程图

(2)新幼小巡警

新幼小巡警结合了儿童的兴趣愿望和生活实际,通过角色扮演、真实履职的方式,培养儿童有责任担当的小主人品质。中大班儿童通过扮演巡警的角色,模仿、观察学习巡警的职责,并在真实情景中体验。例如,大班儿童晨间护送小班儿童入园,维护离园秩序,参与制作安全标识、安全检查、安全提示,进行园所巡逻,参与客人接待等,体验责任感和成就感。

新幼小巡警由中、大班儿童轮流担任,每天4—6名儿童,由家长护卫队组织开展活动。小巡警的主要工作内容是晨间接待幼儿、维护园内环境卫生、检查安全隐患、失物招领、接待客人、制作安全标识等。为了让全园儿童了解小巡警的职责和配合小巡警工作,各班可根据具体情况开展相应的课程内容。

小班课程内容

认识小巡警:初步了解小巡警的工作内容。

小巡警宣讲:大班儿童对小巡警活动进行宣传,让其他幼儿初步了解小巡警的角色。

中班课程内容

小巡警工作流程:以班级为单位开展课程,了解小巡警的工作流程。

我当小巡警:参与小巡警活动,初步体验小巡警的一日工作。

幼儿园的分布图:了解并绘制幼儿园的基本分布图,进一步熟悉幼儿园。

小巡警职责:通过讨论了解小巡警的相应职责。

巡警安全我知道:初步了解小巡警工作过程中应该注意的安全事项。

大班课程内容

争当优秀小巡警:通过讨论了解优秀小巡警的素养,并开展全园评选活动。

小巡警宣讲:走进小班为弟弟妹妹宣讲小巡警的相关知识。

巡警安全我知道:通过讨论,了解并建立小巡警安全制度。

安全标识我来做:为幼儿园绘制相应的安全标识。

邀请家长配合小巡警活动,学期初家长会时发布活动内容,宣传活动价值,激发家长积极参与活动的兴趣。根据儿童分组名单遴选家长担任活动组长,并开展组长工作内容培训。班级活动前一周发布分组名单,激发儿童的参与兴趣,明确组长的工作内容。家长在活动日早上 8:00 至 8:40 入园参加工作,包括协助小巡警穿脱衣物及收纳整理,引导小巡警热情礼貌、文明有序地完成工作,加强活动中的安全指导,保障活动安全,拍照记录活动过程,及时上传活动照片,活动后及时向班级老师反馈活动情况。

(3) 小小升旗手

升旗仪式是对儿童进行爱国主义教育的有效途径之一,也是儿童身为一名小主人参与幼儿园管理的有效路径。因此,该活动面向全体大班儿童,大家按周轮流担任。每周向轮值班级儿童发起报名竞选,通过自我评价、同伴评价、师幼评价等多种评价方式相结合竞选出6名升旗手(2名护旗手,4名升旗手),在周一承担升旗手工作,负责升旗仪式。

(4) 自信小主持

自信小主持是通过儿童在主题活动中承担小主持人工作,提供给儿童展示自我的平台。每周一的升旗仪式与每月主题活动的主持任务,均由儿童独立承担或师幼共同承担,通过该活动促进儿童的自信心、仪表仪态以及口语表达能力的发展。主要有以下两种课程。

① 升旗仪式小主持

课程对象:大班儿童。

课程频次:每周一次。

实施方式:老师在班级中组织小主持评选活动,每次选出两名自信大胆、口齿清晰、表现力强的儿童担任升旗仪式小主持。

② 主题活动小主持

课程对象:大班儿童。

课程频次:每次主题活动后。

实施方式:通过大班组儿童自愿报名竞选的方式,选出小主持独立或师幼共同承担主题活动主持任务。提前两周发布竞选时间和主持词,参加竞选的儿童在家长的协助下做好准备,参与竞选。最终由儿童和老师共同评选出口语表达良好、自信大胆的小主持。

(5) 小主人文化节

幼儿园的环境创设、课程推进、活动开展都应以儿童为中心。小主人文化节以连续性的活动为载体,通过环境营造文化氛围,主要推进形式为预设课程和生成课程有机结合,在充分尊重儿童认知发展特点的基础上,运用多种儿童乐于参与的方式开展小主人文化节活动。

表 3-3-1　新村小主人文化节课程内容

时间	小主人文化节	文化节关键词
3月初	小主人节—种植节	亲近自然、种植养护、远足赏春
4月底	小主人节—运动节	运动能力、运动品质、自我挑战、团队合作
5月底	小主人节—艺术节	艺术浸润、美育欣赏、自信表达
6月底	小主人节—毕业生节	返园访学、感恩交流、情感连接
9月底	小主人节—庆中秋、贺国庆	中秋习俗、美食品鉴 爱国情感、自豪自信
11月初	小主人节—天凉好晒秋	欢庆丰收、感受秋风、混龄交往
12月底	小主人节—迎新年	新年文化、传统习俗

4. 课程案例

玩转饲养角

活动类型：小主人会议

活动年龄：混龄

① 饲养角受冷落，产生议题

最近一段时间，老师们渐渐发现"饲养区"遭遇了"冰川期"，选择玩饲养活动的儿童越来越少。饲养区有小鸡、小鸭、小白兔，种类还算丰富，为什么不吸引儿童了呢？儿童不是喜欢小动物吗？为什么不去了？怎样才能让饲养区焕发新的活力？于是，"玩转饲养角"这个议题被发布在了小主人俱乐部专题栏上。

② 小主人代表收集意见，规划饲养角

大班和中班儿童经过自主报名、参选演说、投票民主评选，确定了 18 名小主人代表参与本次活动。当选的小主人代表积极行动起来，他们围绕议题不仅收集汇总了班级同伴不喜欢饲养区的理由，了解了如何整改的意见，还积极地绘制起饲养区的规划图来。

通过调查，了解到了孩子们不喜欢去饲养区的三大原因：

图 3-3-12　小主人文化墙

第一,饲养区有很多动物的粪便,又脏又臭。

第二,只有鸡鸭兔,没有自己喜欢的动物;它们被关在笼子里。

第三,除了喂动物吃食物没别的玩法。

小主人们利用调查问卷、手机等工具收集伙伴们的意见和建议,各班小主人根据大家的建议设计出了饲养区规划图。

图 3-3-13　小主人代表搜集幼儿意见

③ 会议上,小主人们出谋划策

孩子们期盼已久的小主人会议开始了,他们争先恐后地介绍自己班级的规划设想,很多奇思妙想让大家不住地点头称赞。

"我设计了一个污水处理系统,可以及时清除动物粪便,饲养角就不会很臭了!"

"我们设计了动物医院,能预防禽流感,还能让人和小动物近距离接触,和它们一起玩过家家!"

"我设计了一个捕鼠器,消灭老鼠,保护饲养区小动物的安全!"

"我们增加了一个工具房,里面可以摆放扫帚、簸箕、吸尘器等清洁工具,每班每天轮流打扫,将饲养角打扫得干干净净。"

小主人们不仅认真规划、认真介绍,还积极为其他班的规划出谋划策,提出意见和建议。

图 3-3-14 小主人会议上的发言

④ **整合意见建议,反馈决策**

孩子们的金点子闪烁着童真智慧的光芒,老师们将这些意见和建议汇总后上报至幼儿园行政会,不少建议都得到了园长、教学部、保健部、后勤部的赞赏和认可。幼儿园行政会立即作决策,根据孩子们的金点子对饲养角进行全面改造:扩大游泳池、增加污水处理系统、添置量多类足的清洁工具、安放捕鼠设备等,让饲养角重新成为孩子们喜爱的区域。

在升旗仪式上,园长第一时间将幼儿园的决策反馈给小主人们。当孩子们知晓自己的建议被认可采纳,并将付诸行动时,脸上洋溢着灿烂的笑容,兴奋得又蹦又跳,为自己是新幼小主人而感到无比光荣和自豪!

图 3-3-15　小主人统计结果

（重庆市江北区新村幼儿园　罗映）

（二）小耍坝课程

1. 课程来源

"把幼儿园还给孩子"，户外环境改进工程在此理念下持续推动，幼儿园户外环境、功能室不断升级，新幼集团秉持着"处处能体验、时时可体验"的宗旨，开发了以园所场地资源为依托的小耍坝课程。"耍坝"源自重庆方言，意为平坦开阔的场域，耍坝上人们的活动场景也正是重庆人的生活写照，平地成为山城人民聚集、聊天、玩耍的集中场所。小耍坝课程将户外环境划分为 10 个不同区域，根据地形特点和环境材料条件打造不同区域，以班级为活动单位，依次在各区开展活动。活动以儿童发起的自主游戏为主，过程中教师重在支持儿童发现问题、运用工具、探索材料、解决问题，通过自发活动提升儿童的自主学习能力。

2. 课程目标

- 感受巴渝文化，通过开展浸润于巴渝文化中的游戏，让儿童体验自主游戏的快乐、交往的快乐。

- 激发好奇与探索的兴趣，养成发现问题、探索问题、解决问题等自主学习能力，提升相关技能。

- 培养勇敢、坚持、耐心、友善等社会品质。

3. 课程内容

（1）内容框架

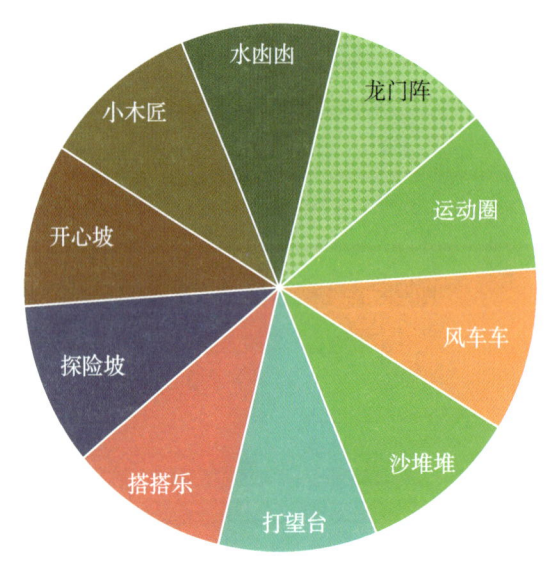

图 3-3-16 小耍坝课程框架

（2）内容解读

① 文化传承——浸润巴渝文化

小耍坝由重庆地域文化而得名，表达了儿童在舒适的场域中悠闲、自在地游戏。各户外区域的名称均是结合巴渝特点而命名的，如：龙门阵、打望台、水凼凼、沙堆堆……区域名称具有典型的重庆地域文化特征。除了名称体现文化的传承外，在区域课程内容中，儿童也能感受到巴渝文化特色。

② 开放创新——彰显快乐自信

在课程实施过程中，秉承开放创新的思想，场地开放，材料开放，游戏形式与内容开放，没有统一固定的游戏内容。鼓励儿童创新使用材料，创新游戏形式和内容，在游戏中发展多方面能力。

③ 深度自主——过程重于结果

儿童自主计划游戏内容，在游戏中自主选择玩伴，自主决定材料的使用方式与游戏内容,具有最大限度的自主性。儿童处于自主性的学习环境中,基于游戏内容开展活动。每周两次的小耍坝课程,儿童在同一区域进行为期一个月的活动,保障了深度游戏学习。

4. 课程案例

缆车滑行游戏记

发生区域:建构区

年龄段:大班

"哇,我们的缆车终于滑行起来了!"孩子们的缆车滑行游戏经历了从用人工方式移动缆车到探寻工具拉动缆车再到巧用机械滑动缆车的阶段。他们的游戏是如何一步步升级的呢?让我们一起走进孩子们的游戏世界。

奇思妙想玩缆车,放手儿童去探索

建构区里,轩轩搭建的缆车已完成,他用绳子将搭好的缆车连接在"索道绳"上,然后驾驶着缆车往前行驶;逸逸也模仿将两轮车系在"索道绳"上,用推的方式让缆车前行;妍妍则举起手牵拉着绳子往前行驶。就这样,孩子们用拉、推、驾驶等方式让缆车从一端移动至另一端。

可是,没过多久,妍妍说:"我的手都酸了。"逸逸说:"我的车子总是倒。"轩轩则说:"如果能坐在缆车里,缆车还能自己滑行起来就更棒了。"

图 3-3-17　驾驶缆车　　　　图 3-3-18　推缆车

123

图 3-3-19 牵拉绳子

我想，孩子们认为人工拉动缆车的方式太费力气，他们更享受坐在能自动滑行的缆车里面。想要让缆车自己滑行起来该怎么办呢？于是，我将这个问题抛给了孩子，游戏变得更有目的性。

自制"滑轮"拉缆车，设疑启思引探究

孩子们利用钩子、滑轮、齿轮等工具，借助外力尝试让缆车滑行。有些孩子有坐过长江索道的经验，他们说需要安装滑轮。"什么是滑轮呢？"诚诚拿出一块齿轮片并使其在索道绳上滚动起来，说道："这是滑轮。"有些孩子则拿出两块圆木片，用螺丝进行连接，说道："这是滑轮。"还有的孩子将齿轮片叠高，让一个齿轮转动以带动另一个齿轮转动，说道："这是滑轮。"

可滑轮一放就倒，并不会自己在索道绳上滚动起来，用绳子将缆车和滑轮相连接，转动滑轮时绳子还很容易缠到滑轮里面。看到孩子们在游戏中遇到困难时，我将自己"变"成孩子，和孩子们一起玩，一起寻找原因。随后，孩子们又再次改进滑轮。将螺丝换成了小木棒，用手来支撑滑轮，并旋转滑轮中间的小木棒。肉肉发现滑轮并没有在索道绳上滚动起来，而当小木棒往外转时，绳子就会缠绕在小木棒上，绳子缩短则拉动物体往上移动。肉肉无意中探索出的玩法一下子被普及推广，孩子们反复体验着使物体垂直移动的新颖玩法。

图3-3-20 自制滑轮　　　　　　图3-3-21 认为滑轮就是齿轮

图3-3-22 探索物体的垂直运动　　图3-3-23 图画表征游戏

接连好几天,孩子们一直重复着玩这样的游戏,游戏经验止步不前,我向孩子提问:"怎么让缆车前后移动起来呢?"扬扬灵机一动,将"滑轮"与缆车放于地面,改变方向后,旋转小木棒,缆车居然前后移动起来了。肉肉又将"滑轮"放到索道绳上,用同样的方法旋转木棒,缆车往前移动了!"那我

图3-3-24 探索物体水平移动　　图3-3-25 自制"滑轮"拉缆车

试试坐上来,你拉我吧!"彤彤坐上了缆车,肉肉吃力地旋转着小木棒,缆车缓缓地往前行驶着。

但是,过了一会儿,孩子们纷纷表示,"我的手都转红了""这个滑轮好重呀""太费力气了,我不想拉缆车了"。

巧用滑轮真省力,拓展经验促创新

游戏中孩子们体验到使用"滑轮"太费力气的感受和滑轮的实际作用大相径庭。我想,幼儿对滑轮、轮轴、齿轮的概念还是模糊的。于是,我给孩子们提供了真正的滑轮以拓展经验。

图 3-3-26　玩滑轮　　　　图 3-3-27　感知滑轮属性

来到建构区,肉肉将滑轮先安到索道绳上,又另找来一根绳子穿过滑轮,并将绳子的一端系于缆车上,当拉动绳子的一端时,缆车滑动了起来。诚诚坐上缆车,肉肉很快就让缆车移动了起来。

图 3-3-28　用滑轮拉缆车

妍妍将自己搭建的"多节车厢"式缆车系好,小个子的田田也能轻松地拉动起这沉重的长缆车。谦谦、满满两个人坐上了"房车式缆车",缆车依旧能在预定的轨迹上滑行。这一次游戏,孩子们感受到了滑轮的省力作用,终于实现了缆车不仅能坐人还能轻松滑行起来的目的。

孩子们对缆车滑行游戏仍然意犹未尽，他们寻找教室里的废弃纸筒、绕线筒、滴管帽等材料自制滑轮，用吸管、乐高等轻便的材料在班级里搭建起小型缆车，推动角色游戏"两江缆车游"的开展。缆车滑行游戏的步步升级，受到了更多孩子们的喜爱，大家纷纷参与进来。

图 3-3-29　拉动"房车式"缆车

图 3-3-30　小型缆车滑行游戏 　　图 3-3-31　用多元材料自制滑轮

"游戏是儿童的生命"。在此次游戏的三个阶段中呈现了三种不同的幼儿游戏样态，呈现了三种不同的教师支持策略，呈现了缆车滑行方式的三次升级。在游戏前期，教师大胆放手，将游戏还给孩子，一句"如果能坐在缆车上，缆车还能自己滑行起来就更棒了"推动了游戏朝有目的性的水平发展。在游戏中期，幼儿自制滑轮、使用滑轮、解决使用中的问题，在与材料的互动中发现轮轴的运行特点，利用轮轴让物体移动。教师巧设提问引导幼儿发现及解决问题，进一步推进了幼儿的深度学习与科学探究。在游戏后期，教师投放滑轮材料，幼儿在玩中认识滑轮的属性及作用，又通过自制滑轮，创生了"两江缆车游"的角色游戏，让游戏更有意义与创造性。

(重庆市江北区新村幼儿园　陈凌霄)

（三）小蜜蜂课程

1. 课程来源

小蜜蜂精神指的是小蜜蜂勤劳、互助、团结的精神品质，是我国优秀传统文化中的重要组成部分。用小蜜蜂课程一词指代劳动课程，希望儿童能够具有像小蜜蜂一样的劳动精神，也希望儿童能够像小蜜蜂建设蜂巢一样，成为祖国的建设者与接班人。小蜜蜂课程从儿童的日常劳动出发，由点到面地让儿童深度参与各项与生活息息相关的劳动，让儿童在参与劳动的过程中，不断发展自己的劳动能力，树立正确的劳动观点，在劳动中感受生活的乐与美，实现培育目标。

2. 课程目标

- 有参与劳动的兴趣，体验参与劳动的快乐，培养积极参与劳动的习惯，热爱劳动。
- 掌握基本的劳动技能，提高生活自理能力和动手操作能力。
- 在劳动中与同伴互相关心、团结互助，尊重他人的劳动。

3. 课程内容

（1）内容框架

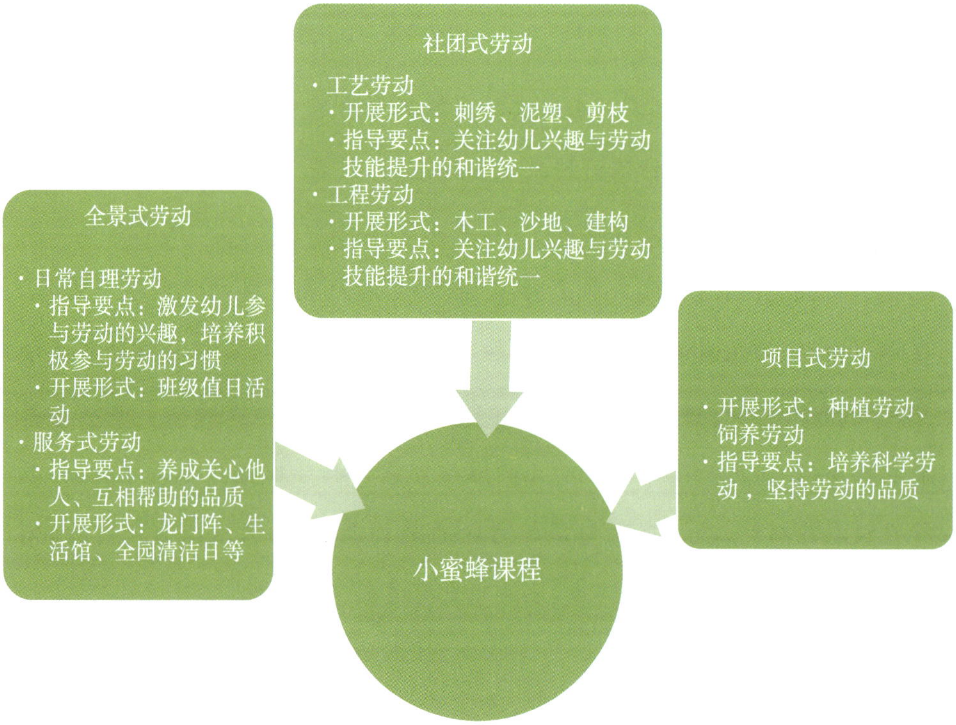

社团式劳动
- 工艺劳动
  - 开展形式：刺绣、泥塑、剪枝
  - 指导要点：关注幼儿兴趣与劳动技能提升的和谐统一
- 工程劳动
  - 开展形式：木工、沙地、建构
  - 指导要点：关注幼儿兴趣与劳动技能提升的和谐统一

全景式劳动
- 日常自理劳动
  - 指导要点：激发幼儿参与劳动的兴趣，培养积极参与劳动的习惯
  - 开展形式：班级值日活动
- 服务式劳动
  - 指导要点：养成关心他人、互相帮助的品质
  - 开展形式：龙门阵、生活馆、全园清洁日等

项目式劳动
- 开展形式：种植劳动、饲养劳动
- 指导要点：培养科学劳动，坚持劳动的品质

图 3-3-32 小蜜蜂课程框架

（2）内容解读

① 全景式劳动

全景式劳动以家庭、学校、社会为主要场景，以生活、生产、服务、创造为主要情境，涵盖儿童一日生活，全景式开展，在劳动过程中生成劳动教育创生点，包括日常自理劳动以及服务他人的劳动。在每周五的"小蜜蜂劳动日"活动中，儿童带上小工具，参与"小小值日生、小帮厨、清洁小卫士"等情境式的劳动，或擦拭大型玩具，或清洗平衡车，或清扫落叶、摘除杂草，体验劳动的快乐。儿童的劳动情感、态度、自信心及基本生活能力得到了培养，身体也得到相应锻炼。

② 社团式劳动

向儿童弘扬劳动精神，引导儿童崇尚劳动、尊重劳动，懂得劳动最光荣、劳动最崇高、劳动最伟大、劳动最美丽的道理，保持辛勤劳动、创造性劳动的好习惯。

新幼集团把劳动教育作为切入口，以社团活动为载体，让儿童在活动中体验劳动，掌握劳动技能，体会劳动的艰辛。充分利用社团式劳动的方式，将儿童其他领域的经验与社团劳动相结合，选择儿童适宜参与的工艺劳动，激发儿童参与工程劳动的兴趣，儿童感受劳动之乐，体会劳动的光荣，人人争做快乐小蜜蜂。

课程重点在于让儿童体会到劳动能够创造价值的道理，培养坚持不懈、精益求精的工匠精神。"小巧手·缝纫"劳动课程，以手工缝纫、服装设计为主题，让儿童掌握基本的手工缝纫技能，学会初步的服装设计；"小木匠"劳动课程，以制作创意家居、维修儿童日常木工用品为主题，旨在让儿童掌握日常生活中基本工具的使用方法，体悟劳动者的工匠精神。

③ 项目式劳动

将劳动任务设置成需要策划和实施的项目，教师指导儿童去完成，这种方式被称为"项目式劳动"。项目式劳动不仅可以让儿童在劳动项目中参与体验和实践，还能让儿童学习策划、分工、找窍门、提效率，以增强劳动任务的挑战性，充分发挥劳动教育以劳树德、以劳增智、以劳育美、以劳健体、以劳促创的价值。在"亲亲种植园"植树节活动中，每个班级根据儿童的兴趣选择相应的项目，使儿童感受劳动与生活之间的联系，并养成认真负责、耐心、细心的劳动态度。

(3) 具体安排

表3-3-2 小蜜蜂课程内容表(部分)

年龄目标	小班	中班	大班
劳动类别	日常自理劳动(每天一次)		
全景式劳动——日常自理劳动	学习吃饭、穿衣、叠餐巾、收拾碗筷等基本技能。	参与值日生活动,为他人服务。	不仅能够服务自己和班级中的小朋友,还可以在年龄更小的小朋友需要帮助时提供相应的帮助。
全景式劳动——服务式劳动	龙门阵(每周一次)		
	能够制作简单的水果茶。	能够用石磨完成研磨等工作,能够完成分装茶水、端送茶水等工作。	能够根据计划,自主制作茶水,并与大家分享。
	生活馆(每周一次)		
	学会基本的洗、切、剪、搅拌、串的技能,能够将自己使用过的器械、地面清扫干净。	能够分辨调味料,学会调味,学会使用锅和电磁炉,学会炒、蒸、煎等烹饪方法。	能够自主制定烹饪计划,并在老师的帮助下完成。
	全园清洁活动(每周一次)		
	学习使用抹布,学习整理自己的玩具箱。	能够清洁班级附近的区域。	能够清洁幼儿园的公共区域。
社团式劳动——工艺劳动	刺绣(半月一次)		
	学会穿鞋带、系纽扣等基础技能。	能够在洞洞板上完成刺绣。	能够在白布上设计并综合运用各种刺绣配件,制作完整的刺绣作品。
	泥工(半月一次)		
	学会搓长条、搓圆、压扁等基本技能,能够做出简单的作品。	学会制作水滴、锥形等形状,尝试开始设计并制作作品。	能够根据自己的设计,制作作品。
	剪纸(半月一次)		
	学习正确使用剪刀,能够沿线剪出简单的形状。	学会剪曲线、折线、锯齿等形状。	学会镂空剪的技能,能够自主设计、制作剪纸作品。

(续表)

年龄目标	小班	中班	大班
社团式劳动——工程劳动	木工(半月一次)		
	能够探索使用木工玩具，敲敲打打。	学会钉钉子、锯木头等技能。	能够自主设计、制作木工作品。
	沙池(半月一次)		
	学习简单的挖、堆、搬运等工作。	能够自主使用多种工具，完成不同的作品。	能够运用多种材料，在沙池建设工程。
	建构(半月一次)		
	学会延长、垒高等基本的建构技能。	学会架空等较复杂的建构技能，有初步的建构想法，并加以实施。	能够与同伴合作，搭建完整、复杂的大型建构。

4. 课程案例

从"好想玩"到"好好玩"

劳动类别：全景式劳动——服务式劳动

年龄：大班

香喷喷、热乎乎的重庆小面，是重庆的一张名片，它吸引了许多人来到重庆，也吸引了我们班的孩子。为此，我们开展了"开面摊"的创意游戏。从吃到一碗小面，到卖出自己亲手制作的小面，从"好想玩"到"好好玩"，孩子们是如何突破认知局限，不断深入游戏，用游戏赋能成长的呢？接下来我将和大家分享。

重燃，问题促进兴趣的苏醒

中班刚开学时，我们班转来了一位叫小杰的小朋友，小杰的爸爸开了一家小面馆。有一天，小杰带来了自家的重庆小面与大家分享。吃完小面后，孩子们产生了"做小面"的兴趣，我因势利导将生活区转变为小面加工区。和面粉、切面条，孩子们玩得不亦乐乎。

但短短几天后，小面加工区便无人光顾了，孩子们的游戏兴趣到此为止了吗？回顾游戏进程，我回忆起第一天玩揉面团游戏时，有过这样的讨论：

丸子问:"这个面粉是从哪里来的呢?"

瑶瑶回答:"本来就有的呀。"

苗苗进一步指出:"不是,是老师从超市买的。"

当时,丸子显然对这个回答并不满意。他的不满意是否能成为游戏兴趣重燃的契机呢? 我询问了他不满意的原因,并鼓励他在游戏分享环节向班上孩子提问。于是,分享环节,丸子提出了自己的疑惑:"超市的面粉是从哪里来的呢?"

这个问题难倒了孩子们,我启动了家园共育,孩子们回家调查后发现:面粉是小麦被研磨后产生的。联想到幼儿园龙门阵里有石磨,他们一致决定,要玩"小麦变面条"的游戏。于是,他们买来麦子,走进龙门阵,洗、晒、磨、扫、过筛……游戏开始向富含劳动价值、可深度探索的方向发展。

游戏的停滞是游戏中的寻常事,如果孩子一失去兴趣,老师也与孩子一起放弃,则有可能会失去许多深度游戏的机会。更好的策略是抓住他们在游戏中的真问题,通过引导孩子提问与解决问题,让沉睡的游戏兴趣"醒来",让游戏重获新生,深度发展。

争议,游戏交锋育成判断力

磨面粉,揉面团,切面条……很快,孩子们的面条做好了! 品尝面条时,我没有提前给他们准备调味料,目的是让他们自己发现面条不好吃,从而诞生新的游戏。但刚吃一口面条,然然就马上感慨道:"真好吃呀!"

我有些惊讶,马上又听见森皓反驳:"我觉得不好吃,这个面条没有味道啊!"

然然马上摇头:"怎么不好吃,这是我们自己做的,就是好吃!"

孩子们分成两派唇枪舌剑地争论了起来。过了一会儿,他们集体看向我,问道:"老师,你也吃了,你觉得好不好吃?"

游戏中出现矛盾冲突是非常正常的事情,老师不应忽视,更不应该简单粗暴地替孩子们做判断,那应该怎么做呢?

于是，我提议："我们不如开办一场小面分享会，请别人来尝一尝究竟哪一种面条更好吃。"孩子们兴致勃勃，小杰马上说："我可以让我爸爸带有味道的面条来！"含章也提议："那我们也要自己再多做一点面！"孩子们积极筹备起来。第二天，我们邀请了隔壁班的老师、小朋友们过来品尝与投票。在美食分享会上，更多的人都认为有味道的面条更好吃。分享会结束后，孩子们总结道："如果只是给自己吃，没有味道的面条当然好吃，但是如果要给别人品尝，就需要有一些味道才好吃。"

这促进了孩子们思辨能力的发展。由此可见，老师不要畏惧游戏中的争议，也不要简单地替孩子们下结论，而是围绕争议引导他们开展新的游戏，让他们在交锋中不断深化游戏，在游戏中进一步促进孩子们比较、分析、思辨等高阶思维的发展。

拆解，游戏心愿的落地生花

美食分享会上，孩子们邀请了不同的人来品尝面条。于是，他们有了新的游戏愿望："我们想开一家小面摊。"这个愿望显然蕴含许多的游戏机会。我进行启发式提问："开一家小面摊，需要准备什么东西呢？"结合自己的生活经验，孩子们提出许多想法，"需要味道很好的小面""需要餐车""需要碗贴""需要二维码""需要海报"……看，新游戏诞生了！

后来，孩子们去厨房借来了调味料，研发出各种口味的面条——重庆小面一般是麻辣味的，但他们的面却是甜的、酸的、香油味的、葱香味的。

后来，孩子们搭建起餐车，画宣传页，制作碗贴。

再后来，孩子们制作小面，推销揽客，服务客人。

孩子们的小面摊真的开起来了。最终，他们还赚到了285元，不错的营业额也见证着他们游戏的成功。

孩子有丰富的游戏愿望，老师应该帮助孩子一起"拆解愿望"，将愿望分解成一个一个的小目标，再变成一个一个的小游戏，脚踏实地地去玩游戏，让游戏的心愿最终落地生花。

孩子们不断提升自己的游戏能力，在游戏中体验与积累了"问题引导游戏,解决争论作判断,拆分愿望实现目标"等多种方法,发挥了创造性、独立性、主动性的游戏精神,实现了从"好想玩"到"好好玩"的蜕变。

我期待去参与、见证未来的每一个"好好玩"游戏以及"好好玩"的瞬间。

(重庆市江北区新村幼儿园　徐乔雅)

在三小课程中,小耍坝课程提供了形式丰富、精彩纷呈的户外区域自主游戏活动,儿童在活动中自由选择游戏形式、道具,自由决定游戏进程,通过游戏的不断深化,充分发展了自主能力、探索能力、深度学习能力;小蜜蜂课程,不仅培养了儿童吃苦耐劳的劳动精神,也让儿童在劳动中感受到了劳动让生活越来越好的独特魅力;在小主人课程中,儿童与同伴们深度交流,倾听意见,服务他人,充分体会到了小主人的责任与义务,为成为更好的社会公民积累了经验。通过三小课程,儿童们朝着"培养快乐自信小主人"的目标不断迈进。

三、支持儿童个体化和个性化的班本特色课程

随着课程改革的深入,幼儿园课程发生了从"园本"向"班本"的转向。班本化课程是教师以班级为基本单位进行课程开发和实施,根据班级儿童的已有经验和共同兴趣,运用自己的教育理念、知识储备以及教学智慧,和儿童共同建构课程、探索学习的动态过程。它能够充分关注每个班级在课程实施中的特别需求,有利于教师挖掘教育细节,释放儿童天性,提高课程实施的活力。

近年来,新幼集团的课程理念逐渐从静止单一转向动态多元,课程运作逐渐从理想封闭转向实践开放,教师角色逐渐从忠实执行转向反思建构,面对教师逐渐觉醒的课程意识和日益高涨的课程创生热情,逐渐开始了"从园本到班本"的课程创生实践探索。本章中,教师在班本课程创生中经历的引导、调整、解惑过程,有效保障了课程的高质量发展,对幼儿园班本课程的管理提升和创生具有生动的借鉴价值及实践意义。

- 大二班《我和蓬有个约会》
- 大三班《魔力磁铁大作战》
- 大二班《我从哪里来》
- 大三班《桥与水凶凶》
- 大四班《花灯初上》
- 大一班《地图智造家》
- 小二班《玩转糖果》
- 大一班《桥》
- 小三班《蛋宝宝上学记》
- 小二班《衣不可缺》
- 小一班《蚕宝宝》
- 中四班《一起玩泥巴》
- 大二班《嗨小学》
- 中三班《新幼小小快递员》
- 中一班《一书一世界一馆一童年》
- 中二班《自然"柚"你》

- 中二班《蚂蚁王国》
- 小三班《饭菜香喷喷》
- 中一班《星际创想》
- 小四班《藤趣横生》
- 大一班《米饭历险记》
- 小一班《能干的小手》
- 小二班《厕所的秘密》
- 小四班《感受冬天》
- 中二班《桶意正浓时》
- 小一班《新年甜蜜蜜》
- 小四班《萝卜回来了》
- 中三班《一颗豌豆趣旅行》
- 大三班《我的成长……》
- 中四班《一花一世界》
- 大一班《蚕来时光》
- 中一班《水凶凶CS战壕游戏》

- 宝宝班《请你唱杯茶》
- 聪聪班《"痴"瓜群众》
- 点点班《神机妙"蒜"》
- 乐乐班《我要上小学啦》
- 贝贝班《圆圆的蛋》
- 巧巧班《嗨，土豆》
- 甜甜班《"鹦"为有你》
- 丫丫班《哈喽,洋葱》
- 小四班《听风下雨》
- 大四班《花灯初上》
- 大一班《我是谁》
- 大二班《美妙的中国传统色》
- 中一班《妙剪》
- 小一班《我有一双小小手》
- 小三班《百变食物》
- 中三班《豌豆旅行记》

图 3-3-33　部分班本课程统计图

我和水稻有个约会

实施班级：大班

实施时间：6个月

在幼儿园班本课程的建构过程中，根据儿童的发展水平、兴趣、认知以及发展目标建构系统的、有价值的高质量课程，对于一线教师来说还存在一定的困难。一边进行一边生成，或许可以降低课程建构的难度。教师可以及时捕捉儿童的兴趣点，并分析判断课程的生长点，弹性预设课程目标和活动框架，引导活动的方向往预设的课程框架靠近，再跟随儿童的兴趣需要进行动态调整，为有效生成做好准备。"我和水稻有个约会"就是一个关于弹性预设走向动态创设的课程案例，是教师追随儿童视角、遵循课程理念、预设与生成交织动态发展的过程。让我们保持和儿童一起学习，勇于尝试、珍惜经历，把一个个精彩的种植活动连成线、织成网，构建成动态创生的班本活动。

课程起源

在幼儿园的"小主人种植节"上，孩子们种下了水稻种子，每天都会凑在

图 3-3-34 幼儿观察水稻种子的生长变化

育苗盆前仔细观察,并用绘画的方式记录种子的变化。"老师,水稻种子长出了小尾巴。""小尾巴变成了小丫丫。""水稻种子到底会长出什么呢?"……孩子们对水稻的生长变化很好奇。《3—6岁儿童学习与发展指南》指出:"要充分尊重和保护幼儿的好奇心和学习兴趣。"如何把幼儿无意间的遇见转化成有意义的班本课程呢?观察和了解幼儿是教师建构班本课程的起点,而课程价值判断是课程建构的核心。于是我们从问题生成、共同兴趣、基本经验、探索机会、学习品质五个方面对班本课程"我和水稻有个约会"进行了课程价值判断。

表 3-3-3 "我和水稻有个约会"课程价值判断表

	核心要素	基本价值	价值判断
幼儿	问题生成	课程内容来源于班级孩子生活中的真实问题,具有深远的价值。	孩子对水稻种子的生长变化认真观察。
	共同兴趣	课程内容符合班级大部分孩子共同的兴趣,他们表现出对某一现象或事物有继续探索的愿望。	孩子们对水稻种子会长成什么充满好奇。
	基本经验	了解孩子的基本经验,并能在课程活动中落实这些经验,为他们的经验提升创造机会。	有种植其他植物的经验,但缺乏水稻种植知识。
	探索机会	课程活动中我们可以提供足够的空间、时间、材料,让每个孩子都有自主探究的机会。	幼儿园有水稻田,课程内容、时间、形式可弹性调整。
	学习品质	孩子在课程活动中发展好奇心、主动性、坚持性、创造性、发现问题和解决问题等多种学习品质。	课程内容涉及五大领域,包含孩子多种学习品质的发展,同时孩子的动作能力及劳动能力也在该课程中得以体现。

课程目标

当明晰了水稻课程价值的生成点、幼儿学习发展的兴趣点之后,接下去的课程又该怎么建构预设呢?我没有预设一个宏大的目标体系,而是以新幼集团"六乐儿童"发展目标为基础,以《3—6岁儿童学习与发展指南》为方向,预设"好奇求真、悦己爱人、尚美创美、阳光运动、悦读乐演、自理担当"的课程六乐目标,为教师在课程实施过程中观察幼儿、满足幼儿发展需求提供支持性框架。

"我和水稻有个约会"课程六乐目标

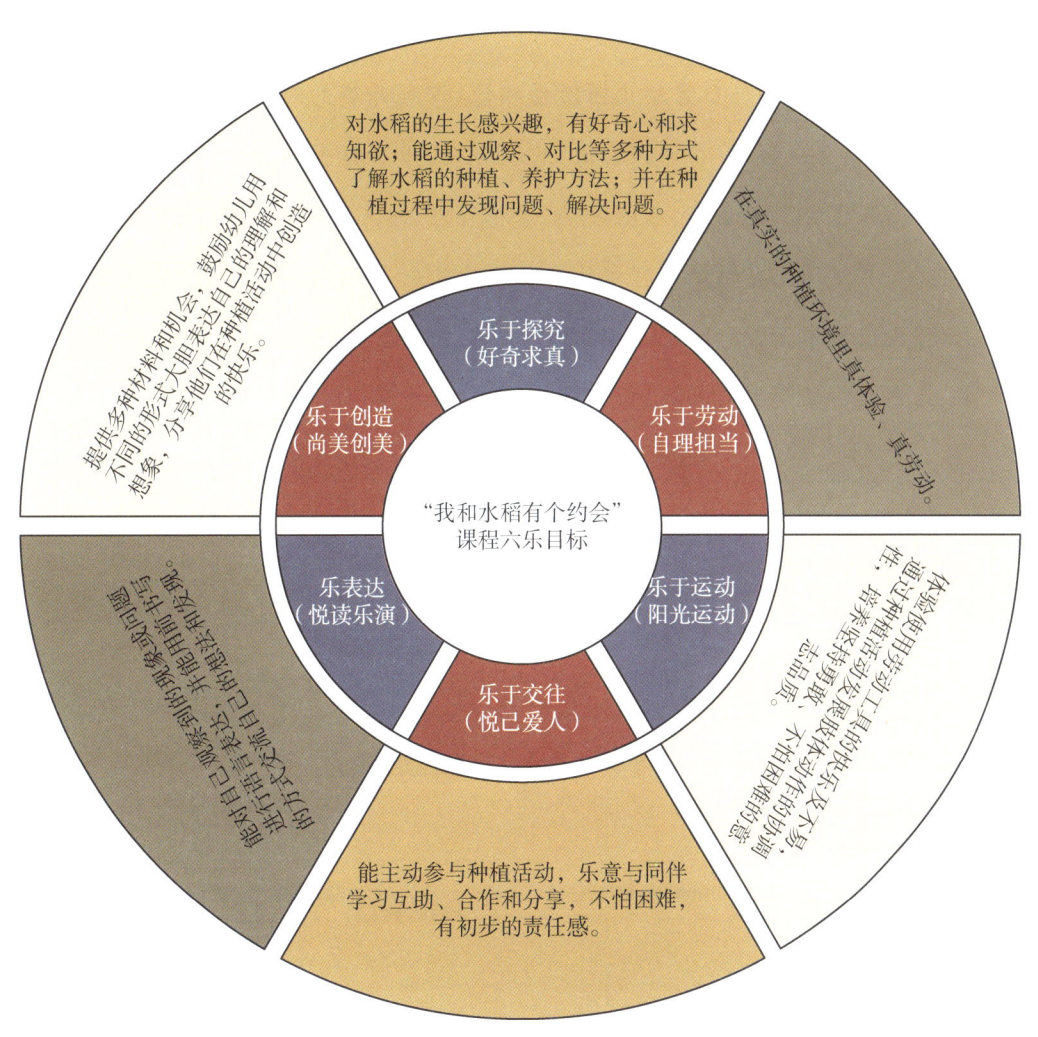

- 乐于探究（好奇求真）：对水稻的生长感兴趣,有好奇心和求知欲;能通过观察、对比等多种方式了解水稻的种植、养护方法,并在种植过程中发现问题、解决问题。
- 乐于劳动（自理担当）：在真实的种植环境里真体验、真劳动。
- 乐于运动（阳光运动）：体验种植劳作中的乐趣及农具使用的便利性,并尝试进行工具的改造创新。
- 乐于交往（悦己爱人）：能主动参与种植活动,乐意与同伴学习互助、合作和分享,不怕困难,有初步的责任感。
- 乐表达（悦读乐演）：能对自己观察到的现象或问题进行语言表达,并能运用自己的方式交流和发现。
- 乐于创造（尚美创美）：提供多种材料和机会,鼓励幼儿用不同的形式大胆表达自己的理解和想象,分享他们在种植活动中创造的快乐。

图 3-3-35 "我和水稻有个约会"六乐课程目标

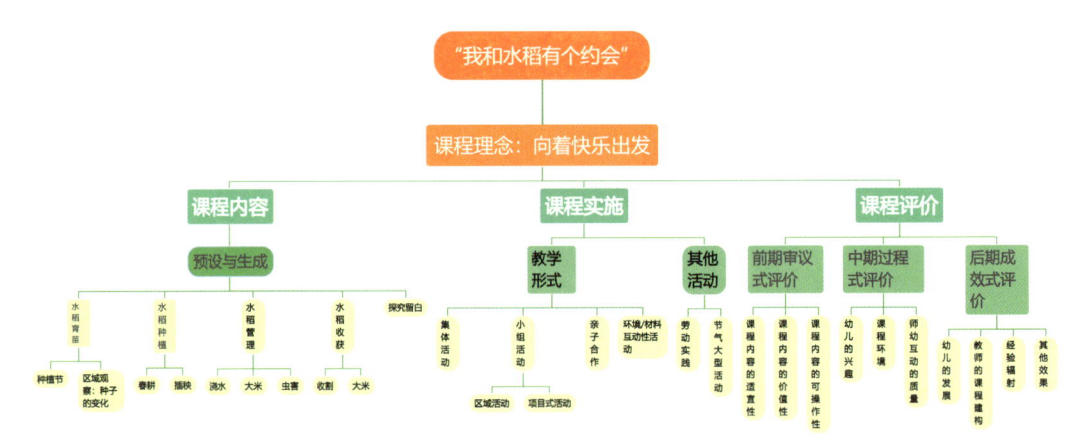

图 3-3-36 "我和水稻有个约会"预设课程框架

课程框架

水稻种植活动与日常幼儿园活动相比,课程开展的时间、空间、资源、形式都有所差异。因此,在课程框架上我们以六乐目标为内核,以真实生活体验为脉络,根据水稻育苗、水稻种植、水稻管理、水稻收获的种植流程预设课程内容,并对幼儿在种植过程中的未知探索进行了留白,而在活动实施形式上,预设以集中活动、小组活动、亲子合作、环境或材料互动性活动形式开展,让水稻种植活动与幼儿的一日生活和学习更亲密地联系在一起。

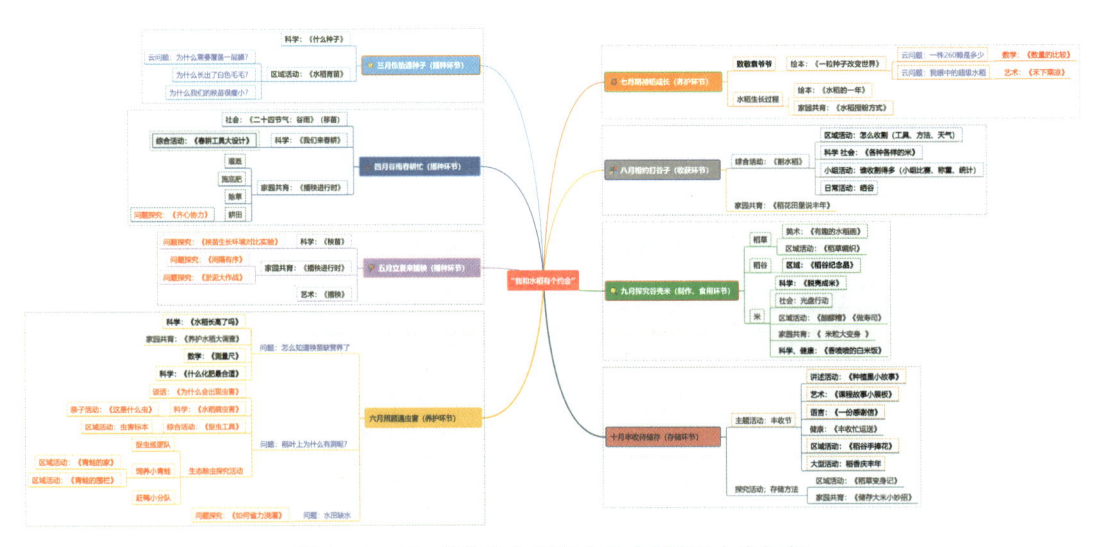

图 3-3-37 "我和水稻有个约会"课程内容框架

表 3-3-4 "我和水稻有个约会"具体活动导航

开展时间	活动名称	活动目标	涉及领域	活动形式
3月惊蛰遇种子	什么种子	1. 了解水稻种子的外部形态和内部结构,了解选种的方法。 2. 能辨别与选择适合种植的水稻种子。	科学	集体教学
	水稻育苗	1. 了解水稻育苗的条件、环境、方法,感知水稻从种子变成水稻苗的过程。 2. 掌握水稻育苗的方法。	科学	区域活动 日常活动
4月谷雨春耕忙	春耕平田工具大设计	1. 观察与了解钉耙的构造。 2. 寻找工具制作平田工具,能在运用中不断优化平田工具。	综合	集体教学
	我们来春耕	1. 了解春天是播种的季节,知道春耕包含松土、灌溉、除草等步骤。 2. 愿意走进田地和同伴一起春耕。	科学	集体教学
5月立夏来插秧	秧苗	1. 观察与了解秧苗结构。 2. 感受秧苗的色彩与形态美。	科学	集体教学
	插秧进行时	1. 知道插秧的方法。 2. 学会插秧的方法,能够保持一定间距插秧。 3. 体会参与劳动的快乐。	综合	水稻区
6月照顾遇虫害	变"废"为肥	认识几种比较常见的肥料,知道肥料对植物生长的重要性与影响。	科学	集体教学
	水稻病虫害	1. 了解水稻病虫害的类型,除害的方法、工具等。 2. 探究幼儿园的虫害情况,寻找虫害防治的方法,巧寻、巧思、巧做工具防治虫害。	科学	水稻区
7月期待稻成长	水稻长高了	1. 通过观察秧苗的生长速度,了解水稻生长发育的过程。 2. 探索适合水稻生长的条件与养护方法。	科学	水稻区
8月相约打谷子	割水稻	1. 知道割水稻的季节,了解割水稻的工具与方法,统计、比较水稻的重量。 2. 探索收割水稻的技巧以及手套、镰刀等工具的使用方法。 3. 感受收割水稻的辛苦。	数学 社会 科学	水稻区

（续表）

开展时间	活动名称	活动目标	涉及领域	活动形式
8月 相约 打谷子	各种各样的米	1. 感知各种米的特征。 2. 能够根据米的外部特征分辨不同类型的米。 3. 懂得爱惜粮食，激发尊重劳动人民的情感。	社会 科学	集体教学 区域活动
	晒谷	1. 了解晒谷的作用、工具、方法。 2. 寻找与制作晒谷工具，能根据天气情况择时晒谷。	科学	集体教学 日常活动
9月 体验 脱谷忙	香喷喷的白米饭	1. 感知米饭烹饪前后的变化，了解米饭烹饪的方式。 2. 知道米饭的营养价值。 3. 正确处理淘米水，有节约用水、循环利用淘米水的环保意识。	科学 健康	区域活动
	米粒大变身	1. 了解加工、烹饪米的不同方式。 2. 了解不同烹饪方式对食物营养价值的影响。 3. 认识不同地区用米制作的美食。	社会	集体教学
	脱壳成米	1. 通过给稻谷脱壳的劳动体验知道米是怎么来的，了解脱壳的工具、方法。 2. 体验用不同的工具给稻谷脱壳。	综合	区域活动 亲子活动
10月 金秋 庆丰收	光盘行动	1. 能够在进餐时保持轻松、愉快、积极的情绪。 2. 养成珍惜粮食的良好美德。	社会	集体教学
	米粒营养多	1. 感受米粒的口感，知道米的营养价值以及对身体的重要性。 2. 根据饱腹情况适量增添米饭。	健康	日常活动
	一粒米的旅行	1. 了解米饭在身体中的消化过程。 2. 养成细嚼慢咽的习惯。	健康	集体教学
	储存稻米小妙招	1. 了解稻谷的基本储存方法。 2. 知道发霉、被虫蛀的米不能吃。 3. 感受从古至今人们储存稻米的不同方式。 4. 感受正确储存米对生命健康的重要意义。	科学	集体教学 区域活动

课程故事

水稻的生长变化不断让孩子产生奇思妙想,我们不断追随儿童,推动课程从预设走向创生。

初遇篇:一雷惊蛰始

新幼一年一度的"小主人种植节"时,在"春姑娘"介绍完今年有哪些种子后,便是孩子们自主认领种子的环节。他们围着水稻种子,你一言我一语地聊了起来:"我觉得我们就种水稻吧!长大了就能变成大米了!""我觉得这个很好玩!""这就是水稻种子吗?不是绿色的怎么发芽呢?"……

关于水稻的种植,孩子们有无数个问题,为了解决这些问题,我们邀请了爸爸妈妈、爷爷奶奶来帮忙。历时几天查阅资料、翻阅书籍,我们终于发现了关键问题:种植水稻并不直接把种子埋进土里,而是先要浸泡种子进行"种子育苗",等到发芽后长成小秧苗了,再把它们移植到田里,这样才会有更多的水稻成功长大。

孩子们动手将水稻种子铺进盆里,用保鲜膜封存好,漫长的水稻育苗之旅开始了。于是,孩子们每天都会去培育区观察种子是否发芽。发芽后他们还会用自己的工具去量一量秧苗的高度。在这个过程中,孩子们有许多有趣的发现与对话。

甜甜:"为什么水稻上面要覆盖保温膜?"

猜猜:"因为怕种子从盆里洒出来。"

惟恩:"是怕虫子飞进去吃掉秧苗。"

子萱:"是怕小朋友不小心碰到秧苗给弄坏了。"

浩宸:"我和妈妈在电脑上查阅了资料,水稻秧苗生长的适宜温度是30—32度,但现在室外的温度有点低,覆盖保鲜膜是用

图 3-3-38 幼儿自制耕田工具

来保温的。"

3月24日，水稻种子长出白色的"小尾巴"！

3月29日，小尾巴变成了绿色的"小丫丫"！

3月31日，我们揭开了白色的保温膜，种子长高长大了！

4月9日，最高的小苗苗有8厘米了！

春耕篇：春种一粒粟

立春过后，春耕即将开始。按照课程框架，我们准备开展"什么是春耕"的活动。孩子们猜测，"春耕就是要种蔬菜了""春耕就是要种我们吃的米了""春耕就是要把泥土挖松"。在讨论春耕的习俗时，我们发现春耕需要一种叫犁耙的传统工具，而生活在城市里的孩子可从来没见过。于是，孩子们的兴趣点都集中在"犁耙"上，他们首先想到是请后勤人员帮忙购买，而后又讨论要自制一个犁耙。孩子们查阅资料了解了该工具的结构，随后开始分组讨论和设计图纸。各小组完成设计图，分工合作寻找需要的材料。在木工区，有的忙着锯木块，有的忙着敲敲钉钉，有的忙着用绳子固定。一个个有趣的耕田工具在孩子们的手中诞生了。

教育学家陶行知说："创造始于问题，有了问题才会思考，有了思考，才有解决问题的方法，才有找到独立思路的可能。""什么是春耕"是教师预设的活动环节，显然活动并没有朝预设的方向前进。讨论的过程中，孩子的兴趣并不是春耕要干什么。此时，教师的计划并非一成不变，而是抛出问题，倾听孩子的想法，并及时作出回应。"问题发现"将是课程实施的新突破点，也是真正能够激发幼儿发展的课程生成点。随着教师

图 3-3-39　自制春耕工具

和孩子一起开展讨论,通过追问、参阅资料等,师幼共同协商农耕工具的设计及制作,该活动的新方向,能够很好地促进幼儿在生活中寻找问题并探究、解决问题。

种植篇:插秧好时节

立夏是插秧的好时节。于是,我们建构了"插秧"活动,想让幼儿通过亲身体验,感受劳动氛围,也多感官体验育苗、选秧苗、插秧等劳作过程。按照计划,插秧活动马上就要开始了。餐前活动时,甜甜提到父母告诉她种植水稻要间隔有序。"什么是间隔有序?"这个问题让幼儿产生了新的疑惑。幼儿七嘴八舌地讨论,"间隔就是一根竹竿那么长""是指一株秧苗到另一株秧苗之间的距离,要一样长"。孩子们讨论的问题都很有价值,涉及到数认知中的等分、等距、测量等核心经验。我追问:"怎么让秧苗间隔有序呢?"新的问题让孩子产生了新的探究,孩子来到水稻田实地勘察,寻找合适的方法。孩子们发现水田里的水太深了,做记号根本看不见,直尺太短了,是间隔10厘米还是20厘米呢?孩子们开始为新问题寻找新的方法。他们尝试用一条长绳子,在上面做了很多个间隔20厘米的记号,做成了插秧的测量工具,利用卡纸绘制了数字标记,让秧苗一一对应。终于,在孩子们的合作下,插秧工作顺利完成了。

图 3-3-40　自制插秧工具让秧苗间隔有序

孩子的新问题正是课程生成的契机。在"插秧"过程中出现的问题源于幼儿的经验与兴趣,此时的活动虽然偏离了预设的方向,但我们并未全盘否定预设的内容,而是将新的课程"生发点"与预设的内容有机融合。种植课程不单单是培养幼儿的劳动意识,还应该体现各领域的均衡,促进幼儿的全面发展。活动中,幼儿对数学核心经验中的"测量、空间、方位"等感兴趣,教师应从幼儿视角予以顺应、支持,使幼儿尽情地探索、学习、表达、表现。

图 3-3-41　小组合作插秧　　　　图 3-3-42　幼儿交流讨论

照顾篇:芒种遇虫害

幼儿的学习是持续和渐进的过程,所以课程实施过程中要追溯幼儿的学习路径和个体差异,给予不同的支持和帮助。当幼儿的经验逐步内化,新的兴趣点就会陆续出现。

他们惊奇地发现水稻的叶子上有个洞,水稻上的虫子引发了一系列思考和讨论。

图 3-3-43　赶鸭小分队　　　　图 3-3-44　围栏小分队

图 3-3-45　捉虫小分队

"我们可以打农药治理虫害。""不行,农药会残留在水稻上。""我们可以把幼儿园饲养的小鸭子放到田里捉虫吃。""青蛙喜欢吃害虫,我们可以在水田里饲养青蛙。""我们成立一个青蛙捉虫组。""我们成立巡逻队每天早晚到水稻田里捉虫。""我们把水稻围起来让虫子钻不进去。"不同的想法支持幼儿不同的探究机会,幼儿开始了生态除虫探究活动。

《幼儿园教育指导纲要(试行)》中指出:"保证幼儿每天有适当的自主选择和自由活动时间。"所以,在探究形式上,教师要遵循多样性的原则,关注幼儿的差异,尊重每位幼儿的想法,提供个别化的探究和学习体验机会,分层次地推动对每个问题的探究。无论最终问题是否得到解决,都激发了幼儿不断验证自己的想法,不断探究。

丰收篇:田间稻谷黄

孩子们毕业了,暑期里,老师把水稻生长的图片发到班级群,孩子们查阅资料了解稻谷的生长过程,请教有经验的农民伯伯,学习收割及打谷子的方法。

图 3-3-46　孩子们相约打谷　　　　　图 3-3-47　丰收节

约定收割的日子终于来了,一大早孩子们穿着长衣长裤来到幼儿园,顶着烈日开始忙着收割稻谷,再用簸箕晒谷,简单的长凳变成了打谷工具,孩子们忙得汗流浃背,但收获了喜悦。

为了让全园的孩子都感受到丰收的喜悦,我们举办了一个丰收节。活动当天,孩子们穿着小学的校服回到幼儿园,一起见证用脱谷机让稻谷变成大米的过程。幼儿代表讲述种植水稻时发生的小故事,并现场称重记录水稻的产量。他们把水稻种子传递给幼儿园的弟弟妹妹们,祝福他们来年也有好收成。

当课程从一个孩子到一群孩子,从一个老师到一群老师,从一个班本活动到全园活动,种植活动就变成了种植课程。老师整合利用多种资源,让孩子们在活动中拥有主动权,一个个零散的活动就变成了动态的课程。

(重庆市江北区新村幼儿园　冯欣)

藏宝奇兵

实施班级:大班

实施时间:6个月

"藏宝奇兵"课程从儿童对"藏宝游戏"的偶然兴趣出发,在课程实施过程中,不断为儿童创设延伸探索的环境和机会,最终帮助儿童深入地探索了"藏宝"问题,推动了儿童观察、想象、空间方位感知、测量、比较、合作、创造等多方面经验的发展。

课程起源

一次班级藏宝游戏后,孩子们对藏宝游戏产生了强烈的兴趣。他们提出一个想法:"老师,我们要画幼儿园的藏宝图!"按照孩子们的想法,我们进行了幼儿园藏宝图的现场绘制。画完后,孩子们却发现互相看不懂对方的藏宝图。仔细观察后发现,孩子们是以自己的视角来绘制藏宝图,没有意识到藏宝图视角应转变、要有起点和终点、真实事物应比例缩小等问题,这些与孩子的观察、想象、空间、测量、比较等经验密切相关。

第一次绘制藏宝图没有想象中那么容易,这激起了孩子们深入探究的兴趣,几乎整个班级的孩子都沉浸在"藏宝图"的话题里,并提出了很多值得探究的问题。

表3-3-5 孩子们关于"藏宝奇兵"课程的问题

关于藏宝图我知道	关于藏宝图我还想知道
上北下南,左西右东。 我国的地图像一只雄鸡。 地球是一个球体的。 商场里也有藏宝图。 从藏宝图上可以找到中国和其他国家,还能找到南极、北极。 新疆比重庆大很多。 藏宝图的颜色、符号、形态都代表了不同含义。 绿色代表草原、平原;蓝色代表海洋;褐色代表高山。 ……	地球的藏宝图在哪里可以买到? 世界上最小的国家在哪里? 雪山在哪个寒冷的地方?北极还是南极? 藏宝图是怎么画出来的?要画多久? 有旅游藏宝图、美食藏宝图吗? 藏宝图上为什么有那么多颜色? 还有哪些藏宝图? 藏宝图的长短怎么用比例尺表示? 藏宝图是怎么画出来的? 藏宝图要画多久才能画出来? ……

课程目标

1. "藏宝奇兵"班本课程的核心经验

结合大班孩子的年龄特点和发展水平,以及分析学前儿童核心经验等,厘清了"藏宝奇兵"班本课程的核心经验。

2. "藏宝奇兵"班本课程的目标

"藏宝奇兵"班本课程的目标包含课程总目标和领域目标。

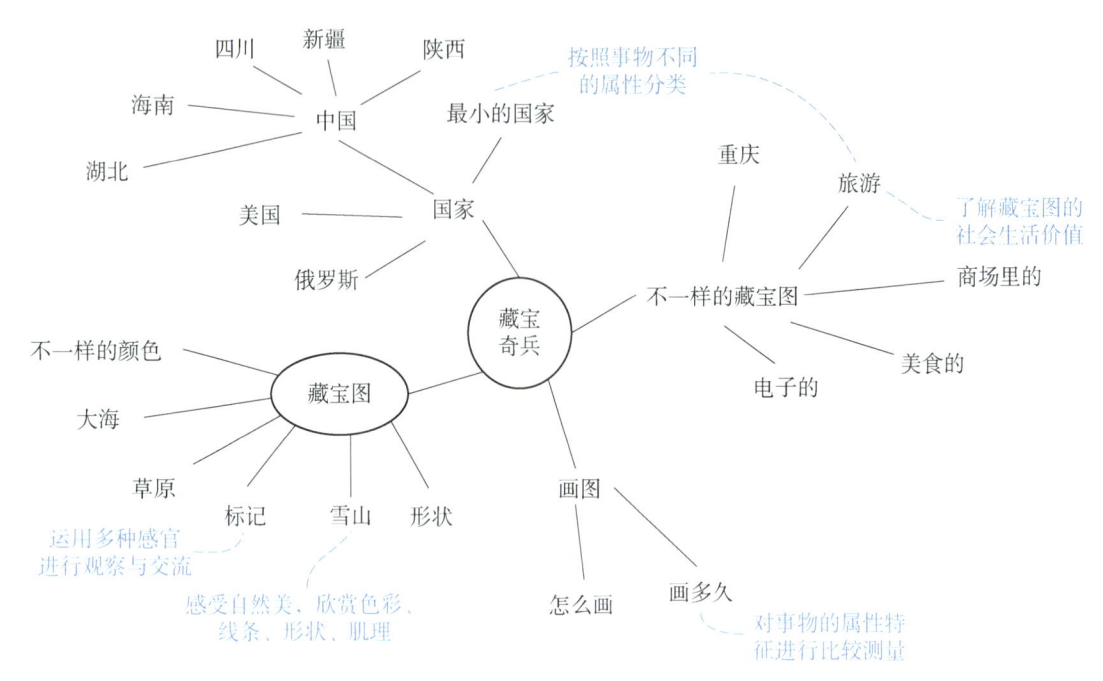

```
                              按照事物不同
                              的属性分类
       四川  新疆  陕西
    海南    中国     最小的国家
                                      重庆
    湖北                                        旅游         了解藏宝图的
          美国   国家                                         社会生活价值
                                                      商场里的
           俄罗斯         藏宝                不一样的藏宝图
                         奇兵                         美食的
  不一样的颜色                                 电子的
             藏宝图
    大海
                                       画图
      草原
           标记  雪山  形状
 运用多种感官
 进行观察与交流                                画多久
                               怎么画            对事物的属性特
    感受自然美、欣赏色彩、                                 征进行比较测量
    线条、形状、肌理
```

图 3-3-49 "藏宝奇兵"班本课程核心经验图

总目标：
1. 认识和了解藏宝图的不同种类、图例、颜色、形状等基本要素，熟悉我国34个省级行政区的名称和风土人情；知道藏宝图上北、下南、左西、右东的空间方位特点；欣赏不同种类藏宝图的色彩、形状的美，用自己的方式创作藏宝图作品。
2. 充分利用观察、调查、探究等方式记录自己关于藏宝图的发现；能够用流畅的语言分享自己探究藏宝图的过程、发现和感受；学习使用测量、比较的方式绘制藏宝图。
3. 积极热情地投入到学习中，体验主动学习、探索发现带来的成就感，享受探索带来的神奇和快乐。

健康	语言	社会	科学	艺术
1. 操控锯子、胶枪等工具，绘制藏宝图和制作模型。 2. 在户外调查过程中，意识和发现安全隐患，主动远离危险场所，保护自己。	1. 能用流畅的语言分享自己探究的过程、发现和感受。 2. 用文字或符号记录相关信息。 3. 使用正确的空间方位语言描述表征的位置和方向。	1. 在亲身体验中感受藏宝图与生活的密切联系。 2. 在参与相关的社会生活中，萌发社会责任感。	1. 认识了解藏宝图的不同种类，图例、颜色等基本要素。 2. 熟悉我国34个省级行政区的风土人情。 3. 知道藏宝图的表征方式和空间方位特点。 4. 能使用观察、调查等探究方式记录自己关于藏宝图的发现。 5. 学习用测量、比较的方式绘制藏宝图。	1. 欣赏感受不同种类藏宝图的色彩、形状、线条的美。 2. 用自己的方式表达对藏宝图的审美感受，创造作品。

图 3-3-50 "藏宝奇兵"班本课程目标

课程内容

为了筛选整合课程资源,我们一是在与家长沟通后,请他们带着孩子们寻找、观察生活中的"藏宝图";二是鼓励孩子们从家里带来各种藏宝图进行分享;三是进行了藏宝图问题大调查,帮助孩子们明晰自己关于藏宝图的兴趣、观点、问题和评论。基于此,我们生成了"藏宝奇兵"课程内容预设资源库。

表3-3-6 "藏宝奇兵"课程内容预设资源库

序号	主要活动	关键经验	实施途径 集中	实施途径 区域	实施途径 亲子
1	亲子—藏宝图大调查	丰富藏宝图的相关经验。			✓
2	科学—藏宝图的颜色	了解藏宝图上不同颜色的意义。	✓		
3	艺术—设计藏宝图图例	认识和设计藏宝图图例。		✓	
4	科学—藏宝图上面有什么	观察、了解藏宝图上的不同标识。	✓		
5	社会、科学—幼儿园里的藏宝图	观察幼儿园平面图。	✓		
6	科学—中国34个省级行政区	知道中国有34个省级行政区。	✓		
7	亲子—省份大调查	了解不同省市的风土人情。			✓
8	艺术—34个省级行政区	创造性表现不同地区的代表性建筑、美食等。		✓	
9	语言、科学—藏宝图儿歌	了解中国地图。	✓		
10	科学—中国三级阶梯	了解中国西高东低的地理特点。	✓		
11	语言、社会—我的上学路	绘制自己的上学路线。			✓
12	社会、科学—"两个"美国	了解美国的领土特点。	✓		
13	语言、艺术—我的中国足迹	分享自己去过的地方并进行创造性表现。	✓		

(续表)

序号	主要活动	关键经验	实施途径		
			集中	区域	亲子
14	科学、语言—不一样的视角	● 感受俯视视角下的事物看起来有什么不同。	√		
15	科学、艺术—站起来的纸	● 感受事物从平面到立体的变化。		√	
16	语言、社会—有趣的沙盘模型	● 观察沙盘模型的立体特点。		√	
17	科学—量一量	● 学习用量尺测量事物的长度。	√		
18	艺术—站起来的桌子	● 探索制作立体桌子的办法。		√	
19	科学、数学—班级藏宝图	● 观察并绘制班级地图。	√		
20	艺术—我自己	● 观察并绘制不同视角下的自己的样子。		√	
21	数学—量尺			√	
22	综合—班级模型项目活动	● 分组制作班级模型。		√	
23	综合—幼儿园藏宝图	● 借助地图玩藏宝游戏。	√		
24	综合—幼儿园小导游	● 借助地图介绍幼儿园。	√		
25	综合—寻宝奇兵	● 借助地图玩藏宝游戏。	√		
26	综合—藏宝图商店	● 制作并出售藏宝图。	√		
27	综合—导航app	● 了解并学习使用导航软件。			√
28	综合—我的意见书	● 向导航软件公司提出修改建议。			√
29	综合—信要怎么寄	● 了解寄信的流程并寄出一封信。			√
30	综合—家庭一日游	● 借助导航软件带领家人进行一日游。			√
31	综合—幼儿园打卡	● 借助地图介绍幼儿园。	√		

课程故事

在课程实施的过程中,这场"藏宝图"之旅并没有按照计划开展,反而出现了许多意料之外的"创生"。这些"创生"成为了课程的新资源和重要转向,重组了原本的课程实施路径。

创生一:我去过海南抓章鱼!

在围绕藏宝图"要素""种类"探究了一段时间后,班级里出现了各种各样的藏宝图。原本计划继续引导孩子们了解中国藏宝图、世界藏宝图、海洋藏宝图等,但"中国藏宝图"活动结束后,孩子们的兴趣开始围绕"我去过的省市""我见过的藏宝图""美国在哪里"持续发散,而这些都是之前课程计划中没有考虑到的。

为了追随儿童的兴趣,我们改变了接下来课程实施的重点,在"儿童会议"的基础上充分了解儿童的想法,重新梳理课程网络,在之前基础上增加"生活""世界"的内容板块。

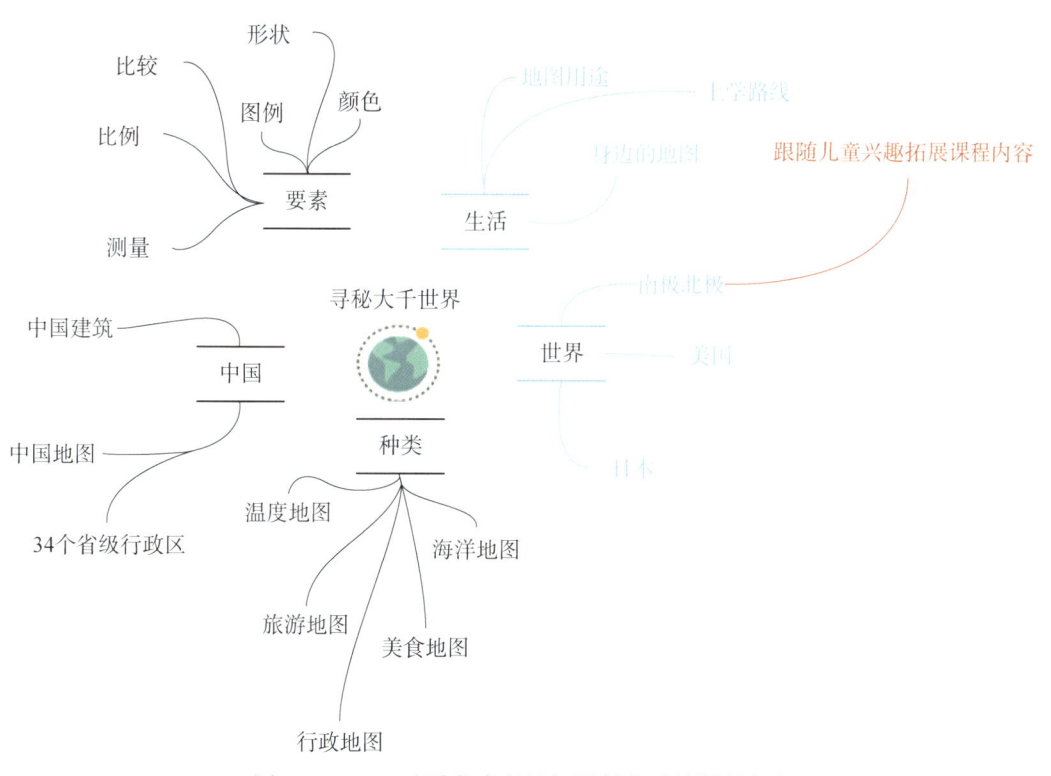

图 3-3-51 追随儿童兴趣拓展创生后的课程内容

课程进一步聚焦儿童兴趣,开始了对我国 34 个省级行政区的探究。孩子们逐渐了解到我国各个地方的标志建筑、特色小吃和风土人情,并把这些发现制作成了独一无二的藏宝图。

帆帆:"看,这里是海南,我去过海南抓章鱼!"

月月:"我还没去过!"

多多:"我去过内蒙古骑马。"

毛毛:"我跟外公去过老家湖北,那里有黄鹤楼。"

创生二:我想让桌子站起来!

随后,孩子们开始围绕藏宝图进行自发的表现创造。有一天,在区角活动时,睿睿拿着一把剪刀、一张卡纸,试着剪下卡纸上的长方形,计划做一张缩小版的桌子。

"要做一张桌子吗?"

"嗯,我要让桌子站起来,做一张站起来的桌子。"

睿睿的行动引起了其他孩子的兴趣,他们逐渐加入进来,讨论该如何让桌子站起来的问题。在接下来的几天,我们观察到更多孩子有了"让桌子站起来"的想法。我们发现孩子们的兴趣已经从制作平面藏宝图走向立体藏宝图,原有的预设课程内容已经不能满足孩子们接下来的探索需求。

图 3-3-52 睿睿制作的桌子

教师需要在关注儿童发展需要的基础上,随时准备对课程进行改造与调整。因此,我们及时调整了接下来的课程实施方向,将课程内容的焦点转向"巧工造物藏宝图"。

于是，在接下来的一段时间内，孩子们围绕"巧工造物藏宝图"开展了一系列探索学习，从画设计图到动手制作模型，从单独行动到小组合作，孩子们在摸索中不断推翻、重建，最终做出了令人欣喜的班级藏宝图模型。

图 3-3-53　孩子们制作的班级藏宝图模型

创生三：我们在玩藏宝游戏！

孩子们完成班级藏宝图模型的制作后，"藏宝奇兵"课程似乎也接近了尾声。但有一天在区角活动时，晴晴拿着笔在纸上画着什么，随后又将这张纸交给了曦曦。曦曦拿着纸在教室里走来走去，好像在寻找什么，凑近一看，纸上画着的是班级藏宝图，原来她们在玩"藏宝游戏"。这件事引发了教师对整个课程设计的反思，我们总是关注课程要教给孩子们什么知识，却忽

图 3-3-54　孩子们画的幼儿园藏宝图

视了游戏才是孩子们最感兴趣的。孩子们已经掌握了如何绘制一张平面藏宝图,能够通过观察、测量注意事物之间的关系,能够通过空间想象进行排列,孩子们已经可以自主创造游戏、创生课程。

于是,老师组织孩子们一起讨论了"藏宝图怎么玩"的话题,并创生出了新的"嬉游藏宝玩家"课程网络(见图3-3-55)。孩子们利用自己画的幼儿园藏宝图,在整个幼儿园里玩起了大型藏宝游戏;制订"家庭一日游"计划,利用手机导航应用带领全家出去春游;在幼儿园里开起了定制藏宝图的商店。

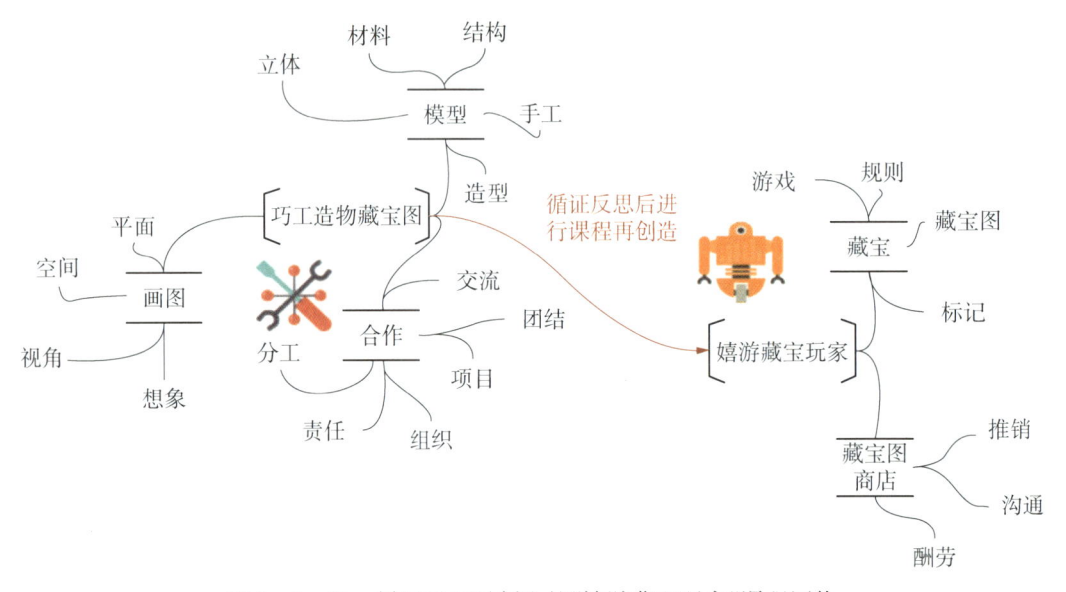

图3-3-55 循证反思后创生的"嬉游藏宝玩家"课程网络

(重庆市江北区新村幼儿园 孙雨雨)

班本课程创生不是一个结果,而是一个过程。以课程"班本化"推动创生,这蕴含了新幼集团课程理念的更新与变迁,也体现了新幼集团为扎实课程转型实践的不断行动。

课程建构需要与儿童的真实生活紧密联系,立足生活,回归生活。回归儿童生活的课程更适宜儿童的发展规律和学习特点。教师只有客观细致地挖掘其中有价值的教育信息,才能更好地让课程基于儿童的生活,服务于他们的生活,有效促进他们的发展。在课程创生的探索过程中,教师必将迎来专业提升,幼儿园课程也必将不断超越过去的课程体系获得新生。

第四章

欢乐谷课程的多维实施

04

课程实施不仅仅是一场盛宴,更是一首生命成长的赞美诗。它跨越了课堂的界限,融入了生活的点滴,串联起家校之间的情感纽带,是师、生、家三方共赏、共悟、共赴的成长之旅。

课程实施是幼儿园教育过程中的一项重要任务。关于课程实施内涵的界定,目前有两种观点,一种观点认为课程实施就是课程方案的执行情况,一种则认为课程实施是一种动态的过程。

认为课程实施是一种课程方案的执行情况的主要代表观点有:施良方(1996)认为课程实施是将编制好的课程计划付诸实践,实现课程目标的过程。① 曹能秀(1998)认为幼儿园课程实施是教师把课程设计的方案付诸实行,根据课程设计方案对幼儿实施影响。② 孟凡丽、于海波(2003)提出课程实施是把所预期的课程方案付诸实践的全过程,分为做出使用课程计划的决定、执行或开始使用阶段和常规化或制度化三个阶段。③ 靳玉乐(2008)提出课程实施是将课程计划付诸实践,是完成课程目标的基本途径,更是课程建设的关键。④

认为课程实施是一种动态的过程的主要代表观点有:王春燕(2003)认为幼儿园课程实施是幼儿园课程的一个基本问题,幼儿园课程计划与幼儿园课程实施是有一定的差距的,教师需要对课程计划进行理解和调整后予以实施,对幼儿产生明显影响。⑤ 李春丽(2006)认为在幼儿园课程实施的整个过程中,应根据本区域、本园所的实际情况,根据幼儿的发展水平、现有经验以及针对具体实施过程中的发展情况作出适当调整。新课程实施的过程是教师把学习主动权、动手创造力还给幼儿的活动过程,是幼儿自主发展感受快乐的活动过程,更是教师努力成长并体验教育幸福的过程。⑥ 朱家雄(2012)也认为幼儿园课程实施是在基于现实条件的前提下对课程计划进行调整后再进行教育实践的过程,调整后的幼儿园课程实施更有利于课程目标的完成。⑦

综合现有学者对幼儿园课程实施内涵的界定,新幼集团认为幼儿园课程实施既是制定和执行课程方案的过程,也是动态调整的过程,即课程实施中预设与生成的有

---

① 施良方.课程理论——课程的基础、原理与问题[M].北京:教育科学出版社,1996:128.
② 曹能秀.课程实施过程中幼儿教师应处理好的四种关系[J].学前教育研究,1998(01):34 - 36.
③ 孟凡丽,于海波.课程实施研究二十年[J].西北师大学报(社会科学版),2003(02):1 - 5.
④ 靳玉乐.现代教育学[M].成都:四川教育出版社,2008:186.
⑤ 王春燕.幼儿园课程实施应注意的几个问题[J].教育导刊(幼儿教育),2003(11):4 - 7.
⑥ 李春丽.幼儿园课程实施中的教师与儿童[J].教育导刊(幼儿教育),2006(06):17 - 20.
⑦ 朱家雄,等.幼儿园课程的理论与实践[M].上海:华东师范大学出版社,2012.

机结合是较为符合儿童学习规律和特点的。新幼集团的课程实施是以落实《3—6岁儿童学习与发展指南》的精神为出发点,落实全面育人的总目标,以尊重和顺应儿童的学习方式择选教学法、实施途径,以斯诺克教研机制产生正向驱动和优化推动课程的开展,实现教师和儿童共生共长的过程。

第一节　课程实施的方法:体验教学

课程实施的方法不仅影响儿童的学习效果,还有助于规范教学过程、激发儿童的学习兴趣和主动性,从而提升教学质量。课程实施的方法在课程实施中起到了至关重要的作用。

新幼集团基于儿童的年龄特点、认知特征、所持经验的特征及其身心发展规律,以体验为课程实施的主要方法,并根据大卫·库伯的体验学习模式,在实践中梳理出六步法体验教学模式和实施体验教学七大策略。

一、儿童的特点与体验学习

3—6岁的儿童对周围世界有着强烈的好奇心,喜欢提问和动手操作,专注时间短,因此,他们的学习内容丰富多元,包括与人的交往,如和同伴一起玩沙玩水、看蚂蚁、捉迷藏;以及参与自己生存所需的所有活动,如穿衣吃饭、洗手如厕等。同时,他们的学习方式也是独特的,他们不是通过书本或记忆大量抽象的符号来学习,而是通过实际操作、亲身体验,去模仿、感知、探究,"做中学""玩中学""生活中学",不断积累经验,逐步地建构自己的理解与认识。游戏是儿童极有意义的学习过程和学习方式,儿童自己的生活是其学习的最重要的途径。[①] 正如日本幼教专家本吉圆子所说,"孩子仅听语言的说明是不能学到东西的。[②] 孩子要通过自身整个身体与外界事物的接

[①] 李季湄,冯晓霞.《3—6岁儿童学习与发展指南》解读[M].北京:人民教育出版社,2013:23.
[②] 本吉圆子,无藤隆.培养幼儿的成长能力:幼儿园教育活动指导实录[M].刘洋洋,译.上海:华东师范大学出版社,2013:16.

触才能得到教育,通过手及身体的接触使身心和头脑运作起来。① 由此可见,3—6岁儿童主要从日常生活的所做、所见、所思中获取经验,这些经验具有直观性与具体性、情境性与情感性、发展性与联系性、互动性与主动性的特点。新幼集团深谙3—6岁儿童的学习内容和学习方式有诸多独特性,坚信儿童通过亲身参与、实践操作,通过体验和内化学习,能更直观地理解知识,更深入地感受生活,更全面地发展各项能力。于是,新幼集团选择体验教学法作为欢乐谷课程的主要实施方法。

二、六步法体验教学模式

通过对比传统教学与体验教学活动的特点和优势,结合体验教学的亲历性、个体性、缄默性、情感性、意义性五大特点,我们以儿童需求的变化为基础对应得出教师的教学步骤,将组织行为学教授大卫·库伯提出的体验学习四步法"具体体验——反思观察——抽象概括——行动应用"细化为六步法模式,形成了六步法体验教学模式(如图4-1-1)。新幼集团以顺应儿童学习具有情境性、情感性、过程性和实践性的特点,以尊重原则、经验原则、主体原则和内省原则,创造条件支持儿童通过情景感染体验法、角色扮演体验法、感官尝试体验法、交流交往体验法和操作实验体验法进行学习。

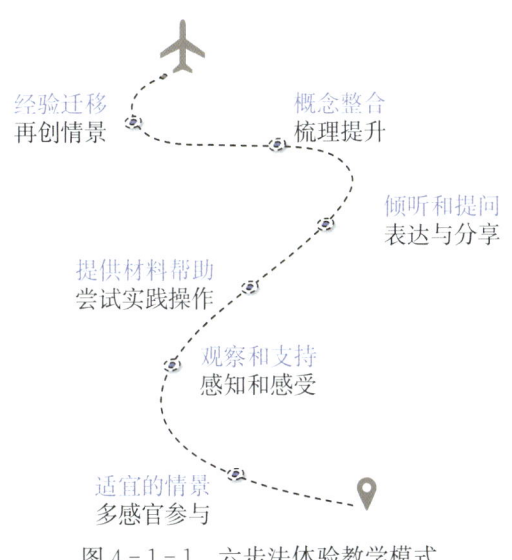

图4-1-1 六步法体验教学模式

---

① 本吉圆子,无藤隆.培养幼儿的成长能力:幼儿园教育活动指导实录[M].刘洋洋,译.上海:华东师范大学出版社,2013:16.

三、体验课程教学七大策略

六步法体验教学模式简明扼要地规定了欢乐谷课程实施的教学结构理论框架,为旨在培养儿童的多元智能和全面发展的欢乐谷课程提供了具体、可操作的教学活动方式。基于六步法体验教学模式,新幼集团针对体验教学过程实施的整体方案,梳理出合理组织教学过程、选择具体的教学方法和材料等更具象的指引,总结出体验课程教学七大策略(如表 4-1-1)。

表 4-1-1　体验课程教学七大策略

策略一	整体构建体验式园本课程文化(物质、制度、行为、精神),营造体验课程实施的理念与实践氛围。
策略二	创设儿童体验式学习环境,提供丰富的操作材料,为儿童的体验学习创造时空条件。
策略三	支持儿童的体验学习向不同水平发展,分享儿童体验学习的乐趣,关注儿童体验学习的个性化与差异性。
策略四	关注儿童的体验学习过程(是否参与体验活动,有无体验学习的态度和行为,有无体验学习的成果,是否得到满足),推动儿童学习的深入。
策略五	赏识儿童体验学习的成功,为儿童搭建自主体验、自我建构经验的平台。
策略六	挖掘不同体验学习方法的教育功能,引导儿童在游戏、区域活动、人际交往、操作材料、尝试探究等体验活动中,多角度感知、认识事物,让儿童的被动学习转为主动学习。
策略七	体验活动回归生活,增加儿童在生活中的体验学习机会。

第二节　课程实施路径:三维交叉

从词汇学来看,所谓"路径",是指物象相对于场景进行运动时所经由的路线。① 路径不仅是表面的"路、道路"的意思,还被引申为"方法、方式、途径"的意思。②

---

① 韩大伟."路径"含义的词汇化模式[J].东北师大学报(哲学社会科学版),2007(03):156.
② 朱其贤.安徽省高职院校学生体育生活化的路径研究[D].淮北:淮北师范大学,2014:9.

朱其贤(2014)在其论文中,将课程实施路径定义为:是以课程资源的交流、分享而联结起来的主客体指向教育目标的运动,是实现教育目标的逻辑指向和实践过程的统一。相对于方法、途径而言,课程实施路径更强调综合性特征,具有系统性要求,而方法、途径更具有选择性。①

课程实施路径包含两个方面的含义:从抽象逻辑来说,它是教育者根据一定社会的要求和教育对象的特点,对教育对象施加有目的、有计划、有组织的课程影响,促使教育对象向所期待的教育目标方向发展,以形成所期望的教育逻辑指向,它本身具有自我完满的目的性和组织性;从现实走向来说,它是教育逻辑指向的实践线路,是教育活动以课程形态呈现的综合组织形式,它要将自身的目的性投射到客观对象上,实现客观对象的教育变形、转化和提升,是一种客观对象性活动。②

幼儿园课程实施路径,是指将设计好的幼儿园课程方案转化为实际教育活动的过程的具体方式和步骤。这个过程强调教育者根据幼儿园的教育目标、儿童的发展特点以及课程资源的实际情况,通过一系列有目的、有计划、有组织的活动,引导儿童获得知识、技能和情感态度等方面的发展。

新幼集团欢乐谷课程的实施路径,是以儿童自身的主动发展为导向,遵循其身心发展规律,符合其认知学习特点,在结合周边优秀资源及发挥地域人文优势的基础上,遵循"让每一个孩子体验成长的快乐"办园理念,不再拘泥于固定的学习形态,不再受限于既定的活动场地,根据儿童的学习需求,调动儿童的学习兴趣和积极性、主动性进行通盘整合,形成"环境育人、活动育人、文化育人"融合交叉的课程途径。具体实施路径则通常以日、周、月、学期和学年为时间单位,以班级为组织单元来开展相应的活动。在此过程中,教师、儿童、课程资源和特定教育场所中各类因素共同参与、相互作用、协同共进,从而推动课程实施路径的实践运行。

---

① 徐园媛.大学生社会主义核心价值观教育"四位一体"课程实施路径研究[D].重庆:西南大学,2017:8.
② 徐园媛.大学生社会主义核心价值观教育"四位一体"课程实施路径研究[D].重庆:西南大学,2017:8-9.

```
                                    ┌─ 物质环境
                        ┌─ 环境育人 ─┼─ 社区资源
                        │           └─ 家园共育
                        │
                        │           ┌─ 游戏活动
  欢乐谷课程实施路径 ────┼─ 活动育人 ─┼─ 生活活动
                        │           └─ 运动活动
                        │
                        └─ 文化育人 ── 节庆活动
```

图 4-2-1 欢乐谷课程实施路径

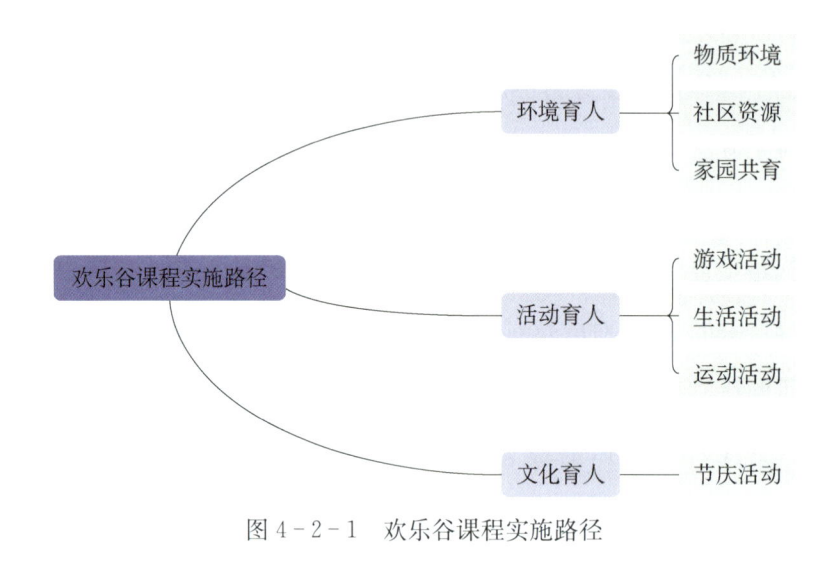

一、环境育人

环境是指围绕人类生存、发展的各类外部因素的总体，可分为自然环境和社会环境。环境作为人类赖以生存的外在因素，在很大程度上影响着人的心理与行为。积极的环境能够有力促进个体行为与心理的发展，消极的环境则会对个体行为与心理产生负面的影响。[①]

幼儿园环境育人是指通过营造良好的教育环境，促进儿童的全面发展。幼儿园的环境不是单一的环境创设，而是在一定范围内围绕着个体并对个体产生直接或间接影响的各种因素的总和。这些因素包括外部环境和个体内部环境，外部环境包括先天环境和后天环境，内部环境则包括生理环境和心理环境。我们要通过物质环境、精神环境、自然环境为儿童提供各种资源，创设丰富的教育环境，实现在潜移默化中促进儿童发展的教育目标。

《幼儿园保育教育质量评估指南》中的"家园共育"部分指出："幼儿园与家庭、社区密切合作，积极构建协同育人机制，充分利用自然、社会和文化资源，共同创设良好的育人环境。"这里的"共同"，既是指家、园、社三方携手，也包括各类资源的集聚。新幼集团以打造"无边界幼儿园"的理念，根据所在地区的自然资源、社会文化、儿童家庭背景及儿童发展需求，突破时空的局限，为儿童的全面发展与可持续发展提供更完

[①] 阳栋明.环境育人导向下中学教学楼学习空间设计研究[D].重庆：重庆大学，2020:06.

整、多元、丰富的成长环境。

(一) 幼儿园物质环境

意大利儿童教育家洛利斯·马拉古奇认为环境可以映照出人的想法、价值、态度以及身处其中的人们的文化。儿童的认知、情感、社会化的发展源于和环境的相互作用,儿童与环境相处的方式直接影响教育的质量。因此,从课程设计的总体观念到具体方案的实施,环境一直是欢乐谷课程实施考虑的因素之一。

新幼集团的环境建设不仅关注自然与人文的结合,强调儿童在环境中的审美体验,更注重幼儿园课程、理念和文化的静态展现。当走进新幼集团时,生态、野趣、别致、文化等字眼自然地浮现于眼前。每个人都很珍爱这片闹中取静、错落有致的空间,用心地在幼儿园的角角落落呈现教育意图——儿童在四季有果树的环境中体验,在师幼互动中感受和谐,在探索学习中获得成长。儿童在这样的环境中与伙伴、成人、材料得以淋漓尽致地互动,环境也成为了推动课程的"第三位教师"。

1. 幼儿园室外物质环境

室外环境由更广阔的空间、更丰富的物质构成,为儿童的学习发展提供了更多可能性。园所内有四季轮次开花结果的果树、千姿百态的大树、水稻田、土地、原生态农场、富有挑战性的探险坡等各种自然资源,可以激发儿童观察、探索、比较的兴趣和欲望,了解自然物的外形特征和生长规律,进行艺术表现和表达。

在一日生活中,儿童的许多探究问题是在与周围环境的互动过程中产生的,儿童也需要环境的支持和帮助来解决问题。丰富和充足的材料有利于探究活动的深入开展,当儿童处在一个充满探究性的材料环境中时,师幼就会成为游戏材料的设计者、使用者、创造者。以主题课程活动"'三救'遮阳篷"的开展为例,室外物质环境的提供和补充对课程推进起到了至关重要的作用。

幼儿偶然发现室外露营基地的遮阳篷破损,这一现象引发了幼儿的各种猜测,那如何验证猜测呢?教师提供了录音笔、观察记录表、采访提纲、采访人员清单等材料,提供材料的同时也给予幼儿验证猜想的方法、途径。

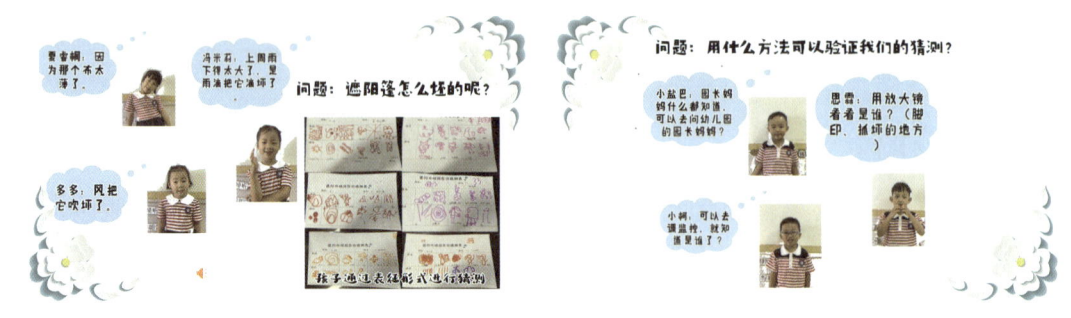

图 4-2-2 幼儿对材料损坏原因的猜测

顺应儿童"拯救"遮阳篷的想法,教师提供多元缝补材料协助儿童首次"拯救"遮阳篷。师幼共同破解遮阳篷破损原因之后,儿童有了缝补遮阳篷的愿望。基于儿童在生活中、区角活动中已有粘贴、粘合、刺绣等诸多经验,教师在室外露营区提供了绳子、剪刀、胶布、订书机、针线、强力胶、热熔枪等可修复裂口的材料,激发儿童在与物质材料的互动过程中开展探究活动,促进儿童调动已有经验再构新经验。在遮阳篷被修补后的修复验收阶段,老师提供了水、手电筒、水盆等材料,儿童自主验证缝补的效果。

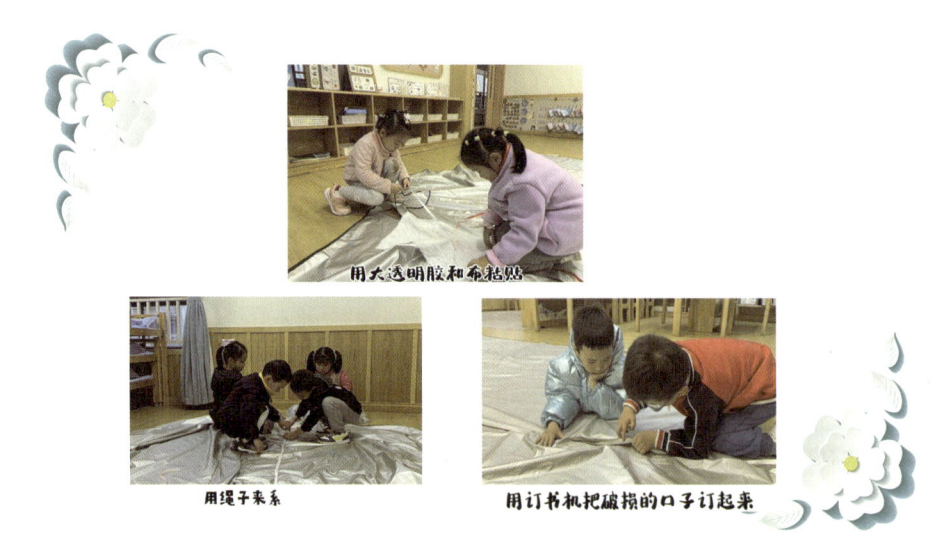

图 4-2-3 用材料修补遮阳布

修复后的遮阳篷再次损坏后,儿童随后产生重做遮阳篷的愿望,老师提供设计和建构所需木料、布料等多类型材料供儿童搭建遮阳篷。因幼儿的认知和能力不同,老师分别在中班、大班阶段提供了不同大小、长短的建构材料和不同的测量工具、缝补工具，使材料适合当下幼儿的学习发展需要。此外，引导儿童通过观察、比较、实验、操作等思维方式去真实体验，在多次操作和验证的过程中发现适宜的材料。过程中，儿童先后建构了三个不同大小、外形的遮阳篷，从掌握遮阳篷结构、搭建微型模型再到搭建遮阳篷，儿童重构遮阳篷的愿望在一年半的持续探究中得以实现。

图4-2-4 探究布的材质

图4-2-5 不同大小、材质、形状的帐篷

2. 幼儿园室内物质环境

幼儿园室内物质环境指的是幼儿园内部的空间布局、设施配置以及各类物质资源的总和,它对于儿童的学习、生活和成长具有至关重要的影响。

在课程实施的过程中,新幼集团进行了空间布局的合理规划,确保各个功能区域,如教室、活动室、寝室、卫生间等,既相互独立又相互关联,方便儿童和教师的日常活动。同时,空间布局还需要考虑到儿童的身心特点,如提供宽敞的活动空间、设置适宜高度的家具等,以营造安全、舒适、富有童趣的室内环境。

室内环境具有丰富的教育资源和互动设施,以满足儿童多方面的发展需求。例如,在教室中配备多媒体一体机、蓝牙音箱等,以支持教师的教学活动;活动室内设置各种游戏区域,以激发儿童的好奇心和探索欲望。此外,寝室和卫生间也被打造成温馨、安全、健康的环境。

在投放室内环境材料的过程中,老师根据儿童的年龄特征和学习特点、结合本班儿童的兴趣和发展需要,为儿童提供多层次、动态、丰富的材料,并根据课程内容和儿童兴趣及时调整,使儿童在与材料和环境的互动中获得自身的发展,让课程价值渗透在环境中。

在投放活动材料时,还应确保环境的安全无毒,并符合儿童的身心发展特点;根据儿童的年龄及兴趣特点来配置设施和资源,使它们既具有实用性又具有趣味性。环境的创设过程是儿童与教师共同合作、共同参与的过程,这增强了儿童的归属感和责任感,培养了儿童的创造力和动手能力。

新幼中二班班级区域课程方案

● 班级环境文化

色调:原教室以蓝色海洋为主题风格,主色调以"蓝色、白色"为主,并用一系列的海洋相关物品(贝壳、海星、渔网)进行点缀。因此,我们将继续以蓝色海洋风格为基础,增加纱幔、亚克力球、炫彩膜、泡沫胶等多种材料打造梦幻蓝色风。

元素:绘本《独一无二的我》里各种各样独特的"我"。

形式:师生共同参与。教师在小班的学期末开展了"我为新教室做准备"系列活动,引导儿童在万花筒活动中通过涂画、手工制作了蓝色大鲸鱼,使儿童共同参与了教室装扮的过程。

● 区域布局

本学期的区角布局将以为儿童提供更多的自主操作、凸显主题课程以及班级特色为要点进行打造。因本班的教室、寝室分开在两个空间,因此综合考虑将班级区角分为三个板块,即教室、寝室、走廊。

图4-2-6 班级区域分布设计图

● 区域材料

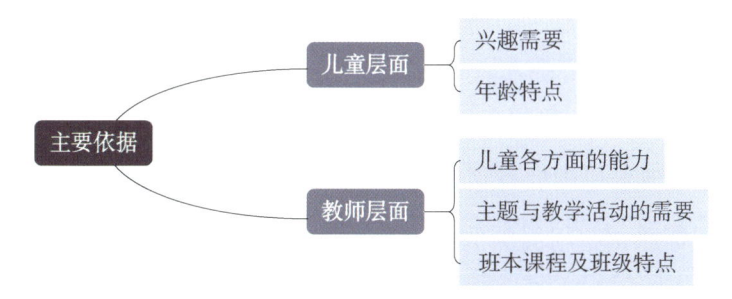

图4-2-7 区域材料投放依据图

高结构材料、低结构材料和无结构材料搭配投放。材料的投放要始终和主题活动相结合,让儿童能获得有效经验。投放本土材料应注意利用当地特征和废旧资源,并结合儿童的生活经验。

丰富并不意味着越多越好,过多过杂的材料也容易让儿童分心。中班儿童对区域材料已有一年的探索经验,本学期可以提供组合材料,对原有材料进行优化组合、资源共享、分层呈现,以达到物尽其用,并增添新的操作方式。

(二) 周边社区资源

幼儿园社区资源是指幼儿园所处的社区内一切可运用的力量,这些资源能够满足幼儿园教育教学的需要,促进儿童的发展。具体来说,幼儿园社区资源包括人力、物力、财力、知识与资料、传统习俗、发展机遇、地理与天然物质以及人文社会环境等。这些资源对于幼儿园来说,具有极大的教育价值和潜力。新幼集团地处江北区观音桥商圈核心地段,附近有公园、文化场馆、社区等丰富的资源,扩大了儿童生活和学习的空间,能帮助儿童感受和谐、互助的社区文化,形成初步的归属感。依据欢乐谷课程实施的需要,我园挖掘周边教育资源,梳理出可利用的周边资源表(如表4-2-1)。

表4-2-1 幼儿园社区资源划分表

类型	内容	社区资源
自然资源	自然环境、地理特征、天然物质	鸿恩寺公园、儿童公园、嘉陵公园、北滨路滨江公园
社会资源	公共设施、文化场所、历史遗迹	重庆科技馆、重庆群众艺术馆、重庆大剧院、江北区图书馆
社区资源	社区内的居民、专业人士、志愿者等	小学、医院、警务室、消防队等

1. 自然物质资源

新幼集团附近3公里内拥有重庆鸿恩寺公园、儿童公园、嘉陵公园、北滨路滨江公园等丰富的公园资源。利用周围的城市文化或城市环境资源,可以让儿童了解周围环境中的风景名胜,构建与生活环境之间的情感链接,丰富生活经验,增加对家乡的归属感。我们借助这些资源开展了"一起去远足活动""商圈打卡活动""秋游亲子活动""大树抱抱春游"等活动,自然物质资源的利用为儿童的学习和生活搭建了更多的支架。如:在亲子远足活动中,大班孩子通过实地勘测,围绕"远足路线怎么走,远足需要带什么,远足时要注意哪些方面的安全"等问题开展了一系列活动,情景式体验学习。

图 4-2-8 鸿恩寺公园远足活动

2. 社会物质资源

社会物质资源是指社区内的一些文化场馆设施,文化场馆体验以参与、体验、互动性的展品以及辅助性展示手段来激发儿童的探究兴趣。新幼附近有重庆科技馆、重庆大剧院、重庆群众艺术馆等大型场馆,儿童通过参观展厅直观地学习和了解科普知识,围绕主题深入探讨和实践,通过观察、协商合作等多形式,增强与他人的合作,进而促进社会交往、社会参与等社会性行为的发展。

图 4-2-9 参观图书馆　　图 4-2-10 参观自然博物馆

图 4-2-11　群众艺术馆活动　　图 4-2-12　科技馆活动

3. 社区人力资源

社区人力资源指的是社区内具有一定劳动能力的人的总和,包括社区内具有劳动能力的人、已经投入劳动和尚未投入劳动的人口。这些人力资源对于幼儿园来说,具有极大的教育价值和潜力。新幼集团充分依托社区教育资源,开展了"我要上小学""走进消防队""我是小巡警""职业我体验"等系列社会体验活动。

图 4-2-13　参观江北区消防站

图 4-2-14　利用社区资源开展"汽车叭叭叭"主题活动

(三) 家长资源

有研究者(2013)认为家长资源是幼儿园课程资源的重要组成部分,包括家长的物质资源和活动资源。① 其将家长资源单纯地理解为家长的人力资源,但除此之外,家长的教育理念、科学的家庭教育方式、育儿观念等也属于家长资源。当这些家长走进幼儿园与其他家长、老师进行分享交流时,个体的育儿经验会得到群体的推广,反映出在教育理念方面的推广借鉴。新幼集团邀请家长成为助教、走进课堂,挖掘不同职业的课程价值,携手组织亲子研学。家长资源成为了欢乐谷课程建设的重要支持力量之一。

1. 家园资源配合

新幼集团各班家长配合课程积极收集材料、主动提供资源,为课程实施提供了丰富的资源,实现了儿童体验学习资源的最大化。如在"繁花似锦 最美66"园庆主题活动中,家长们全程参与到系列活动中来。前期,通过收集意见、参与活动方案设计、联系儿童诗画展场馆等作准备,后期协助班级打造幼儿园的"繁花似锦"。各班家长分工合作精心布置班级花园,合力推动课程实施的落地。

图4-2-15 家长进行园所环境布置

2. 家长课堂活动

幼儿园的教育离不开家长的理解、参与和支持。让家长走进幼儿园,了解儿童的在园生活、学习情况,参与儿童教育工作,能够有力增进家园合作共育。家长群体来自不同的行业,有各种各样的职业和兴趣爱好,拥有丰富的教育资源和参与幼儿园课程建设的热情,成为了课程建设中最有力的支持者和实施者。

---

① 李莹.幼儿园家长资源开发的现状研究——以沈阳市为例[D].沈阳:沈阳师范大学,2013.

图 4-2-16
2021届小一班周明康妈妈
讲解绘本《情绪小怪兽》

图 4-2-17
2021届小二班冯米莉妈妈
讲解绘本《开心小猪》

3. 家长职业体验

引导家长发挥各自优势，邀请家长进行各种分享和讲座，如消防职业的家长开展消防安全讲座，警察职业的家长开展防拐演练活动，医生职业的家长开展保护视力、牙齿健康的健康活动，体育专业的家长结合幼儿园运动节开展亲子跳绳、拍球运动训练等。将家长的专业知识科学地运用到幼儿园教育中为课程服务。

图 4-2-18 消防员家长为儿童介绍消防工具

图 4-2-19 警察家长为儿童介绍自救方法

图 4-2-20 护士家长为儿童讲解七步洗手法

图 4-2-21 药剂师家长为儿童介绍用药安全知识

4. 亲子研学活动

亲子研学活动结合了亲子互动和教育学习。活动强调家长和儿童共同参与,让家长成为儿童学习过程中的伙伴和引导者,通过互动合作增进亲子间的沟通和理解。活动前,家委会代表提前就场地安全、活动内容进行沟通协调,提高亲子研学活动的有效性。活动中,家长积极配合注重实践体验,通过实地参观、动手实践等方式,让儿童在实际生活中学习,增强学习的趣味性和实效性,也搭建起家园沟通的新途径。

图 4-2-22 亲子研学活动——爸爸的农场

图 4-2-23 亲子研学活动——小桃园

二、活动育人

活动育人是以育人为目的,以活动为载体,基于学生的需要、动机、兴趣及经验,着眼于学生全面且有个性地发展,旨在促进学生主动学习、综合学习、探究学习、实践学习,培养学生的实践品格和能力,实现学生健康发展、幸福成长的课程。①

幼儿园活动育人是一种教育方法,一种课程实施的路径,其核心在于通过组织丰富多样的活动来教育、培育儿童。这种方法强调活动的实践性和教育性,旨在通过活动过程中的参与、体验、互动,促进儿童的全面发展。

高质量的活动关键是活动的选择和设计。活动选材要符合儿童的年龄特点和兴趣爱好,能够激发他们的参与热情和积极性。同时,活动设计还需要具有一定的教育价值,能够引导儿童在参与过程中获得情感态度、方法技能、知识经验等多方面的发展。

(一) 游戏活动

陈鹤琴先生曾提到:"游戏是儿童的生命。"游戏可以给儿童健康、快乐、经验、学识和思想。游戏具有非常重要的教育价值,因此,是儿童教育的主要方式。《3—6岁儿童学习与发展指南》也明确指出:"幼儿的学习是以直接经验为基础,在游戏和日常生活中进行的。"游戏也是欢乐谷课程实施的主要且重要途径。游戏既尊重儿童的学习方式,实现做中学的教育魅力,又引导儿童快乐地动手动脑、感知体验、交往合作、探索创造。

以水函函区域为例,它是小耍坝课程中的自由游戏区,其游戏内容、游戏规则和游戏推进都是在儿童的学习发展中动态变化的。由于正值冬季,水函函区域中的玩水游戏无法开展,儿童便产生了转向"战游"游戏的想法。因此,在季节更替、幼儿兴趣的碰撞中产生新的游戏内容。儿童自发地把家里的玩具枪、迷彩背包、帽子等物品带到幼儿园,并设计了对战的游戏玩法。游戏在儿童主导下开展了起来,而游戏中"对战人数的多少、怎样算中弹退出、救护员应何时施救"等问题的出现,也推动了游戏规则的逐步完善。决战局时,修建移动式助攻桥的创意更是把"战游"推向了高潮。此外,在游戏中,有关"公平"的思索与探讨、争论多种解决方法、建构工程经验的迁移

---

① 杜晓敏,等.活动育人课程建设的探索与实践——以潍坊市为例[J].新课程评论,2018(12):95-104.

创新、解决问题时高阶思维的综合运用等自然发生，复杂的游戏推动了幼儿的全面发展。

制定计划：用长木板造桥
实施验证：不稳固

收集信息：
木板两端延伸到岸上

图 4-2-24　幼儿制定游戏规则

制定计划：运用延长方法建桥面
利用轮胎垒高建桥墩

图 4-2-25　幼儿探究游戏材料

（二）生活活动

生活活动是幼儿园一日生活的重要组成部分，是幼儿园课程的关键构成。孙爱莲分别从广义和狭义的角度讨论了生活活动的定义。广义上，幼儿园生活活动是指除教学活动和游戏活动以外的所有活动。狭义上，幼儿园生活活动是指幼儿园中满足儿童基本生活需要的活动，主要包括儿童在园开展的常规性生活活动，如餐饮、如厕、睡眠等。

一日生活是幼儿园工作的重心，既包含儿童的学习内容，又包含儿童的学习途径,二者相辅相成,每个环节都蕴含着独特的教育价值和意义。欢乐谷课程在实施中把目标、内容相结合并渗透在儿童的一日学习与生活之中。如生活环节里的进餐活动,除了能培养儿童良好的卫生习惯和生活自理能力,还蕴藏着基础课程中的五大领域的活动内容。因此,教师全方位地挖掘生活环节中的教育价值,选择适宜的活动内容和组织形式,为儿童成长提供多样化的学习。以一月生活中的进餐环节为例,教师开展了"餐前数学大玩家"系列生活活动,具体如下。

生活活动"分筷子":餐前值日生排队领取筷子,但因为孩子对数与量的关系的理解程度还不够,因此出现了排队等待的情况。教师捕捉到生活中的数学教育契机,利用区角材料帮助儿童理解计数、点数、凑双数数等数学概念,从而解决生活问题,提升儿童数概念的理解与运用能力。

生活活动"分杏仁":点心时间,几个孩子因为分发杏仁数量的不公平发生了争吵,老师引导孩子分析原因。原来是发杏仁的孩子没有按顺序轮流分发杏仁,出现了重复和漏发的现象。教师帮助儿童开拓思路,让儿童在实际操作中学会不重复数、不漏数的方法,让儿童感受数学在生活中的应用。

生活活动"桌子的摆放":为了增加儿童的进餐兴趣,让儿童感受在餐厅式中进餐的乐趣,教师鼓励儿童小组合作用不同方法摆放桌子,因摆放方式变化,儿童坐在一起反而产生了拥挤的问题。这是学习数学图形的好时机。教师利用生活材料给予学习支持,餐前利用餐巾练习折叠,让儿童把正方形餐巾折叠成三角形餐巾,把正方形餐巾折叠成长方形餐巾,感知图形可以分割与组合成其他的图形。看似平常的进餐环境里隐藏了很多的数学游戏,教师让儿童在真实的进餐环境中感受事物间的数量关系,体验数学的重要性和乐趣。

一日生活活动构成了儿童学习与发展的最基本环境,新幼教师在认识和把握各环节教育价值的基础上,挖掘其中蕴含的教育资源和契机,将生活活动融入课程。

(三) 运动活动

裴斯泰洛齐认为儿童参加体育活动不仅可以锻炼体魄,使身体各器官相互协调,更重要的是通过体育活动,可以培养儿童获得良好的品格,如合群、友爱、正直、勇敢等。运动活动对3—6岁儿童的成长发育非常重要，在这个阶段儿童可以通过各种运动活动，锻炼身体，提升体能，同时也培养了团队精神和合作意识。

在欢乐谷课程中，儿童在师幼互动、生生互动、混龄互动等多元互动中实现"耍""学"相融，快乐成长，奔赴身心矫健的运动目标。

1. 开敞开放的阳光课堂

以班级为单位的每周1—2次的阳光课堂，围绕班级主题活动开展以动作发展为主的体育教学活动和以健康教育为主的健康教学活动。

2. 聚焦核心的技能学习

专职体育教师精准把握儿童运动学习的核心经验，依据儿童的发展水平，立足力量、速度、耐力、灵敏、柔韧等身体素质，开展科学、有效的专项动作技能学习，促进儿童运动能力的提升。

3. 尊重差异的混龄运动圈

每周三、四的上午，大、中、小班儿童混龄开展走、跑、跳、钻、爬、投等大肌肉动作发展的障碍运动体能活动。在活动设计与组织中，体现以儿童为本，在了解各年龄段儿童的身体状况、技能水平以及个体差异的基础上，灵活设计和调整活动内容，多途径激发儿童的运动兴趣。如搭建坡地、隧道等具有山地特征的运动场景进行体能锻炼时，大班儿童选择用油桶、木板、木梯进行搭建，中班儿童选择用滚筒和轮胎进行搭建，小班儿童则选择用安全性强的垫子进行搭建，整个运动场景布置富有层次性、主题性。儿童选择适宜的运动场景，循序渐进地进行自我挑战，逐步提升运动能力。

图 4-2-26　混龄运动圈

4. 活力互动的阳光早操

各年级组根据儿童年龄特点及兴趣爱好，编排阳光早操。小班组是有趣互动的彩虹伞操，中班组是活力满满的彩棒操，大班组则是独具园所特色的足球操。为了增强儿童的活动量，早操活动结束后每个年级组开展20—30分钟的运动大循环活动，各年级组儿童围绕走、跑、跳、投掷、跨越、翻滚、平衡、攀爬系列动作进行挑战，增强动作能力的均衡发展。

图 4-2-27　活力满满的阳光早操

三、文化育人

文化是人类在社会实践活动中所创造的物质和精神财富的总和,它不仅体现了人类的生产能力,也反映了人类的思维能力以及行为方式。学校除了是教书育人、传授知识的社会组织机构,还是传播社会主流文化、传承民族精神的重要场所,是文化育人的摇篮,而校园文化是学校文化育人的重要内容之一。①

幼儿园的文化育人是一个综合性的过程,旨在通过营造文化氛围、开展各种活动等方式,让儿童们在快乐中学习、健康成长。欢乐谷课程里的小主人节蕴藏了丰富的教育资源,也是新幼集团儿童自己的节日,一个个看似简单的节庆活动,却带给儿童不同的认知体验。教师挖掘每个节庆活动中的特殊教育价值,让儿童在特定的场合经历特殊的情感历程,感受节庆仪式、场域氛围带来的心灵震撼,从而在潜移默化中得到熏陶、感染。

如在"新幼娃娃向太阳"爱国主题体验活动中,依据当下时事热点、儿童兴趣点,以多样活动、多元方式引导儿童体验自己作为中国人的民族骄傲和自豪感,通过活动感受作为中国娃的文化自信,提升爱国情感。

又如,2021年新幼集团师幼种植的首届水稻丰收,当年以"金秋时节喜丰收 祖国山河别样美"为主题开展了"新幼娃娃向太阳"爱国主题体验活动。各年级组分别围绕"风景美、人文美、物产美、幼儿园美"四个方面展示祖国的美,营造浓厚的国庆爱国情感氛围,萌发儿童的爱国热情。

图 4-2-28 祖国风景美

---

① 陈志远.基于"学校认同"的中学校园文化育人策略研究——以 H 地区为例[D].牡丹江:牡丹江师范学院,2023.

图4-2-29 祖国物产美

图4-2-30 祖国人文美

图4-2-31 幼儿园美

2022年,新幼集团开发了家园同评共振的儿童发展评价APP"送你一朵小红花",并正式开启了师幼评价、亲子评价、同伴评价的实践。此外,当年还以"小红花与五角星"为主题开展第十届"新幼娃娃向太阳"爱国主题体验活动。本次主题活动通过各年龄段分层活动的形式,儿童认识并用多元的方式感受、体验五星红旗的特殊含义,多形式地大胆表现和表达自己的爱国情感,体现小主人的主体地位。

图 4-2-32 "小红花与五角星"爱国主题体验活动

2023年,国庆与中秋喜相逢,第十一届新幼集团"新幼娃娃向太阳"爱国主题体验活动以"月儿圆圆　国旗飘飘"为主题开展。正值国庆与中秋双节共庆之际,为了让儿童感受节日气氛,小班组围绕中秋习俗活动感受中国传统文化,中班组围绕中国特有建筑活动感知祖国的地大物博,大班组通过欣赏百米长卷画感受祖国的大好河山。各年龄儿童进一步感知了祖国的繁荣昌盛与传统节日的团圆美好。

图 4-2-33 "月儿圆圆　国旗飘飘"爱国主题活动

第三节　课程实施中的支持：斯诺克教研

课程实施中的支持是指在课程执行的过程中，为了确保课程目标得以有效实现所提供的各种必要的条件、资源和服务。这些支持涵盖了多个方面，从物质条件到人员配备，从教育环境到制度建设，都是课程实施中不可或缺的重要元素。

教研作为提升教育质量、优化课程实施的重要手段，与多方面的支持相辅相成，共同促进课程目标的顺利实现。集团化发展的背景下，基于有效落实全面育人的教育使命和"让每一个孩子体验成长的快乐"的高质量办园理念，新幼集团通过"斯诺克教研"这一方式为课程的持续发展注入新的活力。

一、斯诺克教研

斯诺克（Snooker）是一种台球比赛项目，源于19世纪晚期，其字面意思是"阻碍、障碍"，因此有时也被称为障碍台球。在斯诺克台球运动中，球员需要通过精准的操作，使得白球（主球）与其他球发生碰撞，从而改变其他球的位置或状态，进而达到自己的战术目的。这种通过碰撞来传递力量、改变球的状态的原理，正是斯诺克的核心所在，也是我园集团化发展背景下实现"不同分园办学同样高质教育"的密钥。教研对教师发展和课程实施发挥着重要的支持作用，它是保障教育质量不稀释的关键要素。将斯诺克碰撞传递的运作形式，运用于园本教研之中，精准传递集团课程实施的精要之处，进而保障课程实施质量不会因人、因园而变。

在斯诺克教研中，集团教科研部如同斯诺克中的白球，扮演着引领和带动的角色。教科研部凭借自身丰富的教研资源和经验，去碰撞、激发各分园的教研热情和创新能力，推动整个集团教研水平的提升。

斯诺克中的每一次碰撞都是一次对策略的实施和目标的追求。在集团教研中，每一次教科研部与分园教研组的互动和碰撞，均是对教研目标的一次追求和实现。这种追求和实现的过程，不仅有助于提升教师的专业素养和教研能力，更有助于推动整个集团教育质量的提升。

二、斯诺克教研的运行机制

运行机制主要是指在一定的社会系统内,各构成要素之间相互联系和作用的方式及其调节功能。一次完整的课程实施分为课程设计、课程实施、实施反馈、课程改进四个环节,每个环节中的教研支持尤为重要。基于园所特点和教师需求,经过不断实践与优化,目前新幼集团主要是从课程实施前的备课设计和实施中、反馈后的分层培训两个方面给予教研支持。运用斯诺克教研模式,将备课设计从单一个体的劳动,转变为群体共建优化劳动的四级备课;将没有针对性的集团培训转化为解决共性与个性问题相结合的靶向层级教研。备课设计是课程实施的起始阶段,反馈实施是课程实施的末端阶段,完善的四级备课机制和分层培训机制能有效推动教师的专业成长及教育教学质量的提升,增强教师的参与意识和责任感,促进幼儿园内部的协作和交流,从而推动集团课程高质量发展。

(一)四级备课

备课设计是教师根据课程标准的要求,结合学科特点和学生现状,对教学内容进行加工、整理,制定教学方案的过程。备课设计不仅涉及到单个课时的内容,也涵盖整个学期的教学计划。

幼儿园备课设计是幼儿园教师根据儿童的年龄特点、认知水平和兴趣特点,结合幼儿园的教育目标和教学内容,进行有针对性的教学准备和计划制订的过程。备课设计在幼儿园教育中具有重要意义。它有助于教师明确教学目标,合理安排教学内容和方法,提高教学质量;同时,也能帮助教师更好地了解儿童,促进儿童的全面发展。因此,幼儿园教师应重视备课设计,不断提高自己的备课能力。

新幼集团借用斯诺克台球的撞击传递原理,拟定了四级备课机制。四级备课机制使每一层级备课有特定的参与者,分别围绕课程设计的目标理解、园所资源、环境支持、教学共进等方面开展靶向性、细致化的研讨。通过层层分解、递进式思考,将庞大纷杂的主题课程方案细化为集中众人智慧且可落实的单次教学计划。具体流程如下。

1. 集团备大课

（1）备课制度

各分园按集团规定的时间和地点，每月进行一次集团备大课。备大课要保证时间、内容和人员（各园教研组长和年级组长）。

（2）备课内容

① 每学期期末备大课确定下学期所有主题及网络和第一个月的课程内容。

② 每月备大课完成上一主题的反馈、完善、修订，确定本次主题目标、解读关键经验、甄选主题内容和规定必选内容，由集团统一发布课程实施的具体方案。

（3）备课要求

① 备课准备：在每次集团备大课前要事先确定备课所采用的形式，做到"五落实"（时间、地点、内容、中心发言人和课程资源参考）。此外，采取中心发言人与集体研讨相结合的方式：中心发言人要认真准备，充分阐述；每位备课老师认真钻研、积极思考，做好补充发言的准备。同时，做好详细的备课记录。

② 资源收集：每个主题课程结束后一周内备大课组收集集团所有资源包（教案、PPT、视频等）。

2. 各园二次备课

（1）备课制度：在集团备大课后的第二周内，各园教研组长组织本园教师进行二次备课。

（2）备课内容

组织研讨如何将主题课程与本园特色结合实施课程，根据园本特色完善主题内容。

（3）备课要求

① 教研组长备课前准备本次主题内容，拟写备课计划，做好充分准备。二次备课后完善本园月主题网络表。

② 参与教师备课前理解主题目标，熟悉主题内容，做好备课研讨准备。备课中做好记录，积极参与研讨。

③ 分园园长对二次备课进行指导与考核。

3. 年级组分层备课

（1）备课制度

在各园二次备课后的第二周内，各年级组教师在年级组长的带领下进行三次备课。

（2）备课内容

整合教学资源，对班级区域活动规划和主题墙创设（内容、形式等）进行实施层面的研讨。

（3）备课要求

① 年级组长备课前熟悉主题网络关系、本主题各板块内容，事先对主题墙设计、区域活动规划有初步构思。

② 参与教师熟悉本班儿童的兴趣点及发展情况，备课中做好记录，积极参与研讨，完成班级区域和主题墙规划表。

③ 教研组长对三次备课进行指导与考核。

4. 班级教育活动设计

（1）备课制度

教师提前一周准备好下周教学内容与具体计划。

（2）备课内容

每周的教学活动内容包括集中教育活动 5 个、区域活动 1 个、游戏活动 4 个。其中，骨干教师至少准备 2 个详案、熟练型教师至少准备 4 个详案，新老师准备的所有教案均为详案。

（3）备课要求

① 每位教师要认真学习各领域、各年龄段儿童的发展目标和关键经验，明确基本理念和方法，结合主题总目标及活动内容备课。

② 教师在年级组分层备课的基础上进行再次备课时要有个性化的理解，突出个人的教学风格，凸显教学设计的独到之处，注重体验方法的运用和体验式情景的创设。

（二）分层教研

分层教研是一种符合教师实际需求的教研模式，能够更好地满足教师的个性化需求，提高教研活动的实效性，促进教师的专业成长。

新幼集团的分层教研是根据教师的需求而开展的，具有针对性强和实效性高的特点。主要有以下三种模式。

第一种，反馈评价课程实施的园级教研。

课程的实施是一个在预设中有生成的动态发展过程，教师对课程进行及时的反馈评价有助于课程向助推儿童有意义学习的方向发展。此时，教师遇到的问题和获得的感受可以在半月一次的园级教研中得到支持。

第二种，满足个需支持成长的专家跟踪。

课程是持续开展的过程，教师与儿童的成长也是在这个过程中发生与发展的。新幼集团针对各班班本课程高质量实施的需求，邀请了学前教育领域的专家——朱家雄、虞永平、李克健等老师入园指导。不同发展层级、有不同问题困惑的教师根据自身需求向专家提问后，专家通过实地走访和现场答疑满足了教师的个性化需求。

第三种，主题培训下满足个需的菜单式培训。

每年新幼集团都会发布教研目标，各园教师可以根据发布的教研目标选择适合自己的培训项目。如在期末的集团培训会上，针对高质量的过程评价主题培训下设有环境支持、活动组织或师幼互动小主题培训，教师选择能满足自身需求的教研小组开展菜单式培养。

通过以上三种模式运行的教研，使教师在集团与分园要求、园所要求与自身需求交织的实际状况中获得及时的成长支持。

第五章 欢乐谷课程的评价创意

05

理想的教育评价,既要看到优点与长处,激发向上之心;又能正视错误与不足,引发自省与反思。在幼儿园里,评价是一股温暖的力量,是陪伴儿童成长的学习力,是助推教师专业发展的牵引力,是凝聚幼儿园发展的向心力。

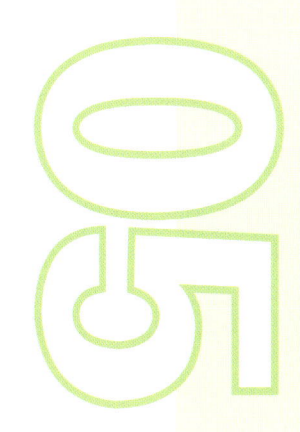

评价是用来判断课程实施成效的手段，是课程实施的后续环节。中共中央、国务院印发的《深化新时代教育评价改革总体方案》提出：教育评价事关教育发展方向，有什么样的评价指挥棒，就有什么样的办学导向。强调要改进结果评价，强化过程评价。可见，教育不仅要做好评价工作，还要将评价过程自然地融入教育实践，融入教师教育教学的常态，融入儿童的一日生活，最终实现儿童发展、教师发展、幼儿园发展。新幼集团一直以来都强调科研立园、科研强园，2021年7月，以"高质量视域下幼儿园过程评价标准与实践机制研究"为题，成功立项全国教育科学"十四五"规划教育部重点课题，借助课题研究的力量在幼儿园过程评价中对"评什么、谁来评、怎么评"等方面进行了有益探索。

一是基于评价模型，构建"4+15+36"园本化过程评价指标体系。以儿童发展为中心的"三场域四要素"幼儿园过程评价动态模型，为评价标准的科学性奠定了基础。基于动态模型，细化出科学完备的"4+15+36"园本化过程评价指标体系。

二是开发同一评价指标不同表达的评价工具，实现评价主体的适用性。依据"4+15+36"园本化过程评价指标体系，开发管理者适用的《新幼集团过程评价量表》，据此绘制教师适用的《新幼集团过程评价教师自评绘本》，促使教师以积极的心态随时进行教育行为反思，同时开发云端儿童发展评价APP"送你一朵小红花"实现家师幼三方同评。

三是打造线下"评—研—长"和云端"小红花"两个成长闭环，确保评价结果能促发展。线下"评—研—长"一体化教师成长闭环，旨在以评促教，赋能教师专业精进。云端"小红花"儿童成长闭环，家园共育促儿童全面发展。

第一节　幼儿园教育评价的意义

一、幼儿园教育评价的背景

（一）响应政策号召：高质量发展背景下对幼儿园教育评价提出要求

在加快建设高质量教育体系的背景下，探索如何实现"幼有善育""幼有优育"并满足人民对于高质量学前教育的需求,成为学前教育发展的迫切任务。教育评价是教育的重要构成要素,贯穿于教育活动之中,发挥着导向、鉴定、改进、调控与服务等功能,对提升教育质量具有重要影响。中共中央、国务院印发的《深化新时代教育评价改革总体方案》指出,教育评价要"改进结果评价,强化过程评价"。在此背景下,建立科学的、符合新时代要求的教育评价制度和机制,探索过程评价的路径与策略,构建一体贯通的幼儿园教育质量评价体系与机制,以系统化的思路和措施推进幼儿园教育质量评价工作就显得尤为迫切。

(二)突破实践困境:现有教育评价工具对幼儿园工作细节的关照有所欠缺

2022年2月,教育部印发了《幼儿园保育教育质量评估指南》(以下简称《评估指南》)。近几年,各国高度关注幼儿园评价工作,国内一些研究者借鉴国外的教育评价量表,对评价工具进行本土化研发。这些评价工具中体现的评价观和指标体系对构建幼儿园过程评价指标和评价标准有一定借鉴作用,但对幼儿园实践工作细节的考察和关照仍然不够,不一定能满足幼儿园拟通过自评促进教育质量提升的需求。因此,需要幼儿园教育实践工作者在深入领会《评估指南》等文件的价值取向、评价定位与具体要求的基础上,切实将过程评价与持续改进有机结合,在质量评价与保教实践之间搭建桥梁,构建评价与保教交融并进、和谐共生的机制,持续改进和提升保教实践质量,实现过程导向的幼儿园教育质量评价改革的根本目的,真正发挥评价的引导、诊断、改进和激励功能。

(三)满足发展需求:新幼集团追求向卓越幼儿园发展的现实需要

在66年的办园历程中,新幼集团尤其重视质量评价对于幼儿园发展的价值。在幼儿园教育质量评价方面,新幼集团做过"四育"评价,关注儿童在体育、智育、德育、美育四个方面的发展。后来,还邀请过第三方研究机构为幼儿园提供质量评价服务。在这个过程中,新幼集团愈发清醒地认识到要想持久、有效地促进儿童发展、教师成长、幼儿园发展,必须有效建立和施行幼儿园内部园本化、常态化的自我评价机制。

如今，随着幼儿园科研经验的丰富和科研队伍的壮大，各园面临向卓越幼儿园转变的现实园所发展需求，因此需要切实将评价工作与保教质量改进有机结合，在质量评价与保教实践之间搭建桥梁，推动幼儿园走上由"外引"向"内生"转变的评价变革之路，促进幼儿园在原有水平上向卓越幼儿园发展。

二、对幼儿园教育评价的认识

评价的目的不应仅着眼于当下，而是应以评促发展，为实现儿童的终身幸福而努力。因此，评价伴随着幼儿园教育的过程而诞生，又进一步推动幼儿园教育质量发展。

（一）幼儿园教育评价是对教育过程的评价

新幼集团的评价关注幼儿园教育过程中人、事、物的互动，具体包括活动组织、师幼互动、环境支持和家园社协同。

1. 关注教育过程中的活动组织和师幼互动

活动组织和师幼互动对儿童的学习发展有直接的影响，也是新幼集团评价的重点。评价关注教师在幼儿园活动组织、师幼互动过程中，"活动设计""活动内容""过程实施""关注幼儿行为表现"等方面是否达到了"考虑每个幼儿的能力、经验和兴趣""保障每一个幼儿有充足的自主探索时间和机会""尊重个体差异，认可每一名幼儿的成就"等目标。通过收集与分析这些信息，对幼儿园教育教学活动进行全面描绘，从而为教师和管理者就如何进一步促进儿童的学习与发展提供方向及指引。

2. 关注教育过程中的环境支持

新幼集团坚信环境是儿童的第三位教师，儿童在幼儿园中的所有活动都依托于一定的教育情境，管理者和教师应思考什么样的环境才能最大程度地激发和支持儿童产生有意义的事件及行为。因此，新幼集团将环境支持作为评价的重要内容。在空间设计上是否体现了儿童本位，在材料投放上是否支持儿童自主探究，在环境调整上是否采纳了儿童的意见，是否根据儿童的兴趣和生活环境变化持续更新环境等，这些都影响着幼儿园的环境能否满足儿童"不同类型、不同天气的活动需要"和"满足儿童的情感和审美需要"等。

3. 关注教育过程中的家园社协同

家庭、幼儿园和社区是儿童生活的三个重要场域,它们之间的关系对儿童的成长发展产生着重要影响。新幼集团在过程评价中非常重视家庭、幼儿园、社区之间和谐关系的构建及其协同作用的发挥。通过评价,关注家园社之间是否形成了有温度的情感联系、是否对儿童成长达成共同追求以及是否彼此分享优势资源,从而让家庭、幼儿园、社区之间能够"换位思考,尊重理解彼此想法","形成信任、合作的伙伴关系","主动分享儿童的成长情况","积极关注彼此的资源需求"等,共同创设有利于儿童健康成长的教育生态。

(二)幼儿园教育评价本身是过程性的

新幼集团的评价本身是过程性的、持续性的,贯穿幼儿园教育教学的始终,旨在及时了解教师的教育教学情况和儿童的成长情况,发现其中存在的问题,及时给予反馈和指导,具有探索性和灵活性,其最终目的指向新幼集团育人目标——"培养快乐自信小主人"的实现。

1. 强调过程性数据供给

在幼儿园教育教学情境中,通过文本、照片、视频等方式记录和呈现教师与儿童成长过程中的重要时刻,真实勾勒出关于每一位教师和儿童发展情况的连贯描述,为教师发展和儿童成长持续"画像"。特别是充分利用信息技术手段,以新幼集团的育人目标和课程理念为"筋骨",以动态过程数据为"血肉",开发儿童发展评价APP"送你一朵小红花",实现了家园协同育人,为每个儿童描绘出一幅"立"起来、"动"起来、"活"起来的成长档案,实现了全过程的评价数据的收集。

2. 强调过程性成长反馈

评价的目的不仅是为了及时发现问题,更应对教师的发展和儿童的成长表现作出有效的回应。因此,评价之后的展示交流、教研学习、反思行动等环节应受到重视。评价者对有关教师发展和儿童成长等的过程性数据梳理与判断分析(包括变化与表现、优势与特长、个性与潜能),并提供未来发展指导。这种过程不仅能帮助儿童建构作为学习者的自我成长,也有助于教师进行教学反思实现专业发展,从而建立以评促建、以评促发展的"反馈回路",实现评价的改进功能。

第二节 幼儿园教育评价的准备

一、幼儿园教育评价标准的建立

2021年7月,新幼集团以《高质量视域下幼儿园过程评价标准与实践机制研究》为题,成功申报立项全国教育科学"十四五"规划2021年度教育部重点课题。在课题研究的推动下,走上系统性研究幼儿园过程评价的实践探索之路。

经过三年的不懈追寻,新幼集团作为研究主体,建立了以儿童发展为中心的"三场域四要素"幼儿园过程评价的动态模型。以布朗芬布伦纳的生态系统理论为依托,以影响儿童发展的"家庭""幼儿园"和"社会"为场域,充分考虑三者之间在情感、关系和功能上的相互交叠,发现其中与儿童发展密切相关的4个动态变量,包括直接相关的"活动组织""师幼互动"和间接相关的"环境支持""家园社协同"。在此基础上,形成了"4+15+36"的园本化过程评价指标体系。基于评价模型,经过政策分析、专家咨询和访谈调查,构建了包含"A1活动组织""A2师幼互动"4个一级要素、"B1体现育人目标的活动设计""B2整体连续的活动内容"等15个二级指标,"C1体现国家教育方针和社会主义核心价值观""C2考虑每个儿童的能力、经验、兴趣和生活背景"等36个三级观测点的园本化过程评价指标体系。

表5-2-1 高质量视域下新幼集团园本化过程评价指标体系

一级要素	二级指标	三级观测点	评价标准
A1活动组织	B1体现育人目标的活动设计	C1体现国家教育方针和社会主义核心价值观	1. 依据国家教育教学方针,落实立德树人根本任务,培育和践行社会主义核心价值观,为培养德智体美劳全面发展的社会主义建设者和接班人奠基。

(续表)

一级要素	二级指标	三级观测点	评价标准
A1 活动组织	B1 体现育人目标的活动设计		2. 注重幼儿良好品德和行为习惯的养成,培育幼儿爱父母长辈、爱老师同伴、爱集体、爱家长、爱党爱国的情感。
		C2 考虑每个幼儿的能力、经验、兴趣和生活背景	1. 充分考虑每个幼儿当下的能力、知识、经验、兴趣和生活文化背景,积极利用家长资源、社区资源、地域文化等拓展活动内容。 2. 借助观察、访谈、马赛克方法了解幼儿的发展需求和活动期待,与幼儿共同商定活动内容和活动计划。
	B2 整体连续的活动内容	C3 注重五大领域活动的全面覆盖和有机整合	1. 关注幼儿学习和发展的整体性,注重健康、语言、社会、科学、艺术五大领域的全面覆盖和有机整合。
		C4 做好幼小衔接,帮助幼儿向小学顺利过渡	2. 关注幼儿学习发展的连续性,注重幼小科学衔接。帮助幼儿做好身心、生活、社会和学习等多方面的准备,建立对小学的积极期待和向往,促进顺利过渡。
		C5 能根据实际情况灵活调整活动计划	1. 因天气原因、客观条件原因限制活动开展时,能够自主调整活动计划。 2. 随时关注活动中幼儿兴趣、能力水平的变化,灵活地调整活动计划和走向。
	B3 自主开放的过程实施	C6 保障每一个幼儿充足的自主探索时间和机会	1. 以游戏为基本活动,最大限度支持和满足幼儿通过直接感知、亲身体验和实际操作获取经验的需要,鼓励幼儿通过思考、交谈、猜想、合作等方式主动探究、解决问题。 2. 给幼儿提供相同的学习机会,考虑特殊幼儿的发展需要并提供差异化支持,保障每一个幼儿都能胜任活动的各个环节。 3. 活动组织形式灵活多变,能与日常游戏、集体活动、大组活动、小组活动和幼儿发起的活动结合。
		C7 引发幼儿深入思考和开放表达	1. 引导幼儿表达自己的真实想法,尊重每一个幼儿的观点和选择。 2. 采用激励、指导、传授、帮助、启发的策略引发幼儿深入思考,鼓励幼儿主动质疑,持续追问。

(续表)

一级要素	二级指标	三级观测点	评价标准
A2 师幼互动	B4 温暖和充满爱的氛围	C8 保持积极愉快的情绪状态	1. 班级整体氛围令人感到舒适、愉快，表现出积极的关注（如微笑、点头、用眼神交流、蹲下）、仔细倾听、亲切交谈等。 2. 班级幼儿彼此之间经常互相关心、互相帮助（如互相帮助穿衣服、背书包等），呈现出温暖有爱的氛围。
		C9 彼此间互相关心、互相帮助	
	B5 倾听并回应幼儿	C10 关注幼儿，及时觉察幼儿的情绪和行为	1. 关注幼儿行为，觉察幼儿遇到的困难和问题，能一对一倾听并真实记录幼儿的想法和体验。 2. 对幼儿的行为给予接纳、倾听、理解，及时鼓励幼儿的积极行为，帮助幼儿获得愉快的情感体验。 3. 让幼儿自己解决冲突，采用客观公正的方式对待幼儿的冲突问题，认同、理解幼儿的感受。 4. 幼儿在一日活动中是自信、从容的，能放心大胆地表达真实情绪和不同观点。
		C11 鼓励并支持幼儿的表达	
		C12 倾听并回应幼儿的想法与问题	
	B6 关注、理解幼儿的行为表现	C13 理解、鼓励幼儿的主动探索	1. 善于抓住各种偶然的教育契机，倾听并回应幼儿的想法与问题，通过开放性提问、推测、讨论等方式，支持和拓展每一个幼儿的学习。 2. 发现每个幼儿的优势和长处，认可每一名幼儿的成就，促进幼儿在原有水平上发展。 3. 重视幼儿通过绘画、讲述等方式对自己经历过的游戏、阅读图画书、观察等活动进行表达表征。
		C14 尊重个体差异，认可每一名幼儿的成就	
		C15 鼓励幼儿大胆运用语言、绘画、动作等进行表征	
	B7 支持拓展幼儿的想法和学习	C16 为幼儿提供机会，鼓励幼儿自主选择游戏材料、同伴和玩法	1. 为幼儿提供机会，鼓励幼儿自主选择游戏材料、同伴和玩法，以自己独特的方式使用材料，支持幼儿参与一日生活中与自己有关的决策。 2. 始终坚持观察和倾听幼儿，通过观察、讨论、模仿示范等理解支持和拓展幼儿在活动中的想法及行为。 3. 认真观察幼儿在各类活动中的行为表现，必要时进行记录，根据一段时间的观察，对幼儿的发展情况和需要作客观全面的分析，提供适宜、持续的支持。
		C17 能提供更多的活动情境和材料，拓展幼儿的学习经验	
		C18 能及时、持续地与幼儿进行交流	

(续表)

一级要素	二级指标	三级观测点	评价标准
A3 环境支持	B8 制度化的安全保障	C19 有安全巡查制度,并定期进行安全排查	1. 幼儿园有场所和设施设备清洗消毒、维修保养等安全保障制度,有专门人员对幼儿园所有环境角落的安全性进行常态化和周期性的巡查,杜绝潜在的安全隐患,杜绝威胁幼儿园安全的因素。 2. 幼儿园应该重视环境中的安全教育,通过张贴醒目、易懂的安全标识,提高幼儿自我保护的意识和能力。
		C20 有醒目、易懂的安全标识	
	B9 幼儿本位的空间设计	C21 充分利用幼儿能到达的全部角落	1. 幼儿园环境创设的范围应该覆盖幼儿能够到达的各个角落,包括走廊、盥洗室和园舍的各个隐蔽角落。 2. 幼儿园的室内外空间应该能够保障幼儿个人、小组、集中等多种类型的活动空间,考虑声音、光线等对幼儿活动的影响以及各种天气条件下的活动需要。 3. 幼儿园的室内外空间之间有一定的分界,也有一定联系,便于幼儿辨认走动和区域联动。 4. 幼儿园应该打造室内外私密的、半封闭的空间,满足幼儿安静、稳定的安全感需要。 5. 考虑幼儿对环境外观、形状、颜色的喜好,将丰富的视觉、听觉、触觉体验融入其中,创设幼儿喜欢的、有美感的空间环境,感受环境带来的创造力、想象力、人文关怀和审美体验。
		C22 满足不同类型、不同天气的活动需要	
		C23 满足幼儿的情感和审美需要	
	B10 支持自主探究的材料投放	C24 符合幼儿的年龄特点并促进幼儿发展	1. 设施设备规格符合幼儿的年龄特点,体现挑战性,有利于引发幼儿的游戏和探索活动,促进幼儿与周围环境的积极互动。 2. 设备材料收纳整洁、有序陈列,便于幼儿参与整理;能考虑特殊幼儿的需要进行相应调整,保证所有幼儿都能自由地使用和取放。 3. 注重体现中国传统文化、现代生活特色和地域文化的有机结合。
		C25 材料放在幼儿看得见并能自主取放的地方	
		C26 体现传统文化、现代生活及地域文化特征	
	B11 采纳幼儿意见进行创设调整	C27 采纳幼儿的环创意见,组织环创教研	1. 应通过常态化环创教研,组织和帮助教师反思环创现状,明确下一步环创改造方案,通过研讨的形式增强其完备性和可行性。 2. 应通过观察、追问、倾听,了解幼儿在环境中的活动感受、体验、状态、表现和想法,为动态调整环境提供可靠依据。通过幼儿会议、投票、访谈等方式,充分尊重并采纳幼儿的环创意见。
		C28 幼儿参与环境创设	

(续表)

一级要素	二级指标	三级观测点	评价标准
A3 环境支持	B11 采纳幼儿意见进行创设调整	C28 幼儿参与环境创设	3. 为幼儿提供适宜的材料、便利的条件，满足幼儿通过设计、动手操作等方式参与到环境创设的过程中。
	B12 根据幼儿兴趣和生活环境变化持续更新	C29 能持续支持幼儿的兴趣和需要	1. 根据幼儿兴趣、发展需要，增加环境中的教育信息，提供新的探索材料，为幼儿提供新的刺激和持续的探究支持。
		C30 体现季节、社会热点和探究主题的变化	2. 能够根据季节、主题的变化和当下的社会环境等及时补充、更新和调整环境。
A4 家园社协同	B13 有温度的情感联结	C31 能换位思考，尊重理解彼此的想法	1. 尊重家长是幼儿的第一任老师的地位，切实把家长作为重要的教育资源，倾听、尊重、回应家长的各种想法和建议，解答家长问题。 2. 家长尊重幼儿园教育工作的专业性，支持幼儿园工作。 3. 幼儿园了解社区的育人目标与整体规划，积极配合社区教育工作的开展。社区关怀幼儿园，尊重幼儿园教育工作的专业性，积极寻求机会，开展教育合作。
		C32 形成信任、合作的伙伴关系	
	B14 对幼儿成长达成共同追求	C33 有多渠道的交流方式	1. 幼儿园和班级依托现代信息技术，搭建线上线下多元沟通渠道（如：QQ/微信、电话、班级园级家委会、家长会、家长沙龙、家访、面谈等）。 2. 教师主动、及时地向家长沟通园所活动及幼儿发展情况（如，每日幼儿精彩活动，每周幼儿学习游戏内容，每月幼儿主题活动，每学期园所和班级计划等），主动了解家长需求。 3. 家长主动向教师了解幼儿在园情况，和教师沟通幼儿在家情况。 4. 幼儿园专人对接社区，定期和社区主动沟通（如，每月与社区联系，互通资源信息，寻求合作机会，共促成长）。 5. 幼儿园与社区密切联系，明确共同育人目标及社区良好育人环境的创设要求，了解社区家庭教育指导服务的相关需求。 6. 幼儿园成为家园社沟通桥梁，让家长了解社区资源和重要事件，让社区了解家长需求，推动家园社育人理念走向协调统一。
		C34 主动分享幼儿的成长情况	

(续表)

一级要素	二级指标	三级观测点	评价标准
A4 家园社协同	B15 乐于分享彼此资源	C35 积极关注彼此的资源需求 C36 能提供资源共享的机会	1. 通过问卷、座谈、线上交流等多种方式，主动了解家长需求，根据幼儿的成长需要和家长需求，提供多元化家庭教育指导服务（如，家长开放日、家长成长课堂、亲子活动等），鼓励家长积极参与，帮助家长提升科学育儿水平，促进家园共育。 2. 家长推荐并成立家长委员会，自主、自愿开展家园共育活动（如，入园巡查、课程协助、膳食建议等），主动与园方增进了解和联系，提出合理建议，促进园方优化工作，并根据幼儿园和班级活动需求，主动积极提供相关资源。 3. 在教育行政部门的指导下，为家庭教育指导服务站点开展公益家庭教育指导服务活动提供支持。 4. 明晰社区的自然、社会和文化等资源的提供情况以及合作途径。广泛与图书馆、博物馆、文化馆、纪念馆、美术馆、科技馆、体育场馆、青少年宫、幼儿活动中心等公共文化服务机构和爱国主义教育基地联系，协同组织家庭教育宣传、家庭教育指导服务和实践活动。

二、幼儿园教育评价工具的开发

（一）《新幼集团过程质量评价量表》[①]

该量表的评价指标采用了水平等级制，以体现指标的层次性。

1. 幼儿园活动组织过程质量评价表使用说明

评价人员

幼儿园管理者、教师导师。

评价目的

通过幼儿园管理者、教师导师与教师之间的对话交流，推动教师的专业成长，帮

---

① 该评价工具被列为全国教育科学"十四五"规划 2021 年度教育部重点课题："高质量视域下幼儿园过程评价标准与实践机制研究"（编号：DHA210319）。

助提升班级活动组织过程质量。

评价频率

1个月1名教师至少对话交流1次。

评价流程

① 与教师形成温暖、信任、支持的关系。

② 评价前与教师共同商定本次对话的原因、目的、形式、方法,让教师对评价内容有清晰的预期。

③ 评价结束后填写《教师成长记录表》,与教师共享结果,为教师提供意见和建议。

④ 鼓励教师制定自己的计划,与教师共同商定下一步成长目标。

⑤ 与教师约定时间进行成长目标的反馈。

评价说明

① 每条观测点都对应几条具体表现,判定标准如下:A. 水平1表现出现1条或水平3表现≤1/2,判定此观测点为"水平1";B. 没有出现水平1表现且水平3表现>1/2,判定此观测点为"水平2";C. 水平3表现完全满足或水平5表现≤1/2,判定此观测点为"水平3";D. 水平3表现完全满足且水平5表现>1/2,判定此观测点为"水平4";E. 水平5表现完全满足,判定此观测点为"水平5"。

② 水平1表现占比最多,评价结果为"不适宜";水平2表现占比最多,评价结果为"合格";水平3表现占比最多,评价结果为"中";水平4表现占比最多,评价结果为"良";水平5表现占比最多,评价结果为"优"。(如2个水平表现占比相当,则根据相邻水平的占比进行判断)

2. 表格具体内容

表 5-2-2 幼儿园活动组织过程质量评价表

评价人：_____ 评价对象：_____ 评价时间：_____ 评价结果：_____

根据观察判断本条目的水平表现，并给出评价。

	水平 1 表现	水平 2 表现	水平 3 表现	水平 4 表现	水平 5 表现
体现育人目标的活动设计 观测点 1 体现国家教育方针和社会主义核心价值观	a. 教师的教学设计没有贯彻党的教育方针，没有落实立德树人根本任务。（W） b. 教师的教学设计没有关注或仅关注了幼儿德智体美劳单一方面的发展。（W）		a. 教师的教学设计部分贯彻党的教育方针，部分落实立德树人根本任务，将社会主义核心价值观部分融入教育教学目标。（W） b. 教师的教学设计部分关注了幼儿学习与发展的整体性、全面性。（W）		a. 教师的教学设计全面贯彻党的教育方针，能够落实立德树人根本任务，将社会主义核心价值观切实融入教育教学目标。（W） b. 教师的教学设计整体性和全面性，注重幼儿品德和行为习惯的养成，培育幼儿爱父母长辈、爱老师同伴、爱集体、爱家乡、爱党爱国的情感，支持幼儿德智体美劳全面协调发展。（W）
观测点 2 考虑每个幼儿的能力、经验、兴趣和生活背景	a. 教师的教学设计没有遵循幼儿身心发展规律和学前教育规律。（O/W） b. 没有体现出幼儿在健康、语言、社会、科学、艺术等领域的发展特点与核心经验。（O/W） c. 教师在教学中把自己的观点强加给幼儿，决定幼儿应该学什么和做什么。（O/W）		a. 教师的教学设计部分遵循幼儿身心发展规律和学前教育规律。（O/W） b. 部分体现出理解幼儿在健康，语言，社会，科学，艺术等领域的发展特点与核心经验。（O/W） c. 教师的教学设计内容部分考虑和支持幼儿的兴趣。（O/W）		a. 教师的教学设计充分遵循幼儿身心发展规律和学前教育规律，尊重幼儿个体差异。（O/W） b. 充分体现出理解幼儿在健康，语言，社会，科学，艺术等领域的发展特点与核心经验。（O/W） c. 教师的教学设计内容全部考虑和支持幼儿的兴趣，能够借助观察、访谈、马赛克方法了解幼儿的发展需求和活动期待，与幼儿共同商定活动内容和活动计划。（O/W/Q）

（注：表格中 O 表示"观察"，W 表示"文本"，Q 表示"提问"。）

（续表）

	水平1表现	水平2表现	水平3表现	水平4表现	水平5表现
	d. 教师的教学内容没有联系幼儿在家庭、幼儿园、社会生活中的经验。(O/Q)		d. 教师的教学内容部分联系幼儿在家庭、幼儿园、社会生活中的经验，部分体现出注重课程开发，如利用家长资源、自然资源、社会资源等拓展课程内容。(O/Q)		d. 教师的教学内容全部紧密联系幼儿在家庭、幼儿园、社会生活中的经验，充分体现出注重课程开发，如利用家长资源、自然资源、社会资源等拓展课程内容。(O/Q)

整体连续的活动内容

	水平1表现	水平2表现	水平3表现	水平4表现	水平5表现
观测点3 注重五大领域活动全面覆盖和有机整合	a. 活动内容没有关注幼儿学习和发展的整体性，没有注重健康、语言、社会、科学、艺术五大领域的全面覆盖和有机整合。(O/W)		a. 活动内容部分关注幼儿学习和发展的整体性，一定程度上注重健康、语言、社会、科学、艺术五大领域的全面覆盖和有机整合。(O/W)		a. 活动内容关注幼儿学习和发展的整体性，注重健康、语言、社会、科学、艺术五大领域的全面覆盖和有机整合。(O/W)
观测点4 做好幼小衔接，帮助幼儿向小学顺利过渡	a. 活动内容没有关注幼儿学习和发展的连续性，不注重幼小科学衔接。(O/W)		a. 活动内容部分关注幼儿学习和发展的连续性，一定程度上注重幼小科学衔接。(O/W)		a. 关注幼儿学习和发展的连续性，注重科学的幼小衔接。在大班下学期采取多种形式有针对性地帮助幼儿做好身心、生活、社会和学习等多方面的准备，建立对小学的积极期待和向往，促进顺利过渡。(O/W)

201

(续表)

自主开放的过程实施

		水平1表现	水平2表现	水平3表现	水平4表现	水平5表现
观测点5 能根据实际情况调整活动计划	a. b.	教师教学材料的准备不充分,没考虑活动环境的实际需要。(O) 教师忽视幼儿在教学过程中的表现,期望幼儿按预期的方式参与活动。(O/W)		教师教学材料的准备基本符合活动环境的实际需要。(O) 教师有时关注幼儿在教学过程中的表现,允许幼儿按自己的发展水平和节奏参与活动。(O/W)		教师教学材料的准备和环境符合活动的实际需要,并能根据实施过程中的具体条件适时做出调整。(O) 教师始终关注幼儿在教学过程中的表现,期待并鼓励幼儿用自己独特的方式进行表现。(O/W)
观测点6 保障每一个幼儿充足的探索时间和机会	a. b. c.	教师的教学设计没有或几乎没有可以游戏为基本活动。(O) 教师几乎没有提供幼儿可以直接接触的材料或提供的是幼儿无法直接接触到的材料。(O) 教师不支持,不拓展幼儿在小组、个别、集体活动中的想法和行为。(O)		教师的教学设计部分以游戏为基本活动。(O) 教师提供了一些幼儿可以直接接触的材料,但材料引发幼儿感知和体验活动较为单一。(O) 教师采取一些策略支持或拓展幼儿在小组、个别和集体活动中的想法及行为。(O)		教师的教学设计珍视生活和游戏的独特价值,始终坚持以游戏为基本活动。(O) 教师为幼儿提供了多种可直接接触的材料,并能引发幼儿多种感知的体验,保障每一位幼儿的探索时间。(O) 教师引导日常游戏、集体活动、大小组活动和个别化活动形式灵活多变,小组活动和幼儿发起活动相结合,保障每一名幼儿有最大化的学习机会。(O)
观测点7 引发幼儿深入思考和表达	a. b.	教师不给幼儿主动探究的机会,幼儿大部分时间只是在安静倾听。(O) 教师仅使用一种可被识别的教育模式或方法,如示范、体验、尝试、提问(封闭性问题)或只设标准答案的问题。(O)		教师有时给予幼儿主动探究的机会,但仅是执行规定的程序和要求。(O) 教师有时使用示范、尝试、体验、提问(即问题也有开放性的)等一种或多种可被识别的教育模式或方法。(O)		教师始终给予幼儿主动探究的机会,始终能支持幼儿自己发现和探索。(O) 教师始终使用示范、体验、尝试、提问(即能发现问题)、鼓励及开放性思考(问题的想法和方法、鼓励幼儿综合运用多种方式表达自己的观点、引发幼儿深入思考,帮助幼儿提升已有经验。(O)

表 5-2-3 幼儿园师幼互动过程质量评价表

评价人：_____ 评价对象：_____ 评价时间：_____ 评价结果：_____

根据观察判断本条目的水平表现，并给出评价。

	水平 1 表现	水平 2 表现	水平 3 表现	水平 4 表现	水平 5 表现
温暖和充满爱的氛围					
观测点 1 保持积极愉快的情绪状态	a. 教师与幼儿互动时，表现出消极的情绪。(O) b. 幼儿情绪低落，或表情紧张不稳定。(O)(至少 2 个例子)		a. 教师在一日活动中能保持稳定良好的情绪状态，对待幼儿有耐心和包容心。(O) b. 大部分幼儿情绪稳定，个别幼儿有消极情绪，在教师的安抚下能够较快缓解。(O)		a. 教师能保持积极、乐观、愉快的情绪状态，热情地与幼儿交流，用眼神交流，点头、微笑、蹲下等，以支持的态度回应幼儿的需要。(O) b. 幼儿每位幼儿都能保持自信，从容的情绪状态，愿意参与新的有挑战性的活动。(O)
观测点 2 彼此间互相关心、互相帮助	a. 教师对心心不心、漠不关心。(O) b. 幼儿心情不好时不会去找教师。(O) c. 教师不给有困难的幼儿提供帮助。(O) d. 大部分幼儿之间不会互相帮助。(O/Q)		a. 教师有时关心心情不好的幼儿。(O) b. 幼儿心情不好时，有时主动找教师。(O) c. 教师偶尔给有困难的幼儿提供帮助。(O) d. 大部分幼儿之间会互相帮助。(O/Q)		a. 教师关心心情不好的幼儿。(O) b. 幼儿求帮助时，会去找教师。(O) c. 教师特别关注有困难的幼儿，及时提供帮助。(O) d. 幼儿之间经常表现出互相关心、互相帮助的情形。(O/Q)
倾听并回应幼儿					
观测点 3 关注幼儿，及时觉察幼儿的情绪和行为	a. 教师不关注幼儿的行为。(O/Q) b. 教师不能觉察或忽视幼儿遇到的困难和问题。(O/Q) c. 幼儿不敢或没有机会表达自己的情绪。(O/Q"提问")		a. 教师有时关注幼儿的行为。(O/Q) b. 教师有时会觉察到幼儿遇到的困难和问题。(O/Q) c. 幼儿偶尔愿意表达自己的情绪。(O/Q)		a. 教师随时关注幼儿的行为。(O/Q) b. 教师能够及时觉察并主动关注幼儿遇到的困难和问题。(O/Q) c. 幼儿大胆表达自己的情绪。(O/Q)

（注：表格中 O 表示"观察"，Q 表示"提问"。）

（续表）

	水平1表现	水平2表现	水平3表现	水平4表现	水平5表现
观测点4 鼓励并支持幼儿的主动表达	a. 教师忽视幼儿之间的交谈。(O/Q) b. 教师直接发出指令,幼儿没有表达表现的机会。(O)		a. 教师有时观察和倾听幼儿。(O/Q) b. 教师与幼儿偶尔会有表达的机会。(O)		a. 教师与幼儿轮流发起谈话。(O/Q) b. 幼儿自主大胆地表达表现。(O)
观测点5 倾听并回应幼儿的想法与问题	a. 当幼儿提出自己的想法时,教师忽视或不认同幼儿的想法。(O) b. 教师提出封闭性问题,总是站在成人的角度。(O/Q)		a. 当幼儿提出自己的想法时,教师有时倾听并回应幼儿的想法。(O) b. 教师提出封闭性和开放性相结合的问题。(O/Q)		a. 当幼儿提出自己的想法时,教师能倾听、理解、接纳、认可。(O) b. 教师通过开放性问题予以回应。(O/Q)
关注、理解幼儿的行为表现					
观测点6 理解、鼓励幼儿的主动探索	a. 当幼儿表现出主动探索的行为时,教师选择忽视或是直接把自己的观点强加给幼儿。(O) b. 不为幼儿提供自己解决问题的机会,直接替幼儿解决问题。(O)		a. 当幼儿出现主动探索行为时,教师有时会鼓励幼儿的兴趣。(O) b. 有时会给予幼儿自己解决问题的机会。(O)		a. 在一些活动或事务中,教师允许幼儿的想法和计划行动,并提供必要的支持。(O)(至少有1个远期的例子) b. 鼓励幼儿深入探索,支持幼儿自主解决问题。(O)
观测点7 尊重个体差异,认可每一名幼儿的成就	a. 教师以同一种标准要求所有幼儿,总是看到片面或直接指出幼儿的缺点。(O)		a. 教师关注到部分幼儿的个体差异,有时会特别关注能力差的幼儿,表扬幼儿的进步表现。(O)		a. 教师充分尊重每一名幼儿的个别差异,持续关注每位幼儿的优点和进步,为每一名幼儿提供平等的机会,能够客观、公正地认可每一名幼儿的优点和进步。(O)

（续表）

	水平 1 表现	水平 2 表现	水平 3 表现	水平 4 表现	水平 5 表现
观测点 8 鼓励幼儿大胆运用语言、绘画、动作等方式进行表征	a. 教师没有或很少给予幼儿沟通和表达的机会。（O） b. 幼儿不会表达自己的活动感受，教师不注重绘画、讲述等表达自己的机会。（O）		a. 在一日生活与活动中，幼儿有较多的、不同情境及形式的言语交流和表达的机会。（O） b. 幼儿偶尔可以通过绘画、讲述等方式表达自己的活动感受，教师有时给予幼儿通过绘画、讲述来表达的机会。（O）		a. 教师有意识地为语言发展明显不同的幼儿（如语言发展迟缓，母语非汉语）提供个别化支持，促进其语言学习和发展。（O） b. 幼儿总是积极主动地表达自己的活动感受，教师总是给予幼儿通过绘画、讲述等方式进行表达的机会。（O）
支持拓展幼儿的想法和学习					
观测点 9 为幼儿提供机会，鼓励幼儿自主选择游戏材料、同伴和玩法	a. 当幼儿有自己的游戏想法时，不能自主选择并开展游戏。（O） b. 教师规定游戏材料和玩法，幼儿只能按教师的计划开展（如"那些孩子是用来申的、不是用来玩娃娃家的"）。（O）		a. 当幼儿有自己的游戏想法时，教师有时会让幼儿自主选择游戏材料、同伴和玩法。（O） b. 教师偶尔会鼓励幼儿探索材料的多种玩法。（O）		a. 当幼儿有自己的游戏想法时，教师鼓励幼儿按照自己的想法开展游戏。（O） b. 教师为幼儿提供可选择的游戏情境和方式支持幼儿的自主游戏和探索。（O）
观测点 10 能提供更多的活动材料、情境和机会，拓展幼儿的学习经验	a. 教师向幼儿提出的问题大多是封闭式的。（O） b. 教师忽视幼儿的学习内容与幼儿最近发展区表现和学习水平不匹配。（O）		a. 教师向幼儿提出开放性问题，引导和鼓励幼儿说出自己的想法，解释某种现象或行为背后的原因。（O） b. 教师有时会关注幼儿的学习经验并适当拓展，在活动中对幼儿的想法和行为给予一些支持。（O）		a. 教师提出的开放性问题具有一定的挑战性，能启发性思考、需要幼儿运用分析、比较、归纳等方式作出回答。（O） b. 教师关注幼儿的综合表现开展适宜的活动，注重幼儿学习经验的拓展。（O）

205

(续表)

观测点11	水平1表现	水平2表现	水平3表现	水平4表现	水平5表现
能及时、持续地与幼儿进行交流	a. 教师对幼儿的情感回应基本上是负面的（如冷漠、批评、否定）。(O) b. 面对幼儿在活动或学习中遇到的问题或困难，教师的回应敷衍了事，无法给予有意义的引导和反馈。(O) c. 师幼间不能围绕同一话题进行持续、来回的对话交流。(O)		a. 教师关注并安慰情绪低落的幼儿，以温和的态度回应幼儿，鼓励幼儿的积极行为和活动参与。(O) b. 教师关注幼儿的活动与学习过程，必要时给予一些暗示和帮助。(O) c. 师幼间偶尔持续、来回地围绕同一话题进行交流，教师有时会将幼儿的某一表现与前几次经验联系起来，偶尔反馈幼儿的表现。(O/Q)		a. 教师对幼儿的持续探究过程和发现、创造性作品和成果表现出热情关注及支持，激发幼儿进一步探究和创造。(O)（至少1个例子） b. 师幼间有较多的个别化回应与持续的交互式交流，教师能够联系幼儿以往的行为表现和前几次的经验，进行持续的反馈交流。(O)（至少3个例子）

206

表 5-2-1 幼儿园环境支持过程质量评价表

评价人：_____ 评价对象：_____ 评价时间：_____ 评价结果：_____

根据观察判断本条目的水平表现，并给出评价。

	水平1表现	水平2表现	水平3表现	水平4表现	水平5表现
观测点1 有安全巡查制度，并定期进行安全排查	a. 室内外游戏区缺乏安全性和环保性，存在明显的安全和健康隐患（如设备损坏、钉子外露、缓冲地面不够等）。（O） b. 各种场所和设施设备的清洗消毒、维修保养没有专门的安全保障制度。（Q/W）		a. 室内外游戏区具有一定的安全性和环保性。（O） b. 幼儿园部分场所和设施设备的清洗消毒、维修保养等有安全保障制度。（W） c. 幼儿园管理人员不定期会对幼儿园所有环境角落的安全性进行巡查。（O/Q） d. 教师能够做到有时在活动中观察巡视，但环境中仍存在一定的安全隐患。（O）		a. 室内外游戏区具备绝对的安全性和环保性。（O） b. 幼儿园有完备的场所和设施设备的清洗消毒、维修保养安全保障制度。（W） c. 有专门人员对幼儿园所有环境角落的安全性进行常态化和周期性的巡查。（O/Q） d. 教师能够做到经常在活动中观察巡视，并及时采取措施消除潜在的安全隐患。（O）
观测点2 有醒目、易懂的安全标识	a. 教师不关注幼儿的活动情况，不能预见和觉察活动中的危险。（O） b. 幼儿园室内外环境中没有醒目、易懂的安全标识。（O）		a. 教师有时能够关注幼儿的活动情况，预见和觉察活动中的危险。（O） b. 部分幼儿园室内外环境中有醒目、易懂的安全标识。（O）		a. 教师经常能够关注幼儿的活动情况，预见和觉察活动中的危险，并及时对幼儿开展相应的安全教育。（O） b. 幼儿园室内外环境中随处可见醒目、易懂的安全标识。（O）

（注：表格中 O 表示"观察"，W 表示"文本"，Q 表示"提问"。）

(续表)

幼儿本位的空间设计

	水平1表现	水平2表现	水平3表现	水平4表现	水平5表现
观测点3 充分利用幼儿能到达的全部角落	a. 幼儿园空间设计规划的范围没有考虑幼儿能到达的各个地方。（O/W）		a. 幼儿园空间设计规划的范围包括了幼儿能到达的大部分地方。（O/W）		a. 幼儿园空间设计规划的范围覆盖幼儿能够到达的各个角落，包括走廊、盥洗室和园舍的各个隐蔽角落。（O）
观测点4 满足不同类型、不同天气的活动需要	a. 室内外游戏区狭窄，设施设备的摆放不能保障幼儿的活动。（O） b. 户外活动场地不合理，大部分活动场地夏天没有遮荫、冬季没有阳光。（O） c. 室内外游戏区空间有限，幼儿自由活动受到阻碍。（O）		a. 室内外游戏区比较宽敞，设施设备的摆放基本能保障幼儿的活动。（O） b. 户外活动场地基本合理，大部分活动场地夏天有遮荫（或有人工遮荫）、冬季有阴光。（O） c. 室内外游戏区的设计使大部分活动开展时幼儿不会相互干扰。（O/Q）		a. 室内外游戏区宽敞不会妨碍幼儿的活动。区域之间有一定的分界，也有一定的联系，便于幼儿辨认、走动和联动。（O） b. 户外活动场地位置合理，除集体活动的场地外，还有分班活动的场地。（O） c. 室内外空间能够保障幼儿个人、小组、集中等多种类型的活动空间，考虑声音、光线等对幼儿活动的影响以及各种天气条件下的活动需要。（O/Q）

(续表)

	水平 1 表现	水平 2 表现	水平 3 表现	水平 4 表现	水平 5 表现
观测点 5 满足幼儿情感和审美需要	a. 室内外游戏空间形态单一、杂乱繁琐。（O） b. 幼儿园室内外没有私密、半封闭的空间，无法满足幼儿安静、稳定的安全感需要。（O/Q） c. 幼儿园的空间环境没有考虑幼儿对环境外观、形状、颜色的喜好，没有将丰富的视觉、听觉、触觉体验融入其中。（O/Q）		a. 室内外游戏空间形态较为丰富，呈现出一定的层次，变化及趣味。（O） b. 幼儿园室内外有一定的私密、半封闭的空间，部分满足幼儿安静、稳定的安全感需要。（O） c. 幼儿园的部分空间环境考虑幼儿对环境外观、形状、颜色的喜好，将一定的视觉、听觉、触觉体验融入其中。（O/Q）		a. 室内外游戏空间形态非常丰富，呈现出丰富的层次，变化及趣味（如凹凸不平的草坡、山洞等）。（O） b. 幼儿园室内外设有各种私密、半封闭的空间，充分满足幼儿安静、稳定的安全感需要。（O） c. 考虑幼儿对环境外观、形状、颜色的喜好，将丰富的视觉、听觉、触觉体验融入其中，创设能给幼儿带来创造力、想象力、人文关怀和审美体验的空间环境。（O/Q）

支持自主探究的材料投放

	水平 1 表现	水平 2 表现	水平 3 表现	水平 4 表现	水平 5 表现
观测点 6 符合幼儿年龄特点并促进幼儿发展	a. 室内外游戏区大部分的设施设备尺寸不适合幼儿的年龄和活动能力，让幼儿使用很高的篮球架或成人用的滑梯等）。（O） b. 室内个游戏器械只有一个或几个，不能为幼儿提供多样化的活动经验。（O）		a. 室内外游戏区的大部分设施设备的尺寸基本适合幼儿的年龄和活动能力。（O） b. 室内外游戏区有一定的区域划分，能够为幼儿提供多样化的活动。（O）		a. 室内外游戏区所有的设施设备的尺寸适合幼儿的年龄和活动能力，能够支持幼儿安全、自主地探索游戏。（O） b. 室内外的游戏区器械非常充足，能够运用多种自然的和人工的素材及材料，为幼儿提供丰富的感知觉和活动经验，引发幼儿的探索和游戏活动。（O）

(续表)

	水平1表现	水平2表现	水平3表现	水平4表现	水平5表现
观测点7 材料放在幼儿看得见、能自由取放的地方	a. 室内外的游戏材料没有可供幼儿辨认的标识。(O) b. 材料放在幼儿够不着的地方，通常是由成人拿出来。(O)		a. 室内外的部分游戏材料有可供幼儿辨认的标识。(O) b. 幼儿可以自由拿取部分材料。(O)		a. 室内外所有的游戏材料都有可供幼儿辨认的标识。(O) b. 能考虑特殊幼儿的需要进行相应调整，保证所有幼儿都能自由地使用和取放材料。(O)
观测点8 体现传统文化、现代生活及地域文化特征	a. 室内外游戏材料和环境布置并不能体现传统文化、现代生活及地域文化特点。(O/Q)		a. 室内外游戏材料和环境布置一定程度上可以体现传统文化、现代生活及地域文化特点。(O/Q)		a. 室内外游戏材料和环境布置可以体现中国传统文化、现代生活特色及地域文化的有机结合，以及班级中个别幼儿的特殊文化背景。(O/Q)

采纳幼儿意见进行创设调整

	水平1表现	水平2表现	水平3表现	水平4表现	水平5表现
观测点9 采纳幼儿的意见、组织环创教研	a. 幼儿园从未进行环创教研。(O/Q) b. 教师几乎不会主动反思环创中存在的问题。(O/Q)		a. 幼儿园不定时会进行环创教研。(O/Q) b. 教师有时会进行环创反思。(O/Q/W)		a. 幼儿园有专门的环创教研制度，能进行常态化环创教研。(W) b. 组织和帮助教师反思环创现状，明确下一步环创改造方案，提升教师环创的能力和水平。(O/Q/W)

(续表)

	水平1表现	水平2表现	水平3表现	水平4表现	水平5表现
观测点10 幼儿参与环境创设	a. 教师几乎不与幼儿进行环境创设方面的讨论。(Q) b. 室内外游戏区域内没有幼儿的作品。(O) c. 大部分环境创设都是成人制作和商业生产的,展示的幼儿作品源于成人的想法或是对成人作品的模仿。		a. 教师有时能与幼儿进行环境创设方面的讨论。(Q) b. 室内外游戏区域内有部分展示作品是源于幼儿兴趣和想法的。(O/Q) c. 环境创设中的部分成人制作物反映或描述了幼儿的兴趣和经验。(Q)		a. 教师总能经常与幼儿进行环境创设方面的讨论,通过环境创设方面的讨论、访谈等方式,鼓励幼儿积极表达自己在环境创设中的意见,投纳幼儿的环创想法并予以呈现。(Q/W) b. 幼儿能通过设计、动手操作等方式随时参与环境创设。(O/Q) c. 室内外游戏区有大量的个性化的幼儿作品。(O)
根据幼儿兴趣和生活环境变化持续更新					
观测点11 持续支持幼儿的兴趣和需要	a. 完全不会根据幼儿的兴趣和需要更新环境材料,现有材料不能支持幼儿的探究需要。(O)		a. 偶尔会根据幼儿的兴趣和需要更新环境中的材料,部分材料能够支持幼儿的探究需要。(O)		a. 根据幼儿的兴趣和需要不断更新环境中的各种材料,为幼儿不断提供新的刺激和持续探究支持。(O)
观测点12 体现季节、社会热点和探究主题的变化	a. 室内外游戏区的环境创设长时间一成不变,或活动区中的材料长时间不更新。(O)		a. 室内外游戏区的环境创设有时会根据主题变化、幼儿的兴趣和探索需要进行更新。(O)		a. 室内外游戏区的环境创设能够根据季节、主题,幼儿兴趣和当下的发展需要等进行补充、更新和调整。(O)

表 5-2-5　幼儿园家园社协同过程质量评价表

评价人：_____　评价对象：_____　评价时间：_____　评价结果：_____

根据观察判断本条目的水平表现，并给出评价。

	水平1表现	水平2表现	水平3表现	水平4表现	水平5表现
有温度的情感联结 观测点1 能换位思考、尊重理解彼此的想法	a. 教师不倾听家长的想法、建议与问题。(O/Q/W) b. 家长不尊重幼儿园以及幼儿园教师工作的专业性。(O/Q/W) c. 幼儿园不了解社区育人目标和整体规划。(Q/W) d. 社区从不和幼儿园联络，不知道幼儿园的情况。(Q/W)		a. 教师倾听家长的想法、建议与问题，但不回应或较少回应。(O/Q/W) b. 家长比较尊重幼儿园以及幼儿园教师工作的专业性。(O/Q/W) c. 幼儿园大致了解社区育人目标和整体规划。(Q/W) d. 社区偶尔和幼儿园联络，了解幼儿园的基本情况。(Q/W)		a. 教师认真倾听家长的想法、建议与问题，并目及时、耐心地回应。(O/Q/W) b. 家长非常尊重幼儿园以及幼儿园教师工作的专业性。(O/Q/W) c. 幼儿园完全了解社区育人目标和整体规划。(Q/W) d. 社区经常和幼儿园联络，关心幼儿园的情况。(Q/W)
观测点2 形成信任、合作的伙伴关系	水平1表现 a. 家长从不支持幼儿园的工作。(W) b. 幼儿园从不配合社区教育工作的开展。(W) c. 社区从不寻求机会与幼儿园开展教育合作。(O/Q)	水平2表现	水平3表现 a. 家长偶尔支持幼儿园的工作。(W) b. 幼儿园偶尔配合社区教育工作的开展。(W) c. 社区偶尔寻求机会与幼儿园开展教育合作。(O/Q)	水平4表现	水平5表现 a. 家长非常支持幼儿园的工作。(W) b. 幼儿园非常配合社区教育工作的开展。(W) c. 社区积极寻求机会与幼儿园开展教育合作。(O/Q)

（注：表格中O表示"观察"，W表示"文本"，Q表示"提问"。）

(续表)

对幼儿成长达成共同追求

	水平 1 表现	水平 3 表现	水平 5 表现
观测点 3 有多渠道的交流方式	a. 家园之间只有单一的沟通渠道。（Q/W） b. 幼儿园从不对接社区，不和社区主动沟通。（Q/W） c. 幼儿园不促进家园社沟通。（Q/W）	a. 家园之间有两到三种沟通渠道。（Q/W） b. 幼儿园偶尔对接社区，和社区主动沟通。（Q/W） c. 幼儿园偶尔推动家园社沟通。（Q/W）	a. 家园之间有丰富的沟通渠道。（如：QQ/微信、电话、家委会、家长会、家长沙龙、家访、面谈等）。（Q/W） b. 幼儿园专人对接社区，定期和社区联系、互通资源信息，寻求合作机会，共促成长。（Q/W） c. 幼儿园成为家园社沟通的桥梁。（Q/W）
观测点 4 主动分享幼儿的成长情况	a. 教师不和家长沟通园所活动及幼儿在园的成长情况。（Q/W） b. 家长从不向教师了解幼儿的在园情况，从不和教师沟通幼儿的在家情况。（Q/W） c. 幼儿园从不与社区交流自己的发展情况。（Q/W）	a. 教师偶尔和家长沟通园所活动或幼儿在园成长情况。（Q/W） b. 家长偶尔向教师了解幼儿在园情况，偶尔和教师沟通幼儿在家情况。（Q/W） c. 幼儿园偶尔与社区交流自己的发展情况。（Q/W）	a. 教师主动及时和家长沟通园所活动及幼儿在园情况。（每日幼儿精彩活动、每周幼儿学习、游戏内容、每月幼儿主题活动、每学期园所和班级计划等）（Q/W） b. 家长主动向教师了解幼儿的在园情况，经常和教师沟通幼儿的在家情况。（Q/W） c. 幼儿园经常主动与社区交流自己的发展情况。（Q/W）

（续表）

乐于分享彼此资源

	水平1表现	水平3表现	水平5表现
观测点5 积极关注彼此的资源需求	a. 幼儿园从不主动了解家长需求。(Q) b. 幼儿园不了解社区的自然、社会和文化等资源的提供情况以及合作途径。 c. 家长从不主动了解幼儿园需求。(Q) d. 社区从不主动了解幼儿园需求。(Q)	a. 幼儿园偶尔主动了解家长需求。(Q) b. 幼儿园知道社区一些自然、社会和文化等资源的提供情况以及合作途径。 c. 家长偶尔主动了解幼儿园需求。(Q) d. 社区偶尔主动了解幼儿园需求。(Q)	a. 幼儿园通过问卷、座谈、线上交流等多种方式，主动了解家长需求。(Q) b. 幼儿园明晰社区的自然、社会和文化等资源的提供情况以及合作途径。(Q) c. 家长经常主动关心幼儿园需求。(Q) d. 社区经常主动关心幼儿园需求。(Q)
观测点6 能提供共享资源的机会	a. 幼儿园不提供教育指导服务，不鼓励家长积极参与多元化的家庭亲子活动或其他活动的机会。(Q/W) b. 家长没有成立家长委员会或家长委员会不主动提供相关教育资源。(Q/W) c. 幼儿园不与图书馆、博物馆、文化馆、纪念馆、美术馆、科技馆、体育场馆、幼儿活动中心等公共文化服务机构和爱国主义教育基地联系，不协同组织家庭教育宣传、家庭指导服务和实践活动。(Q/W)	a. 幼儿园提供一些教育指导服务，有时候鼓励家长积极参与多元化的家庭亲子活动或其他活动。(Q/W) b. 家长成立了家长委员会，但不常开展活动，偶尔提供相关教育资源。(Q/W) c. 幼儿园偶尔与图书馆、博物馆、文化馆、纪念馆、美术馆、科技馆、体育场馆、幼儿活动中心等公共文化服务机构和爱国主义教育基地联系，偶尔协同组织家庭教育宣传、家庭指导服务和实践活动。(Q/W)	a. 幼儿园根据幼儿成长需要和家长需求，提供多元化教育指导服务，创造多种机会鼓励家长积极参与多元化的家庭亲子活动或其他活动。(Q/W) b. 家长成立家委会，主动增进了解和联系，根据幼儿园和班级活动需求，主动积极提供相关教育资源。(Q/W) c. 幼儿园广泛与图书馆、博物馆、文化馆、纪念馆、美术馆、科技馆、体育场馆、幼儿活动中心等公共文化服务机构和爱国主义教育基地联系、协同组织家庭教育宣传、家庭指导服务和实践活动。(Q/W)

(二) 新幼集团过程评价教师自评绘本

以往的评价工具,通常以静态指标作为评价依据,为了建立有温度的评价,在新幼集团园本化过程评价标准的基础上,将静态指标转化为绘本式的过程描述,将各条款转化为同伴对话、指引反馈。《新幼集团过程评价教师自评绘本》让老师既愿意对标自评,又能看懂、做到。生动的卡通形象、贴近教学的语言,把评价标准转化成有趣、有温度的行动指引,从而让每一个教师都能"看见"自己,并以一种积极的心态随时反思自己的教育行为,激发教师成长的内生动力,实现从横向比较到关注纵向成长的转变。

以观测点7"引发幼儿深入思考和开放表达"为例,表5-2-7呈现了该观测点水平1至5的表现。

表5-2-6 新幼集团园本化过程评价标准观测点7的表现

观测点7	水平1表现	水平2表现	水平3表现	水平4表现	水平5表现
引发幼儿深入思考和开放表达	a. 教师不给予幼儿主动探究的机会,幼儿大部分时间只是在安静倾听。(O) b. 教师仅使用一种可被识别的教育模式或方法,如示范、尝试、体验、提问(封闭性问题或只有标准答案的问题)。(O)		a. 教师有时给予幼儿主动探究的机会,但仅是执行规定的程序和要求。(O) b. 教师有时使用示范、尝试、体验、提问(问题有封闭性的也有开放性的)等一种或几种可被识别的教育模式或方法。(O)		a. 教师始终能够给予幼儿主动探究的机会,始终能够发现和支持幼儿自己发现和探索。(O) b. 教师始终使用示范、激励、指导、传授、帮助、尝试、体验以及开放性提问(即是能发现幼儿的想法以及思考过程的问题)等多种综合教育模式或方法,鼓励幼儿表达自己的观点,引发幼儿深入思考,帮助幼儿提升已有经验。(O)

根据三级观测点五级水平的具体表现,将每一个观测点用绘本的方式进行转变,利用比较轻松的图文呈现方式让教育者直观了解,实现教师成长。观测点7由两个精细指标构成,转化之后对应了绘本中的两页(见图5-2-1、图5-2-2)。

观测点7：引发幼儿深入思考和开放表达

图 5-2-1 《新幼集团过程评价教师自评绘本》观测点 7(1)

观测点7：引发幼儿深入思考和开放表达

图 5-2-2 《新幼集团过程评价教师自评绘本》观测点 7(2)

教师对照每一页绘本中的图文，以涂画"爱心"的方式进行自我评价。在活动组织的过程评价中，每一条精细指标都用生动的卡通形象、贴近教学场景的语言进行转化。绘本式的评价方式能够将文字指标转化为通俗易懂的图画，是有温度的一种多元表达方式。

第三节 幼儿园教育评价的实施

一、幼儿园教育评价实践机制

新幼集团基于过程评价标准和多元评价工具,进行了评价实践机制的探索,搭建了线下"评—研—长"和云端"小红花"两个成长闭环,实现了评价结果能促发展。

(一)建立"评—研—长"一体化教师成长闭环,以评促教赋能教师成长

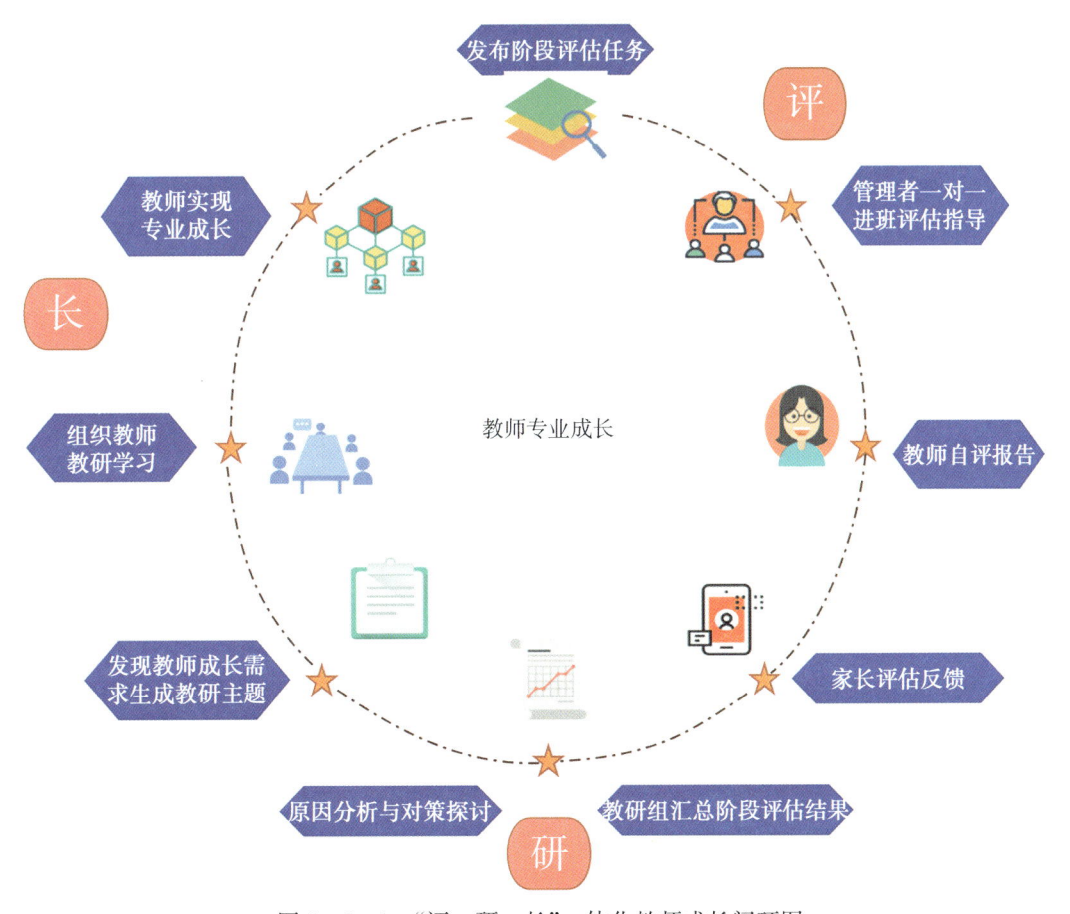

图5-3-1 "评—研—长"一体化教师成长闭环图

1. 评：不同主体开展不同形式的对标评

《幼儿园保育教育质量评价指南》明确指出要着力从突出过程评价、强化自我评价和聚焦班级观察三方面改进优化评价方式。它揭示了教师评价应将评价的过程自然地融入教育实践，融入教师的教育教学常态及儿童的一日生活中，并伴随着教学场景开展不同受众体参与的多维客观评价。

（1）管理者、家长运用幼儿园过程评价指标开展他评

管理者评价是较客观也是最常见、最主要的评价方式。管理者评价具有权威性，更容易让教师引起重视，有利于提升教师的教学责任感。管理者运用《新幼集团过程质量评价量表》，通过推门听课、巡班指导、半日观察等方式完成他评，用量化的数据对幼儿园过程质量进行评价管理。评价信息采集在半日活动观察后形成，利用多元整合文本、观察、访谈等方式进行信息采集。这样的信息采集方式及内容来源均体现了过程性、综合性和多元性。

家长作为幼儿园教育的合作者，也应成为教师评价的组成部分。家长评价不仅能帮助家长更全面了解儿童在园情况，增强家园合作共育的意识，提升共育能力，还能为幼儿园提供教育改进的决策和建议，驱动教师提升教学能力。氤氲在科学教育评价观下的新幼家长则成为了管理者的同行者，他们真正践行评价的权利与使命。家长与管理者用同一评价量表一同进班推门听课、巡班指导，进入日常教学场景中，切身投入半日观察。这种方式帮助家长在履行他评职责的同时，也在跟随管理者学习运用评价指标，进而深化对儿童教育的认识，提升自身的教育能力。

（2）教师运用新幼集团过程评价教师自评绘本开展自评

教师自评是自省反思的过程。教师自评可以发挥教师的主体意识，提高评价参与度，实现实时规范约束，最终促进专业发展。① 为了拉近评价标准与教师之间的距离，激发教师的自评愿望，新幼集团用生动的卡通形象、贴近教学场景的语言，将《新幼集团过程质量评价量表》中的文字内容转化为有趣且有温度的图画行动指引。教师逐一对照进行自评自省。

---
① 高宏钰,许文洁,刘昊,等.自评与他评双视角下幼儿园教师观察能力的现状与提升策略[J].幼儿教育,2023(27):30-35.

观测点5：能根据实际情况灵活调整计划

图5-3-2 《新幼集团过程评价教师自评绘本》观测点5

管理者评价、家长评价等三方他评主体相对固定、标准一致，可提供横向比较的参考依据，能较为客观地捕捉并反映教师的教学问题。教师自评具有主观性，评价主体间有个体差异，但可自省个体纵向发展的细微变化，随时发现自身教学问题。同一标准的不同主体与不同维度的评价发挥着各具价值的导向作用，使得评价面向全体、涵盖全面、保障全程。

2. 研：不同内容不同平台的精准研

教师的自我反思、同伴互助以及专业引领被看成是开展园本教研、促进教师专业化成长的三种基本力量。[①] 教师自我反思为主的"研"是"评—研—长"一体化闭环评价模式的重要一环，强调运用个体学习吸收和反思改进解决评价反馈的问题。教师通过"研"这一环节，改进更新教学理念，提升自我认知，丰富教学策略，撬动教学行为的改进，从而无限靠近高质量的教学标准。针对不同的学习内容，新幼集团创设了三大学习平台，驱动靶向高效学习。

第一，"春风龙门阵"促进案例研究、策略研讨。"春风龙门阵"是指教师就评价中反馈问题的解决方案、优秀案例、有效策略通过议题谈话、交流答疑等交互信息的方式进行思想碰撞、互学互促，共商、共建、共享最优经验。比如"支持性、开放性材料"选择原则、投放策略就是采用这一教研形式，每位老师们展示自己创设的案

[①] 刘占兰.改善在职幼儿园教师培训过程与方式的研究[J].幼儿教育（教育科学版），2006（01）：29-33.

例,交流自己的创设经验,梳理提炼经验,形成新幼集团区角材料的选择标准、投放策略。

第二,"晒一晒课程节"促进课例研磨、同课异构。"晒一晒课程节"是针对评价反馈的教学设计、教学组织、教学实施等问题开展的课例展示研讨活动。新幼集团依据多年对幼儿园教师成长过程的观察、研究,参考《幼儿园教师专业标准(试行)》中的各种能力要求,将教师分为适应型教师、熟练型教师、骨干型教师、名师型教师四个层级。处于不同阶段的教师会遇到一些共性问题,园所会集中围绕其需求开展共同学习培训。适应型教师以"有序安全地组织活动"为教学成效,熟练型教师以"有质量的教学活动"为教学要求,骨干型教师以"有亮点的区域课程"为载体,各层级教师开展同课异构、课例研磨活动,其中的优质课例将亮相于每年一届的"晒一晒课程节"。"晒一晒课程节"激发教师开展基于自身专业发展阶段的靶向学习,开展夯实领域教学的学习。

第三,"芝麻讲堂"开展理论学习、专题讲座。"芝麻讲堂"是指针对评价反馈的共性问题,邀请专家学者开展系列专题讲座,提升教师对共性问题的理论认知。基于此,新幼集团开发了许多精品培训系列课程,例如朱家雄教授的"儿童观"系列课程、虞永平教授的"基于班级的园本课程"系列课程等。"芝麻讲堂"专家的理论引领从精神层面帮助教师革新教育理念,并长远地影响着教师的儿童观、教育观、课程观。

3. 长:落实教育实践的行动清单

"长"旨在以制定行动清单的形式,将评价和学习结果落实到教师的教学实践中。针对前期评价结果,借助学习过程思考诊断幼儿园过程质量中存在的问题,在此基础上,通过"计划——行动——观察——反思"的螺旋循环过程来制定个人、班级、年级组、园所行动研究方案。如,新幼集团经过一轮的过程评价,发现幼儿园在环境支持、活动组织、师幼互动方面存在的问题,为此,制定了两轮行动方案。第一轮优化环境支持质量,打造"孩子们的最美幼儿园";第二轮提升活动组织、师幼互动质量,调整课程结构,提升教育活动水平。整个行动研究过程以质量的提升为目标,指向儿童的发展和教师专业成长,最终实现以评促学、以研促行、以行促长的教师成长闭环。

(二) 打造云端"小红花"儿童成长闭环，家园协同评价培育"六乐儿童"

1. "小红花"评什么——从定义"乖孩子"转向看见"每一个孩子"

"小红花"是过去幼儿园盛行的奖励方式。教师作为权威的评价者，用"小红花"表彰一切被教师认可的言行，得到"小红花"成为过去儿童梦寐以求的荣耀。这种结果导向的随机评价方式影响深远，其实，"小红花"作为一种评价的物化激励，本身并没有对与错，它能为以具象思维、行为思维为主的儿童提供及时的评价和导向。如何去掉"小红花"的结果导向与绝对化？如何增强"小红花"的过程评价与灵活性？在以儿童为本强调个性化成长的新时代下，需要赋予"小红花"新的内涵，找到一种评价机制让"小红花"重获新生。

(1) "小红花"的评价目的

正确发挥"小红花"评价功能的第一步是要端正评价目的。在这一点上，新幼集团始终坚持初心，充分尊重、理解、包容、支持"每一个孩子"，让儿童成为"快乐自信的小主人"。评价的目的是促进儿童的发展，而不是给儿童"下定义""贴标签"。因此，评价的视角自然地由"教师本位"转向"儿童本位"，评价由"过去时"转向"现在时"，由"集体评价"转向"个体评价"。评价的作用是让教师、家长更好地关注了解儿童的个体发展情况，了解儿童已经做过什么，判断儿童正在做些什么，支持儿童以后应该做什么。让儿童在个性化的发展道路上，更加准确地定位自己，形成正确的自我意识，成为独一无二的自己。

(2) "小红花"的评价内容

六乐儿童是幼儿园育人目标的具体表达，这是以幼儿园为主导、家长参与、儿童表征的目标体系，得到三方认可。儿童个体的评价内容参照六乐儿童发展目标，依据教师观察记录和家长了解反馈动态发展，从而制定个体化评价内容。此刻的"小红花"评价内容不是工具化、一刀切的，而是有据可依且又动态、可变的个性评价内容。

表 5-3-1 新幼集团"六乐儿童"发展目标

指标	"六乐儿童"发展目标
乐于劳动——以服务为乐	1. 个人卫生。能主动保持身体及着装的整洁干净。 2. 积极学习叠被子、系鞋带、扣纽扣、洗毛巾、收拾自己的物品等自我服务劳动。 3. 能按照自己的需求喝水、如厕和增减衣物。 4. 积极承担值日生工作,学习为同伴和集体服务。 5. 学习用正确的方法坚持照顾动植物。
乐于表达——以分享为乐	1. 用普通话表达。学会用普通话较完整地表达自己的想法。 2. 有初步的讲述经验。学习阅读,乐意并清楚地讲述自己的所见所闻和经历的事情,尝试用词语、短语替换等方式仿编儿歌、故事。 3. 关心父母、教师、长辈,学习用语言和自己喜欢的方式表达对他们的爱与尊重。 4. 喜欢幼儿园和班级,能用不同的方式表达自己爱家乡、爱祖国的情感。
乐于运动——以运动为乐	1. 有良好的生活习惯,能正确刷牙和使用毛巾、厕纸。 2. 有运动好习惯。走、跑、跳、投掷、钻爬、攀登、体操等动作协调、稳定,站、坐、行走姿势正确。 3. 经常保持愉悦情绪,能在成人的帮助下学习调控自己的情绪。 4. 较快适应新的人际环境和物理环境。 5. 学习掌握简单的自我保护及求助方法,能主动躲避危险。
乐于创造——以创想为乐	1. 喜欢欣赏和感受大自然及生活环境的形态美、动态美。 2. 善于观察、发现生活中玩具、服饰、生活用品等美的事物的美感特点,并用多种方式表现美。 3. 积极参与音乐、美术、舞蹈等各种艺术学习活动,大胆尝试用肢体动作、敲击节奏、综合绘画、手工等多种形式创造表现。
乐于交往——以合作为乐	1. 积极、主动参与集体活动,能遵守一日活动规则。 2. 喜欢和长辈交谈,有事愿意告诉长辈。 3. 喜欢交友,会运用介绍自己、交换玩具等方法加入同伴游戏。 4. 学习与同伴友好相处,能接受同伴的意见和建议,发生冲突时能在他人帮助下和气解决。 5. 乐于接受任务,并与同伴商量、协作完成任务。
乐于探索——以发现为乐	1. 喜欢了解周围环境,能观察发现和提出问题。 2. 能运用多种感官探索物体和材料,并乐在其中。 3. 能运用观察、对比、推测等多种方式探究事物的特征和异同。学习用图画、符号等方式做简单的记录。 4. 喜欢了解生活中常见科技产品的用途。 5. 能感知生活中的数、量、物体的结构特征,尝试运用数、量、空间方位等数学语言描述事物、位置等。

为了让教师、家长、儿童都可以参与到儿童发展评价过程中,让三方都看得懂、能指引,新幼集团借助园标"小红花"的形象将评价内容形象化为"六乐儿童六色花",便于家、师、幼参与和理解。"六乐"的每一个内容分别对应不同颜色的"花",代表了新

幼集团关注的儿童发展的各方面。

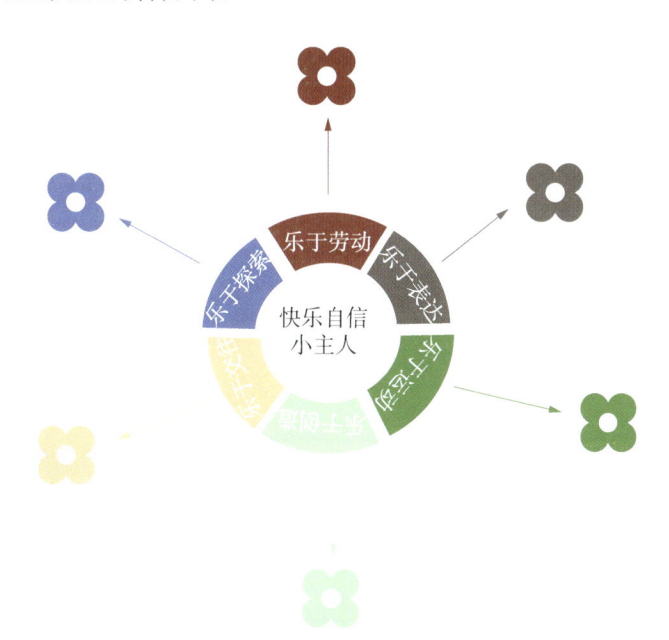

图 5-3-3　新幼集团六乐儿童六色花示意图

2. "小红花"谁来评——从教师一人主观评转向"家-师-幼"协同合作评

（1）"小红花"评价主体

在评价主体上，传统的"小红花"评价是教师根据自己的所见所闻，主观决定是否奖励小红花，很少听取儿童自己的解释，也不了解家长的想法。新幼集团"小红花"评价利用信息技术将评价的场域从幼儿园扩展到家庭，评价的主体从教师扩展到家长、儿童，从不同视角搜集儿童发展的过程性资料，通过将"家、师、幼"提供的儿童发展"拼图"整合在一起，从而了解儿童发展的全貌。

（2）"小红花"评价机制

基于此，新幼集团建立了"送你一朵小红花"的家、师、幼同步评价机制，如图5-3-4所示。

3. "小红花"怎么评——从"自说自话"评转向"对标同步"评

新幼集团之前就尝试通过各种方式邀请家长、儿童共同参与评价，但是经过一段时间的探索发现，由于家长、教师和儿童对评价标准认识的不一，常常出现评价内容的割裂和评价过程的主观性、随意性，导致家、师、幼之间的评价常常出现"自说自话""你评你的，我评我的""一头热"等情况，也在不断打击彼此参与评价的积极性。

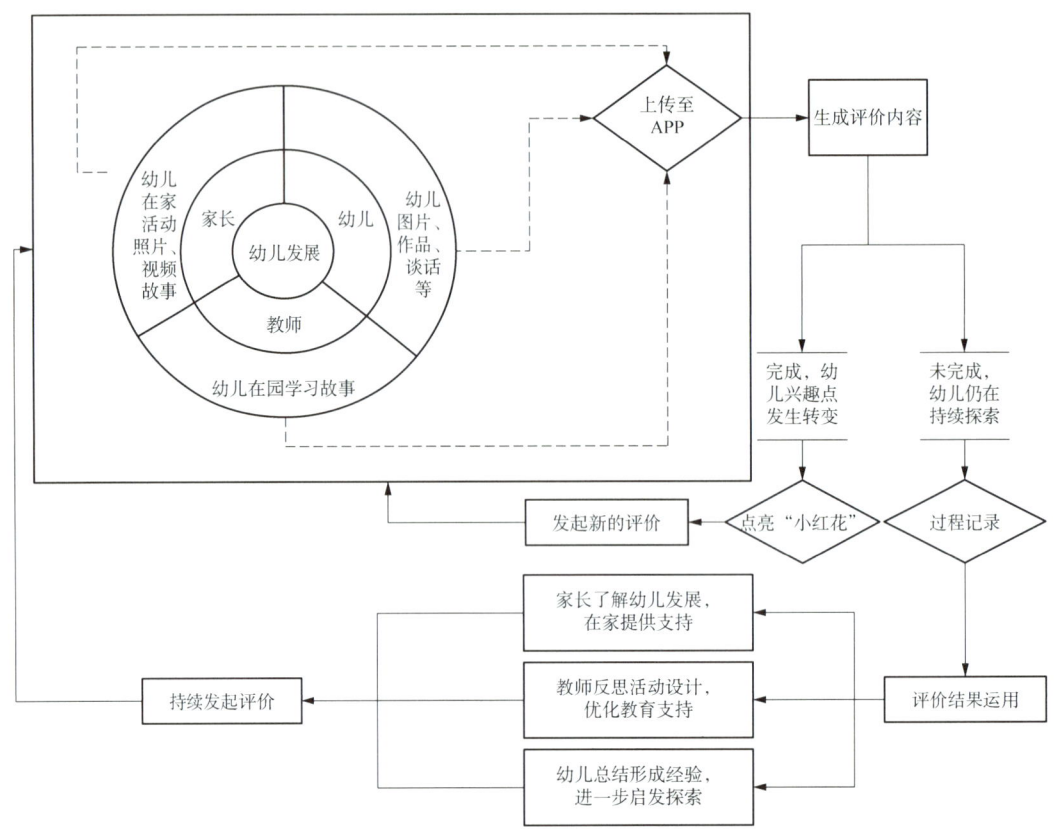

图 5-3-4　新幼集团"送你一朵小红花"家、师、幼协同评价机制图

因此,家、师、幼协同评价特别强调要实现"同标同步",不仅要让儿童体验成长,也要让教师和家长共同体验儿童的成长,要用动态性、发展性、持续性的眼光去评价儿童发展,要让评价的过程伴随儿童成长的过程。"同标"是指围绕同样的"六乐"儿童的培养目标。

表 5-3-2　六色花评价内容形象图表(以"乐于创造"为例)

评价内容	儿童表现	形象
乐于创造——以创想为乐	1. 喜欢观察、感受和欣赏自然界与生活中的形态美、声音美。 2. 喜欢听音乐或观看舞蹈、戏剧等表演。 3. 乐于观看绘画、泥塑或其他艺术形式作品。	
	1. 在欣赏自然界和生活中美的事物时,关注其色彩、形态等特征。 2. 喜欢听各种好听的声音,感知声音音量、音调等的变化。 3. 能够专心观看自己喜欢的演出或艺术作品。	

(续表)

评价内容	儿童表现	形象
乐于创造——以创想为乐	1. 喜欢欣赏并初步感受大自然及周围环境的结构美、内涵美、意境美。 2. 善于发现生活中建筑、工艺品、广告等事物的美感特征。 3. 艺术欣赏时常常用表情、动作、语言等方式表达自己的理解。	

"同步"是指在云端技术的支持下,通常以"一个家庭＋一个老师＋一个儿童"为基本单位,家长、教师或儿童都可以发起评价主题,家、师、幼围绕这个主题当前正在发生的儿童活动开展观察记录和对话评价。通过家、师、幼共同参与过程性且动态的评价,支持每一个儿童的可持续发展。为了让教师、家长、儿童能够破除时间和空间的限制,随时参与到评价过程当中,新幼集团指导相关技术公司设计并开发了云端评价系统。云端评价系统能够支持教师、家长实时上传各种儿童发展过程资料,包括音频、图片、视频、文本资料等,支持家园双方一对一开展对话交流以及随时查看最新版的儿童活动过程资料。由此,实现了家园之间一对一或者一对多地围绕儿童当前正在发生的活动进行信息搜集、教育对话和过程评价。

二、幼儿园教育评价的实践案例

(一) 案例一:《新幼集团过程质量评价量表》促幼儿园过程质量提升案例

1. 评价目的

以《新幼集团过程质量评价量表》《新幼集团过程评价教师自评绘本》为研究工具,辅以观察法、访谈法,共同对集团内部的活动组织、师幼互动、环境支持过程质量进行研究。

2. 评价过程

组织管理者对《新幼集团过程质量评价量表》《新幼集团过程评价教师自评绘本》的构成及其使用方法进行学习,并对集团内部的活动组织、师幼互动、环境支持过程质量进行测评,诊断出现的问题。

3. 评价结果分析

（1）环境支持

新幼集团在 2023 年 10 月份对"环境支持"进行的第一轮评价涉及 4 个园所，66 名教师，结果分析如下。

- 集团层面

表 5-3-3

结果 类别	优	良	中	合格	不适宜
人数（人）	42	5	19	0	0
占比（%）	63.64	7.57	28.79	0	0

- 各园层面

表 5-3-4

结果(%) 园所	优	良	中	合格	不适宜
X 园	100.00	0	0	0	0
G 园	0	15.79	84.21	0	0
Z 园	70.59	11.76	17.65	0	0
Y 园	0	0	30.76	69.24	0

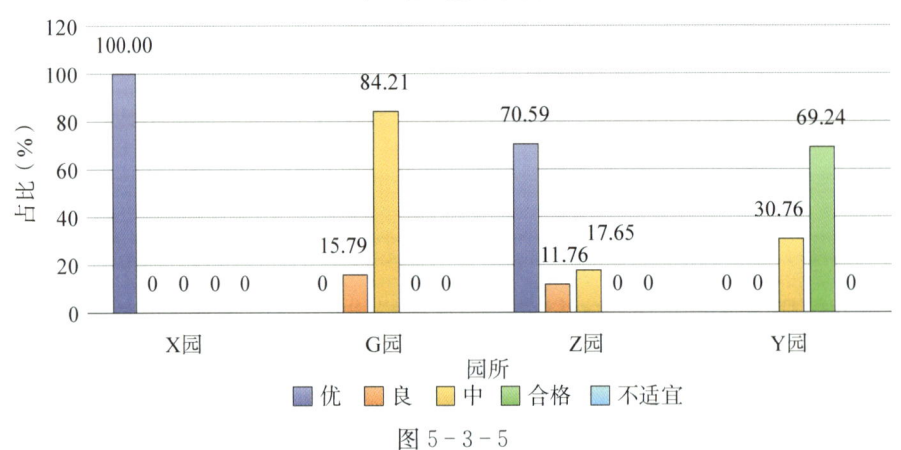

第一轮环境支持评价

图 5-3-5

从集团层面上看,本轮环境支持评价得到"优"的教师占比 63.64%,得到"良"的教师占比 7.57%,得到"中"的教师占比 28.79%。可见,本轮环境支持的过程质量呈现出"优秀"和"中"的集中趋势。

从分园层面上看,X 园得到"优"的教师占比 100%,Z 园得到"优"的教师占比 70.59%,G 园得到"中"的教师占比 84.21%。可见,在本轮环境支持过程质量的评价中,X 园与 Z 园表现良好,但不排除评价员之间内在标准不统一的主观影响。

(2) 活动组织

新幼集团在 2023 年 11 月和 12 月对"活动组织"进行的第一轮评价涉及 3 个园所,62 名教师,结果分析如下。

- 集团层面

表 5-3-5

结果 类别	优	良	中	合格	不适宜
人数(人)	7	20	33	2	0
占比(%)	11.29	32.26	53.23	3.22	0

- 各园层面

表 5-3-6

结果(%) 园所	优	良	中	合格	不适宜
X 园	22.22	29.63	48.15	0	0
G 园	5.88	29.41	64.71	0	0
Z 园	0	35.29	52.94	11.77	0
Y 园	42.30	34.61	23.08	0	0

第一轮活动组织评价

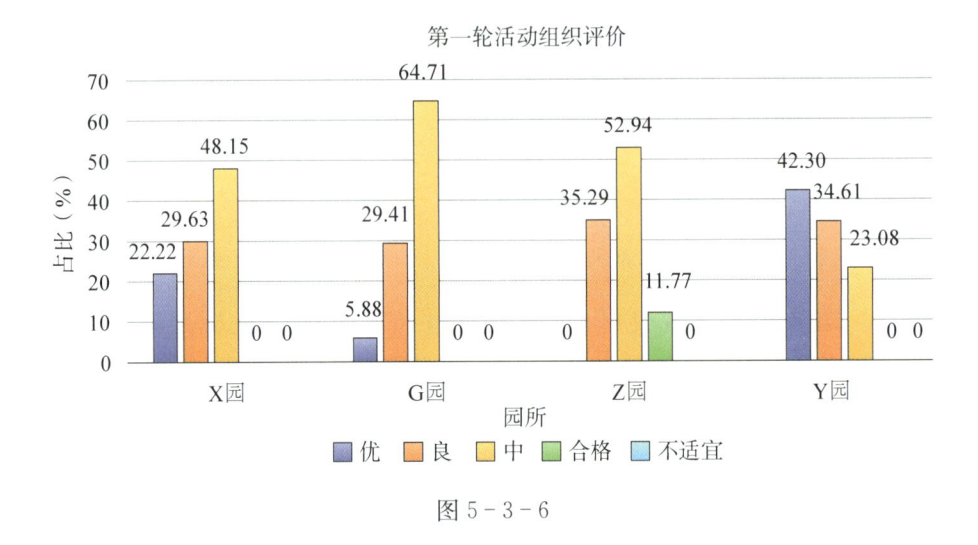

图 5-3-6

从集团层面上看,本轮活动组织评价得到"优"的教师占比 11.29%,得到"良"的教师占比 32.26%,得到"中"的教师占比 53.23%,得到"合格"的教师占比 3.22%。可见,本轮活动组织的过程质量呈现出集中于"中"和"良"的趋势,有一定比例处于"合格"。

从分园层面上看,X 园得到"优"的教师占比 22.22%,G 园得到"优"的教师占比 5.88%,Y 园得到"优"的教师占比 42.30%。可见,在活动组织过程质量的评价中,Y 园表现良好,但不排除评价员之间内在标准不统一的主观影响。

(3) 师幼互动

新幼集团在 2023 年 11 月和 12 月对"师幼互动"进行的第一轮评价涉及园所 3 个,61 名教师,结果分析如下:

- 集团层面

表 5-3-7

结果 类别	优	良	中	合格	不适宜
人数(人)	13	19	26	3	0
占比(%)	21.31	31.15	42.62	4.92	0

- 各园层面

表 5-3-8

结果(%) 园所	优	良	中	合格	不适宜
X园	33.33	37.04	29.63	0	0
G园	17.65	29.41	52.94	0	0
Z园	0	23.53	58.82	17.65	0
Y园	42.30	34.61	23.08	0	0

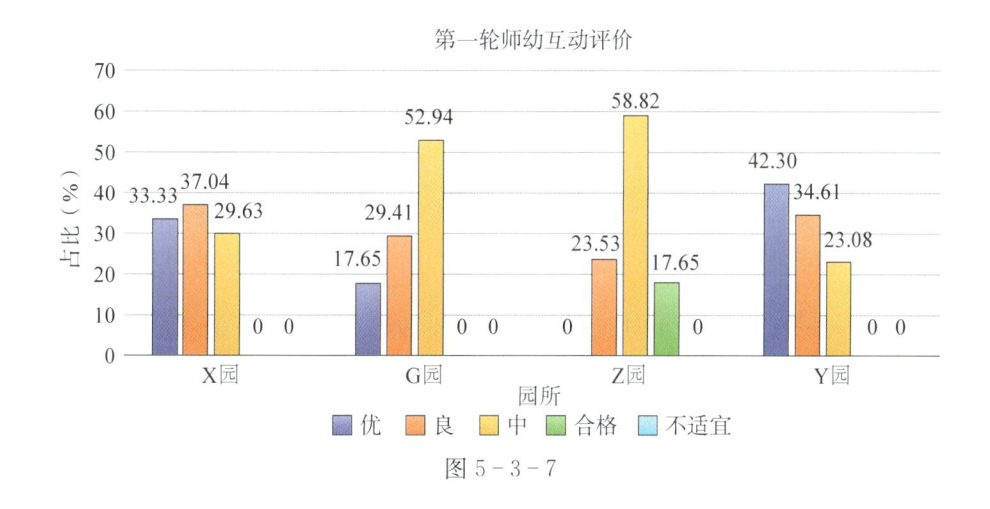

图 5-3-7 第一轮师幼互动评价

从集团层面上看,本轮师幼互动评价得到"优"的教师占比 21.31%,得到"良"的教师占比 31.15%,得到"中"的教师占比 42.62%,得到"合格"的教师占比 4.92%。可见,本轮师幼互动的过程质量呈现出集中于"中"和"良"的趋势,有一定比例处于"合格"。

从分园层面上看,X园得到"优"的教师占比 33.33%,Z园得到"优"的教师占比 0%,G园得到"优"的教师占比 17.65%。可见,在师幼互动过程质量的评价中,X园表现良好,但不排除评价员之间内在标准不统一的主观影响。

4. 评价诊断与建议

(1) 环境支持

X园:环境设计上都能基于儿童本位进行空间设计和区域规划。特别是区域设置时能考虑区域之间的分界和联系,能注意动静区分和儿童行走动线。课程内容与环境能有机结合,体现中国传统文化、现代生活特色文化及地域文化。能采纳儿童意见创设环境,利用儿童参与制作的美术作品和调查问卷装饰环境。部分班级的课程内容与区域环境的结合度不高,内容显得比较零碎,呈现方式及美感不够。部分班级没有安全标识或者安全提示,走廊环境的创设需要考虑通道的特殊性,增加呈现内容的美观度。

Z园:有安全巡查制度,并定期进行安全排查,室外区域有醒目、易懂的安全标识。教师能根据儿童第一的理念合理规划室内区域、动静分区,区域互动有效;在班级材料的投放中,基本都能根据儿童的年龄特点合理投放材料,并有相应的指导图示方便儿童取放及自主观察学习;作品呈现多样化,有美感。室内的安全标识和安全指引不足。儿童参与环境创设的过程性对话、呈现较少。室内私密、半隐蔽空间区分及体现不够。材料投放中,自然材料、生活材料的投放还可增加。

G园:班级环境中安全标识的呈现较不足。语言区和音乐区的位置选择缺乏对光线和声音影响的考虑。小班环境缺乏温馨感。区域未根据儿童兴趣、活动主题及时更新、丰富材料。

Y园:室内外缺乏醒目的安全标识,特别是儿童游戏区域的安全标识也不完善。室内空间区域布置还需调整,没有充分规划和利用每一处空间,缺少儿童私密空间,走廊区域利用较少。能支持儿童自主探究的材料和低结构材料不够丰富,材料呈现的方式还需调整,要让儿童更容易看见且便于取放。能体现传统文化、现代生活及地域文化特点的班级环境布置较少,需增加体现传统文化的材料和环境布置。根据季节和主题变化的材料投放较少,儿童学习过程的体现不够。

根据第一轮环境支持评价结果,评价小组成员剖析原因,提出了相应的教研建议。具体建议如下。

X园:组织教师学习《幼儿园环境支持过程质量评价量表》,理解标准内容与价值意义。开展班级环境创设观摩,相互学习。加强教师审美的培养,提升如展台布置、儿童作品的呈现方式等的美观度。

Z园:更多融入儿童对班级安全标记的设计与呈现(如剪刀的使用、进出的路线、排队、如厕、洗手、紫外线灯、门缝安全等）。凸显低结构材料、自然材料、生活材料在主题活动中的应用；体现儿童作品的多样性与教育性。

G园：加强区域中传统文化和地域特色的体现；呈现的儿童作品数量还可增加。

Y园：开展区域设置和材料投放的教研学习，帮助教师了解基本的区域设置和基础材料投放要求。开展与"观察、解读儿童"相关的教研学习，帮助教师更好地了解儿童学习特点，根据儿童兴趣、能力水平提供多元探究材料，更好地支持儿童的探究学习。开展区域观摩现场教研活动，互助学习、讨论学习，提高教师的环境创设能力。

（2）活动组织

根据第一轮活动组织评价结果，评价小组进行了整体情况分析。分析情况如下。

X园：教师的活动组织大多处于"良好"状态，新教师还需要加强观摩学习。教师在活动组织中对领域特点与核心经验的把握还不够，还需要重温和深入学习《3—6岁儿童学习与发展指南》。区域活动中适时介入和推动儿童游戏发展还不够，尚未完全树立"幼小衔接从小班开始"的理念，且落实不足。活动组织中关于问题的开放性及材料提供的层次性还需继续加强。

Z园：大部分教师能考虑到儿童的兴趣，在活动中能注重儿童学习品质的培养。在针对不同能力的儿童给予不同的材料支持上还比较薄弱，提供的材料也比较单一。部分教师的教学组织形式还比较单一；教学过程中对课程资源的挖掘还不够。

G园：活动组织有序，动静结合，有科学的教育观念，对活动重难点的精准识别与突破还需再提升。教师在活动中对儿童差异性的支持较少。在活动中还未达到全面贯彻社会主义核心价值观，设计教学活动时尚未考虑以多种方法支持儿童的发展需求，对领域核心经验的把握不准。

Y园：大多数教师的活动组织水平较高，能根据班级儿童年龄特点和能力水平以及五大领域的核心经验设计活动。少部分教师的活动组织水平还需进一步提升，具体表现在活动目标如何落地，组织方式还需更灵活、更体现儿童本位，减少教师的高控。少数教师封闭式提问较多，设计开放性提问的能力还需要提高，要更多地鼓励儿童表达自己的观点，提出能引发儿童深入思考、探究的问题，帮助儿童丰富已有经验。活动形式还需更灵活，增加小组、个别化学习。

根据第一轮活动组织评价结果,评价小组成员对症研策,提出了相应的教研建议。具体建议如下。

X园:组织教师重温《3—6岁儿童学习与发展指南》,并开展系列学习(以自学为主,每次教研活动集中学习5分钟)。教龄1—3年的新教师加强教学活动的观摩学习,3年以上教师自定一个领域深入探究,在该领域形成自我教学风格,加强对领域核心经验的学习,能针对不同年龄段儿童的特点进行活动设计。注重体验教育的关键特征和有效方式。

Z园:在材料投放、活动组织上体现层次性。结合教学活动内容探索有效的教学形式。

G园:发现同伴间的长处、反思自己的不足与改进。发挥师徒帮带作用,加大教案修改、听课的频率。针对"领域核心经验学习""教学活动中对儿童个体差异的支持"等进行专题教研。

Y园:开展教学现场观摩教研,通过同课异构、观摩学习提升教师的教育教学水平。开展专题教研,研讨教育教学活动的组织策略。开展优秀案例研讨学习,观摩学习全国名师五大领域的优质教学活动,共同研讨教学活动组织中值得学习借鉴的策略和方法。

(3) 师幼互动

根据第一轮师幼互动评价结果,评价小组对整体情况进行了分析,结果如下。

X园:大多数老师在师幼互动方面的评价结果为"良"及以上,个别新老师的评价结果为"中"。教师在观测点1、2上做得比较好,观测点3—5有所欠缺,观测点6—11是需要共同进一步努力提升的。各班评价时呈现出的与儿童互动、交流状态较好,营造了儿童敢想、敢说的良好氛围。

Z园:大部分教师能尊重儿童的主体地位,运用引导、启发和支持等方式,鼓励儿童积极参与互动,发挥儿童的主动性和创造性。但需要加强在活动中及时回应和针对性回应儿童。与儿童的交流互动方式可以多样化。

G园:教师对儿童个体的关注与指导意识比较强,能"有温度"地关注儿童的情绪与状态,以鼓励的态度引导儿童参与游戏。

Y园:教师的师幼互动水平在"温暖和充满爱的氛围"这个指标维度上做得比较好,基本都能做到保持积极、乐观、愉快的情绪状态,热情地与儿童互动(如微笑、点头、用眼神交流、蹲下等);在"支持拓展儿童的想法和学习"这个指标维度上,教师提问的技巧比较薄弱,不能抓住关键问题进行提问,建议教师多向儿童提出开放性问题,引导和鼓励儿童说出自己的想法,多与儿童增加持续性的互动。针对"关注、理解儿童的行为"这个指标维度,建议教师尽量关注并尊重每一名儿童的个体差异,持续关注每位儿童的优点和进步,给予每一名儿童平等的机会,能够客观、公正地认可每一名儿童的优点和进步。

根据第一轮师幼互动评价结果,评价小组成员提出了相应的教研建议。具体建议如下。

X园:加强对《幼儿园师幼互动过程质量评价量表》中的评价指标的学习与探讨,明确高质量师幼互动的标准,并为之努力。加强对新教师"儿童第一"价值观的认知与培养,形成与团队一致的价值观,如此才能落实于言行。针对青年教师,增加活动组织中师幼互动的专项观摩,形成团队互助的良好学习氛围。

Z园:重点关注怎样观察儿童并及时有针对性地回应儿童。

G园:结合小红花观察记录,开展聚焦儿童观察的研讨。

Y园:多开展活动区和自主游戏的观摩活动,在活动中关注师幼互动的状态,开展教研现场的对话研讨活动。开展关于师幼互动策略的专题培训教研,通过专业理论的学习提升教师的师幼互动能力。开展关于高质量师幼互动提问技巧的专题教研,提升教师的提问能力。

5. 评价后的行动方案

基于第一轮评价诊断中发现的问题,经过团队成员间的充分沟通交流后,结合当前工作重心、班级实际情况和教师专业成长需求等因素,新幼研究团队以提升环境支持、活动组织和师幼互动过程质量为总目标,将"打造最美幼儿园"和"实施有质量的活动"作为本次行动的主要改进方向。

行动的时间为2024年2月至2024年5月,分两轮完成,每轮行动的持续时间为一个半月。具体的行动时间安排如下。

第一阶段:2024年2月上旬至2024年3月下旬,本阶段主要改进班级当下最迫切需要解决的环境空间设计和材料投放两大问题。

第二阶段:2024年4月上旬至2022年5月中旬,本阶段在第一阶段的基础上,重点针对活动组织和师幼互动两大方面中的提问有效性、支持的适宜性开展研究(具体安排见表5-3-9)。

表5-3-9 新幼集团过程提质行动计划

新幼集团环境支持过程提质行动(2—3月)	
主题	环境支持(打造最美幼儿园)
目标	1. 提升教师环境创设时的审美 2. 丰富教师对幼儿作品呈现方式方法的了解 3. 环境支持的各项指标得分能保持为优或者向优靠近
措施	教研主题1:儿童本位的空间设计及自主探究材料的投放 教研形式1:教研组长开学环境检查、班级提供范例推广 教研主题2:班级儿童作品呈现的目的及实现的途径 教研形式2:案例观摩和研讨
新幼集团活动组织、师幼互动过程提质行动(4—5月)	
主题	活动组织、师幼互动(实施有质量的活动)
	教研主题1:适宜的提问和回应 教研形式1:观摩视频课例、同课异构(我与名师对话) 自主学习1:《如何有效提问》《教师怎样提问才有效——课堂提问的艺术》《优质提问教学法:让每个学生都参与学习》《小脑袋,大问题——促进幼儿深度学习的高水平提问》及相关论文 教研主题2:如何基于核心经验设计/上好一节课(自选领域) 教研形式2:课例观摩 自主学习2:核心经验相关丛书 教研主题3:如何在自主游戏(区域、户外)中支持和拓展每个孩子的学习经验 教研形式3:现场观摩

(二)案例二:新幼集团过程评价自评绘本促进教师自评的实践案例

以中班庞粹霞老师的数学活动《数橘子》为例。

近期,班级正在开展"橘意正浓时"的班本课程,儿童对橘子的探究兴趣持续高涨。结合他们在数学领域的已有经验和现存问题,我便设计了数橘瓣的数学活动"好吃的橘子"。帮助儿童解决在计数过程中常常出现的"跳数、漏数、重复数"等问题,引导儿童完成"数橘瓣"的任务排除干扰,正确地进行计数。

首先,我基于自身在活动中的教学行为逐一对照《新幼集团过程评价教师自评绘本》中的"活动组织"指标中的相关条目,完成自我评价记录表。

表 5-3-10 "活动组织"教师自我评价记录表

指标	观测点	条目	我对自己的评价
B1 体现育人目标的活动设计	观测点1:体现国家教育方针和社会主义核心价值观	a	❤❤❤❤❤
		b	❤❤❤❤♡
	观测点2:考虑每个幼儿的能力、经验、兴趣和生活背景	a	❤❤❤♡♡
		b	❤❤❤❤♡
		c	❤❤❤♡♡
		d	❤❤❤❤❤
B2 整体连续的活动内容	观测点3:注重五大领域活动的全面覆盖和有机整合	a	❤❤❤❤❤
	观测点4:做好幼小衔接,帮助幼儿向小学顺利过渡	a	❤❤❤❤♡
B3 自主开放的过程实施	观测点5:能根据实际情况灵活调整活动计划	a	❤❤❤❤♡
		b	❤❤❤♡♡
	观测点6:保障每一个幼儿充足的自主探索时间和机会	a	❤❤❤❤♡
		b	❤❤❤❤♡
		c	❤❤❤♡♡
		d	❤❤❤❤❤
	观测点7:引发幼儿深入思考和开放表达	a	❤❤❤♡♡
		b	❤❤❤❤♡
合计			(59)❤

1. 基于优势指标与绘本连接对照

在"好吃的橘子"这一活动中,我认为自己在二级指标"B1 体现育人目标的活动设计"上考虑得比较周到,能充分考虑到每个儿童的能力、经验、兴趣和生活背景。橘子树作为新幼集团的自然资源易触易得,能支持和满足儿童通过直接感知、实际操作获取经验的需要,同时也可以通过区角、家庭和社会等资源拓展和巩固儿童的已有经验。

2. 基于劣势指标与绘本连接对照

但在二级指标"B3 自主开放的过程实施"中的观测点 5"能根据实际情况灵活调整活动计划"和观测点 7"引发幼儿深入思考和开放表达"中的教学效果不太理想。

通过自我反思，我认为自身在观测点 5"能根据实际情况灵活调整活动计划"这一方面，还存在以下问题。教学材料的准备还需要根据活动的实际需要进行调整，儿童在数橘瓣时教师提供的工具比较单一，不便于他们操作，还局限了他们"数"的方式。因此，应当至少为每位儿童准备两个盘子以及提供多种可以做标记的工具。

在观测点 7"引发幼儿深入思考和开放表达"这一方面，我认为自己在活动中能鼓励儿童大胆表达自己的观点，但回应儿童的想法和提出问题时，我的回答有待提升。另外，当出现有可能阻碍教学进程的问题时，为保证活动的顺利推进，未对问题做出及时且恰当的回应，甚至有时选择了忽略。基于这一问题，我通过反思意识到面对教学中的不确定性时，自己应当秉持不畏惧的心态，同时努力提升自身的知识和经验，做到敢于选择和积极应对。

3. 师徒结对改善劣势

除自我评价外，根据自评结果我寻求了外部力量——帮带师傅进行指导，进一步获取评价的反馈与专业成长的指导。

（1）根据评价指标指导教学设计

帮带师傅刘老师重新审阅了我的活动设计，并参照评价指标对活动目标和内容进行了修改。其间，刘老师根据评价绘本中的"为幼儿提供机会探索和使用材料""师幼间有持续的反馈交流"等指标细致地关注到我在活动中的每个提问、过渡语和小结等内容。

我："班上有半数孩子能进行 10 以内的点数，但是他们是第一次数完整的橘瓣。"

刘老师："数完整个橘子的橘瓣数量实际上是环形计数的数学能力，孩子需要分清起点和终点，这要求他们具有一定的辨别和观察能力，这对于中班的孩子来说有一定难度。在验证计数环节中，可以为孩子提供更多辅助计数的材料，他们在老师的引导下反复地练习计数，从而为以后的数概念学习作铺垫。"

我:"提供的操作材料是让孩子自由探索,还是老师进行适当示范?对辅助计数的材料是否有要求?"

刘老师:"如果让孩子自由探索操作材料,那么材料很容易成为他们的玩具。而且,小年龄段孩子一般不大会主动地将操作材料与相关的数概念进行联系。因此,材料的选择必须经过精心思考,这一切都源于你对儿童数学能力发展水平的认识。"

(2)对照评价指标进行教学实践

接下来,帮带师傅刘老师对这次教学活动进行了观摩,进而根据现场情况对活动进行了再次指导,依照"保障每一个幼儿充足的探索时间和机会""鼓励幼儿的主动学习"等评价指标,刘老师与我进行了"分析儿童和活动内容——解读数学核心经验——修改教学活动设计——进行教学实践——反思教学活动"的系列反复打磨过程。这一指导增强了我对数学领域知识的理解,同时也启迪我要善于去发现真实的并蕴含在生活环节和各类活动中的数学问题及数学教育契机,启发儿童在解决问题和参与活动的过程中走近数学并喜欢数学。

刘老师:"你们班孩子的发展差异较大,在安排活动时要充分考虑每个孩子的发展情况,是否都必须通过集中教育完成呢?其实还可以将材料投放至区角中,感兴趣的孩子可以再次数一数并记录。生活中还有很多像橘子一样的球形、圆形物品,可以引导孩子们多观察、数一数。"

这种内外结合的自我评价方式,一是帮助我审视了自己的能力水平,对自己的教育观念、教育行为和教学效果进行较为客观、公正的自我判断,从而总结出优势与不足;二是可以通过师傅从他者视角提供及时、有效的反馈,让我有了改进方向与动力,使我的成长由"外因"向"内生"转变,激发专业成长的内驱力。

(三)案例三:"小红花"评价助力家园协同共育的实践案例

以中班邹孔笛老师的活动《前进吧,坦克》为例。

创造力的培养对于儿童的全面发展有着至关重要的影响。我利用儿童发展评价APP"送你一朵小红花"开展了场景化、全程性、共振式的儿童发展评价,促进了儿童创造力的生长和发展。

1. 两来一回，全息式记录儿童奇思妙想

一次写生活动后，我请孩子们分享今天的画作。小鸥分享时，他把画高高举起，让大家猜他画的什么？孩子们七嘴八舌，大多认为小鸥画的是幼儿园对面的房子或者是马路上的车。小鸥连忙摇头说道："都不对，不是车，这是一辆坦克。"小朋友们哄堂大笑，并提出了辩驳，"坦克有很多轮子""坦克车底有长链子""坦克有炮管"……小鸥没被这些质疑声劝退，反驳："这是新型坦克，就只有两个轮子，它既能爬山又能下海。"我把小鸥的创作过程及作品解读以图、文、视频的形式发布到评价APP中，为他的创作点亮了"乐于表达"和"乐于创造"的小红花。

当天下午，小鸥妈妈看到了我的记录，接小鸥回家的路上，母子就聊起了这一创作。小鸥妈妈问："为什么坦克只有两个轮子？"小鸥娓娓道来："因为两轮很方便，送外卖的摩托车就是两个轮子，堵车的时候能在缝隙里钻来钻去。"小鸥妈妈将此对话回复于我的记录之下。我接着回复："请小鸥明天到建构区将两轮坦克搭建出来，验证两轮坦克的灵活性。"

一件作品在当天引发了三次家园互动，小鸥的创想缘由、创作过程、作品构想清楚且完整地呈现了出来，在来回的信息交互中我们发现了孩子的知识和生活经验对其想象创造的重要性。我们要多引导孩子亲近自然、亲近社会，让他们去看、去听、去模仿……积累丰富多元的生活经验，为想象和创造增加素材。

2. 同伴接力，延续式观察助推儿童深度学习

第二天，小鸥果然如约来到建构区，用螺母玩具搭建了两轮坦克。坦克建成，他兴奋地把作品给我看，我请他试开一下。他推着坦克在地面前进，坦克的车身在晃动，他很疑惑："不平衡，摇摇晃晃的，老是会倒。"我更新发布了小鸥此次的探索过程。接下来的每天在园时光，都能看到同班陈老师和孙老师对小鸥探究两轮坦克的记录。小鸥在美工区用纸盒和瓶盖制作的两轮坦克，因胶水粘得不牢，一行驶，车轮就掉；在建构区用积木搭建的两轮坦克根本动不起来；小耍坝游戏时，在木工坊自制的木质两轮坦克依旧开不稳。

小鸥用各种材料和方法探索着两轮坦克的稳定性，老师没有打扰和介入，为他提供了时间和空间保障，允许他试误，鼓励他持续探究。

"送你一朵小红花"APP除了支持家园共评,还能实现评价共享,同班教师间可互通某个孩子、某个区域、某个事件或主题的学习发展情况,进行接力式观察评价,这有助于更全面地了解孩子的兴趣、需求和挑战,从而更准确地把握他们的成长轨迹,让教育更具有完整性、连续性、一致性。

3. 对标同评,形成家园合力产生教育共振

老师每更新一次记录,小鸥妈妈就发起不同活动帮助他探究坦克,去书店阅读坦克相关绘本,在网上观看坦克相关视频,去军事国防教育基地实地观察坦克,小鸥沉浸其中乐此不疲。

一周以后,当我再次回到班级执教时,小鸥在建构区用螺母玩具建构着四轮坦克,建构完成后立刻试开。我问小鸥:"为什么两轮坦克变四轮了?"小欧回应:"我发现家里的汽车有四个轮子,我的自行车只有两个轮子,汽车比自行车平稳多了,而且我发现四轮坦克更大,可以容纳更多的士兵,安装更多的武器。"

小鸥的坦克从两轮变成四轮,到现在已经变成多轮加履带了。通过老师对其探索过程的记录和推动,以及家长的积极支持,现在小鸥逐渐成了"坦克专家",经常和同伴分享关于坦克的各种奇趣妙事。

在小鸥探索坦克轮子的过程中,教师和家长不只是呈现即评的结果,也不是点赞式的表象记录,而是基于育人目标,长期持续、有聚焦目标地进行跟踪式发展评价。我们允许小鸥对两轮坦克的幻想,虽然创新的想法往往会被别人嘲笑或认为荒谬,但今天不存在不代表未来不存在;我们允许试误,在各种游戏中探索两轮坦克的可行性;我们允许他推翻创想建构新经验,儿童的好奇心会推动他去探索事物的真相。使用评价APP实现家园对标、同评,并形成家园合力,产生教育共振。

作为新时代幼儿园教师,要合理运用信息技术,及时记录,多方协同,对标同评,推动儿童的深度学习。让教育评价更客观真实,更聚焦,更科学,更协同、高效地发生,从而撬动每一场教学互动走向高质量。

(四)案例四:"小红花"评价助力家园协同共育的实践案例

以中班李厚梁家长的《互动评价 看见孩子 看见成长——家园共育 许孩子一个花样未来》为例。

孩子是家庭的珍宝,更是祖国的未来。我41岁才有的孩子,朋友们常笑我是老来得女,加之工作的特殊性,因此,我非常重视孩子的教育。她是幸运的,也是幸福的,能在环境优美、教育优质的新村幼儿园就读。

❀	乐于劳动	❀❀	2朵
❀	乐于表达	❀❀❀❀❀	5朵
❀	乐于运动	❀❀❀	3朵
❀	乐于创造	❀❀❀❀❀❀	6朵
❀	乐于交往	❀❀❀❀❀	5朵
❀	乐于探索	❀❀❀❀❀❀❀	7朵

图5-3-8 使用"送你一朵小红花"APP家长自评结果

开学后不久,在新学期家委会会议上,我听刘园长介绍了幼儿园工作计划,也第一次了解到幼儿园正在开展的"送你一朵小红花"家园协同评价工作。我被这种非常具有创新性的评价方式深深吸引了,它将新村幼儿园的育人目标具体化为"六乐儿童",这种简洁的方式让家长和孩子都能很快记住。此外,园方还聘请科技公司专门研发了相应的APP,能让孩子在园三年的成长发展有迹可循,让我们家长更清晰地看见孩子的成长与发展特点。这是新村幼儿园珍视每个孩子、尊重每个孩子的独特性的最好体现之一。回家后我很激动地与夫人分享了关于"小红花"的感受,我们决定要好好运用这个双向评价的方式去促进女儿的成长。

今年幼儿园的运动会,中班孩子们第一次参加个人竞技项目"一分钟拍球比赛"。去年的新幼纪录是226个,为了打破纪录,女儿所在班级的老师在儿童发展评价"送你一朵小红花"APP 里发布了"请家长陪宝贝每天练习拍球"的亲子活动。每天,孩子们的拍球视频都会展示在 APP 里,同伴们互相观看也彼此激励。幼儿园体育老师大向老师也通过视频来了解孩子们的具体情况,在比赛前对孩子们进行有针对性的指导。最终,我班有三位孩子打破纪录,并创造了 1 分钟拍球 251 个的新幼新纪录。

我也会经常查看 APP 里女儿得到的小红花数据,发现她在"乐于劳动"这一点上得到的小红花数量非常少,这让我意识到我们对其劳动教育的关注不够。于是,在接下来的一段时间里,我带着女儿积极参加幼儿园的"小蜜蜂"劳动,陪伴她参与户外锻炼,这让我不得不感叹新村幼儿园教育的全面性和前瞻性,也真切地感受到了儿童发展评价 APP"送你一朵小红花"的意义。

使用儿童发展评价 APP"送你一朵小红花"进行评价的过程让我更好地支持、配合幼儿园及班级教师,支持自己孩子的成长。此外,这让我更有动力在新村幼儿园温暖的大家庭里,继续去带动更多的家长与幼儿园通力合作,培养好祖国未来的建设者,许孩子们一个花样未来!

第六章 欢乐谷课程的专业智慧

亚里士多德认为,智慧不在于知识的多少,而在于运用知识的能力。智慧的真谛并非知识的简单堆砌,而是知识与实践之间的巧妙融合。智慧的教师不仅要追求知行合一的专业素养,更要具备为儿童成长赋能的教育情怀。

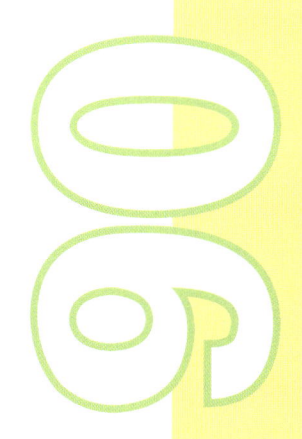

第一节　新幼教师的培养目标

教师队伍是立教之本、兴教之源，是教育高质量发展的关键。新幼集团始终把教师队伍建设放在第一位，立足教育强国对教师队伍培养的整体要求，基于儿童发展需求，着力培养推进儿童全面发展的感恩懂礼、悦纳均爱、专业优雅的幼儿园专业教师。

"优雅"是新幼教师的职业追求，优雅指优秀、高雅、智慧。"优雅教师"这看似简单的四个字，却有着丰富的内涵，它需要教师把优秀、自信外化于行，把智慧、博爱、专精内化于心，把理性与感性完美结合。优雅教师，需要有"苟日新，日日新，又日新"的精神状态，需要有"发现美、创造美、传递美"德艺兼备的高雅，还需要有"春风化雨、永葆童心"启迪成长的智慧。优雅教师应该具备"师德师风高尚、政治素质过硬、业务能力精湛、人格魅力独具"四个方面的素质和能力。

新幼优雅教师的培养，让教师从"优秀"走向"优雅"，旨在使教师队伍建设的重心下移，在注重标杆引领的同时，关注每位教师自主、和谐、可持续的成长，让每位教师凝练具有新幼教师特质的"精神"气质。

一、共识目标·同心聚力

新幼集团在幼儿园团队培养方面通过明确愿景与使命、建立共同价值观、制定明确的行为准则、营造积极的团队氛围、搭建有效的沟通平台、定期组织团队建设、激励与认可、持续改进与自我反思等措施，逐步达成目标共识，实现凝心聚力。新幼集团结合时代要求，对标"四有"好老师，不断优化教师团队的培养目标，从"专业、美丽、学习、向上"八字目标到"懂规矩、识大局、讲奋斗、比贡献"十二字目标，到"懂礼守规矩、感恩知贡献、学习促成长、沉静成优雅"二十字目标，再到"感恩懂礼、悦纳均爱、专业优雅"十二字目标。经历四次迭代更新，培养目标的内容更全面，内涵也变得愈加丰富，让教师把每一版的培养目标都内化于心，达成共识，共同为更好的自己砥砺前行。

四次教师培养目标的持续调整改变，深刻映射了新幼教育理念的前瞻性与创新性。这不仅彰显出新幼集团始终紧扣儿童成长的核心需求，更紧密结合当前教师的发展渴求，以全面培养教师的综合素养为导向，展现了高瞻远瞩的教育视野。同时，也充分展现了新幼集团对教育质量的不懈追求，为构建更加优质的教育生态奠定了坚实基础。在新幼集团教师队伍建设的过程中，遵循以下三个原则。

（一）以儿童发展需求为核心

《幼儿园教师专业标准（试行）》提出了"师德为先、幼儿为本、能力为重、终身学习"[①]的基本理念。"尊重幼儿权益，以幼儿为主体，充分调动和发挥幼儿的主动性；遵循幼儿身心发展特点和保教活动规律，提供适合的教育，保障幼儿快乐健康成长。"这是幼儿园教师践行"幼儿为本"理念的行为准则。[②]"幼儿为本"这一理念的提出指引教师培养从专注教师专业知识和技能转向注重以儿童发展需求为核心。新幼教师需要掌握扎实的专业知识，深入洞悉儿童的身心发展规律，更好地满足儿童的学习需求。这种培养目标的转变，使教师在教学实践中更加注重儿童的个体差异，从而提供个性化的教育。教师不仅要注重个人修养及内在品质的塑造，更要树立正面榜样，以正能量去启迪儿童心灵。

（二）以教师个人发展需求为导向

教师的个人发展需求是教师实现自我提升和职业成长的关键，也是实现自我价值、适应教育改革、不断增强职业幸福感的动力。新幼始终将教师的个人发展需求置于重要位置，从共性培养到个性发展，从单一评价到多元激励，关注每一位教师的成长轨迹，为他们提供多元化的学习和发展机会，鼓励教师在教育实践中发挥创造力，

---

① 教育部教师工作司.《幼儿园教师专业标准（试行）》解读[M].北京：北京师范大学出版社，2012:151.
② 教育部教师工作司.《幼儿园教师专业标准（试行）》解读[M].北京：北京师范大学出版社，2012:40.

展现个人特色。基于满足教师的个人发展需求，更好地发挥每位教师的优势和特长，培养德才兼备和具有专业素养、创新精神及实践能力的优秀教师。

（三）以教师全面发展的需求为目标

教师只有得到了全面发展才能更好地满足儿童的个性化需求，为儿童的全面发展提供更好的支持。新幼集团关注每位教师全面发展的需求，强调教师培养应注重教师的全面发展，为每位教师量身定制成长规划，推动职业道德修养、知识技能提升、教育教学能力、跨学科学习、创新能力培养、身心健康发展、团队合作与沟通以及持续学习和自我发展等多方面的发展，让每位教师都能得到全方位提升。

二、目标优化，彰显内涵

（一）培养目标 1.0：专业、美丽、学习、向上

2001 年，新幼在学习《幼儿园教育工作规程》《幼儿园教育指导纲要（试行）》的基础上，提出了"让孩子在活动中成长，让每一个孩子得到成长"的教育思想。《幼儿园教育指导纲要（试行）》中"终身教育""以人为本""面向世界"的教育理念丰富了教师专业发展的内涵。因此，新幼提出了"专业、美丽、学习、向上"的教师培养目标，力求让新幼每一位教师都追求"向善求真之美，绽放终身学习，向上成长的生命力，塑造全面发展的人生"，四个词语勾画了生机勃勃的新幼教师"画像"。

1. 专业：铸造核心竞争力

新幼教师要具备扎实的专业知识和专业能力，不断追求专业理想，将专业热忱融入日常工作的点滴之中。时刻保持专业的严谨态度，从专业的视角去审视问题，以专业智慧去解决各类挑战。在教育教学方面，具备扎实的专业技能和丰富的实践经验，灵活运用各种教学方法和手段，有效促进儿童全面发展。

2. 美丽：塑造内外兼修的真善美

新幼教师要具备健康的心态、积极的情感和良好的人际交往能力。美不仅是外在的形象，更是内在心灵和精神世界的展现，以整洁干净之美，展现新幼教师良好形象；言谈举止之美，彰显新幼教师文明素养；优雅仪态之美，展示新幼教师风采；传统

文化之美,传承民族精神;共同沉醉之美,感受生活的美好,不断提升新幼教师的审美品位和人生境界。①

3. 学习:让知识成为力量

新幼教师要树立持续学习的观念,保持终身学习的能力,关注幼儿教育的最新动态和趋势,不断更新自己的教育理念,拓宽学习的领域,掌握科学有效的学习方法。同时,重视理论的学习与应用,让知识转化为实践力量。

4. 向上:追求进步,永不停息

新幼教师要拥有积极向上的生活态度,保持阳光活力,勇于面对生活中的挑战;积极进取,不断提升自己的能力和素质;不怕困难,敢于迎接一切挑战;比学赶超,与优秀的人一起成长;富有正能量,将积极向上的精神传递给身边的人,在追求进步的道路上不断精进,永不停息。

"专业、美丽、学习、向上"的新幼教师,能根据儿童的发展阶段和特点,更好地满足儿童的发展需求,为他们提供更加科学、有效的教育支持;能为儿童营造积极、健康的学习环境,促进他们情感的健康发展;能激发儿童的潜能,引导他们积极面对生活中的挑战和困难,培养他们的自信心和进取心。在新幼教师培养目标1.0版的引领下,新幼教师呈现出积极追求专业成长、内外兼修、终身学习和向上生长的工作样态。

(二) 培养目标2.0:懂规矩、识大局、讲奋斗、比贡献

2016年1月29日,中共中央政治局会议基于发扬党的优良作风以及新时代的新要求、新挑战提出四个意识——"政治意识、大局意识、核心意识、看齐意识"。② 这"四个意识"不仅是对教师队伍政治觉悟的高度概括,也是新时代下教师队伍建设的政治方向。基于此,新幼的培养目标调整为"懂规矩、识大局、讲奋斗、比贡献"。这一调整不仅体现了对教师队伍纪律建设的严格要求,更凸显了对教师职业道德、职业能力以及职业价值的关注。

"懂规矩、识大局"要求教师在教育教学工作中严格遵守教育法律法规,遵循教育

---

① 姜勇.幼儿教师专业发展[M].北京:高等教育出版社,2015:24-27.
② 薛生祥.学校管理中应强化四种意识[J].青海教育,2022(3):61.

规律，深刻理解和把握教育改革发展的大局，将个人发展与新幼发展、国家教育事业发展、国家发展紧密结合起来。

"讲奋斗、比贡献"鼓励教师树立崇高的职业理想，发扬奉献精神，勇于担当，乐于奉献。教师不仅要不断追求自我提升与专业成长，更要关注儿童的全面发展，为培养社会主义建设者和接班人贡献自己的力量。同时，教师之间也要形成你追我赶、乘风破浪的"赛马"氛围，相互学习、相互竞争，共同提高教育教学水平。

1. 懂规矩：懂法律、懂规则、懂礼仪

作为新幼教师，"懂规矩"需要做到：爱国守法，能认真履行社会公德、家庭美德、职业道德；爱岗敬业，有事业心与责任感；能自觉遵守幼儿园规章制度，严于律己；知礼仪，有修养，谈吐文明，行为端庄，时刻注意自己在孩子、家长、同事前的形象；尊重领导、尊重同伴，诚恳待人，能换位思考，相互体谅、包容、协作；有请示汇报的自觉意识，能在不同场合中得体地处理人际关系，展现恰当的处事之道。

2. 识大局：识集体、识荣誉、识自己

"识大局"的具体内容包括：正确认识自我，意识到自己所从事的工作是幼儿园整个事业的组成部分，能认清并摆正自己的位置，用长远眼光观察分析问题；能在关键时机、关键事件、关键问题上，处理好各方关系，掌握好工作推进的节奏和力度；自觉做到局部和个人利益服从整体利益，眼前利益服从长远利益；树立"园兴我荣、园荣我幸、园衰我耻"的新幼主人翁意识；爱园如家，不说不做影响形象、团结、情绪及有损新幼荣誉、伤害集体利益的话和事；服务大局，不计较个人得失，把新幼的目标和自己的工作、生活、学习联系起来。

3. 讲奋斗：讲理想、讲学习、讲进取

"讲奋斗"的具体内容包括：立足本职，明确自己的专业理想和奋斗目标，有不忘初心的教育情怀；有积极向上、健康、乐观的工作心态，有全心全意、尽职尽责的良好工作作风；有学习的主动性与积极性，不断提高个人道德素质、文化素养、专业技能，在自己的岗位上做出不平凡的业绩；秉承吃苦耐劳、勤俭节约、踏实肯干的新幼精神，在专业上积极进取、不断提升。

4. 比贡献：比主动、比担当、比业绩

"比贡献"的具体内容包括：勇挑重担，主动承担任务；工作中不计时间、不计报酬、不计得失，努力进取；不断提高自己的专业能力，为新幼的发展作贡献，创造优秀业绩；有担当精神，在任务和困难面前不推诿、不逃避。

这一阶段培养目标的更新体现了新幼对教师专业素养和行为规范的强调。"懂规矩、识大局"是对新幼教师职业道德和行为规范的明确要求；"讲奋斗、比贡献"彰显了新幼鼓励教师在职业道路上不断奋斗，为教育事业作更大的贡献。这种变化反映了教师队伍建设理念从单一的专业技能培养向职业道德与职业技能并重的转变。

在新幼教师培养目标 2.0 版的引导下，新幼教师强化了"四个意识"，人人"懂规矩、识大局、讲奋斗、比贡献"，教师队伍也发生了深刻的变革，展现出了前所未有的活力与潜力：教师行为规范化，教育环境和谐有序；教师具备全局观念，教育质量整体提升；教师奋斗精神被激发，职业成就感显著增强；教师贡献意识增强，团队凝聚力显著提升。新幼教师更加坚定地遵守教育法律法规，紧跟教育改革发展的步伐，将个人的教育理想融入国家教育事业的大局之中，不仅在教学上精益求精，更在德育中展现出极高的责任感和使命感，成为儿童成长道路上的引路人。

（三）培养目标 3.0：懂礼守规矩、感恩知贡献、学习促成长、沉静成优雅

《中共中央、国务院关于全面深化新时代教师队伍建设改革的意见》提出，"造就党和人民满意的高素质专业化创新型教师队伍"，强调要"全面提高幼儿园教师质量，建设一支高素质善保教的教师队伍"。[①] 新幼在原有的"懂规矩、识大局、讲奋斗、比贡献"十二字培养目标的基础上，将其进一步深化并扩展为二十字的教师培养目标——懂礼守规矩、感恩知贡献、学习促成长、沉静成优雅。这一新目标不仅涵盖了教师的职业素养、道德情操、专业能力等多个方面，还体现了对教师个人修养和人格魅力的高度重视，强调教师礼润师德，礼仪修身，常怀感恩之心，比个人贡献，实现教育价值，让学习成为习惯，在学习中追求专业成长，在沉静中孕育智慧、灵秀。

---

① 曹晔. 新时代要全面深化职教师资队伍建设改革——《中共中央 国务院关于全面深化新时代教师队伍建设改革的意见》解读[J]. 江苏教育，2019(04)：24-28.

1. **懂礼守规矩：遵纪守法、规矩意识、有礼有节、文明守礼**

具体要求：爱国守法，能认真履行社会公德、家庭美德、职业道德。爱岗敬业，有事业心与责任感；能自觉遵守幼儿园规章制度，严于律己；尊重儿童、尊重领导、尊重同伴，待人诚恳，能换位思考，相互体谅、包容、协助；举止文雅、以礼相待，仪表端庄、整洁大方，语言文明，待人真诚。时刻注意自己在儿童、家长、同事前的形象；有请示汇报的意识，能处理好各种关系。

2. **感恩知贡献：知恩励志、感恩明德、大局意识、乐于奉献**

具体要求：珍视恩惠，把感恩之情转化为前进动力。懂得感恩，以高尚品德报感恩之心。对培养、教导、指引、帮助、支持自己的集体或个人心存感激，用实际行动报答新幼和社会；服务大局，不计较个人得失，把新幼的目标和自己的工作、生活、学习联系起来；认真、务实地从最小事做起，真正做到严于律己、宽以待人、正视错误、互相帮助，不断增强责任感；勇挑重担，主动承担任务，在任务和困难面前不推诿、不逃避；发扬吃苦耐劳的精神，尽职尽责，踏实工作，努力创新，在新幼茁壮成长，为新幼积极作贡献。

3. **学习促成长：主动学习、互助学习、终身学习、温故知新**

具体要求：做好本职，明确自己的专业发展方向和奋斗目标，做一个有理想的幼教工作者；有学习的主动性与积极性，不断提高个人道德素质、文化素养、专业技能，在自己的岗位上做出不平凡的业绩；同伴互助学习，共同提升团队专业能力，共创佳绩；汲取先进的教育理念，丰富个人知识库，为团队提供资源；不断反思与自我审视，发现问题并指引探索方向；勤于总结、梳理经验，以学促长，以持续学习推动终身进步。

4. **沉静成优雅：踏实稳健、完善自我、宁静致远、知性优雅**

具体要求：专注教育的每一环节，关怀每位儿童。将专业追求融入终身发展，潜心静气做教育，脚踏实地育人才。自我定位明确，态度端正，遇事冷静理性、处理得当，在关键时刻稳健应对、游刃有余，掌握工作节奏；积极乐观，尽职尽责，养成良好作风；注重个人修养，丰富自身的文化内涵，优化朋友交际圈，养成健康的生活方式，在文化陶冶中优雅且有涵养。

新幼教师培养目标 3.0 版在 2.0 版的基础上进一步细化和深化。"懂礼守规矩"不仅是对教师职业道德的要求,也是对儿童进行礼仪教育的示范。"感恩知贡献"强调教师的感恩情怀和对社会的贡献意识,这与儿童教育中培养感恩心和责任感是相辅相成的。"学习促成长"体现教师自我学习和成长的重要性,也是高质量教育的重要保证。"沉静成优雅"强调专注,潜心静气做教育,以及教师个人修养和气质的提升,为儿童营造一个优雅、和谐的学习环境。这一目标有助于提升教师的专业素养和教育质量,促进新幼儿童的全面发展;同时,也符合社会对于优秀教师的期望,为教育事业的可持续发展提供有力保障。

在新幼教师培养目标 3.0 的引领下,新幼打造了一支师生关系和谐、心怀感恩、团队合作融洽、持续学习、有专业素养、沉静内敛、彰显内在优雅的新时代教师队伍。新幼教师致力于成为推动教育改革、培养社会主义建设者和接班人的坚实力量。

(四) 培养目标 4.0:感恩懂礼、悦纳均爱、专业优雅

《幼儿园保育教育质量评估指南》提出幼儿园教师队伍建设的评估参考指标,强调要建立一支尊重学前教育规律、熟悉幼儿园保育教育实践的高素质教师队伍。[①]

幼儿教师是学前教育高质量发展的第一资源,要建设高素质、专业化、现代化的幼儿教师队伍才能为学前教育高质量发展提供最强有力的保障。"[②]在这个过程中,需要做到"三个坚持":坚持党的领导,坚持以德为先,坚持专业发展。在相关会议、文件精神的指引下,幼儿园教师的培养迎来了新的要求和挑战。教师高素质、现代化、专业化等要求不仅体现了对教师专业素养的高度重视,也反映了当前教育领域对幼儿全面发展的深刻认识。

新幼教师培养目标 4.0 版旨在打造一个全面而卓越的幼儿园教师团队,不仅专业素养强,在情感、态度和价值观上更是与时俱进。

---

① 韩雅静.从《幼儿园保育教育质量评估指南》颁布谈幼儿园教师师德师风建设[J].陕西教育(综合版),2023(06):36-37.
② 孙玉梅.贯彻党的二十大精神 推动学前教育高质量发展[J].甘肃教育,2023(04):10-12.

1. 感恩懂礼

以律为先，强化纪律意识： 教师增强"四个意识"，坚定"四个自信"，做到"两个维护"，廉洁从教、依法执教、以身作则、为人师范。深刻理解纪律在教育中的重要性，时刻以纪律和规矩约束自己的言行，确保所有行为都符合规章制度，筑牢自律防线，确保风清气正。

怀感恩心，行感恩事： 教师时刻保持对教育事业、儿童及家长的深厚感情，真诚地对待每一位同事、儿童和家长，用实际行动回报团队的培养。

以礼存心，知礼立人： 新幼教师不仅自身懂礼，更注重引导儿童学会感恩和尊重，以礼貌文明的行为示范，助力儿童建立正确的价值观。

2. 悦纳均爱

以爱为基，悦心悦己： 以爱为基础，愉悦接受并欣赏自己的优点和不足，形成积极的自我认知，包容和尊重他人，理解人与人之间的差异。

均爱无偏，公正无私： 发现并欣赏每一个儿童的闪光点，给予他们平等的关注和支持、平等的教育机会和资源，关注每个儿童的个性发展，尊重每一个儿童的个性和需求，给予他们充分的自主权和选择权。同时，根据他们的特点和需求进行有针对性的教育，真正做到公平有效。在与儿童的互动中保持诚实守信、言行一致，让儿童了解公正无私的行为方式。

3. 专业优雅

扎实学识，精湛技能： 修炼教师专业，把学习、成长当成一种习惯、追求和信仰，努力提升教育教学水平，精益求精，丰富教育技能，能够灵活运用各种教学方法和手段，激发儿童的学习兴趣，让他们在快乐中学习、健康成长。教师在专业知识和教育理念方面具有深厚的底蕴及较高的水平，不断更新自己的知识结构，适应教育改革和发展的需要。

举止优雅，言行得体： 以雅为尚，注重自己的仪表和谈吐，得体说话，谦和处世，展现出优雅的气质和风度。在与儿童的互动中，始终保持温和的态度，耐心倾听、细心指导，让儿童感受到温暖和关爱。

书香工作，诗意生活： 在工作中，勤阅读、学习和思考，追求知识的深度和广度，不断提升自己的学识和素养;在生活中,不忘欣赏身边的美好事物,品味点滴细节,让心灵得到滋养和升华。

这一阶段的教师培养目标更加凝练。"感恩懂礼"是对新幼教师职业道德和个人修养的综合要求,也是高质量教育中师幼互动的基石。"悦纳均爱"体现了教师对儿童平等、公正的态度和关爱,这与儿童发展需求中的情感支持和安全感密不可分。"专业优雅"则是对教师专业素养和个人气质的双重要求,既体现了教师对儿童需求的关注,也展示了教师在教育过程中的优雅风采。

新幼集团拟通过新幼教师培养目标4.0版,努力打造一支具备专业素养的卓越教师队伍,让教师成为儿童成长道路上的引路人,为培养德智体美劳全面发展的社会主义建设者和接班人贡献自己的力量。

新幼教师培养目标的四次迭代更新体现了教育理念的不断进步和对高质量教育的追求,从强调专业素养到注重职业道德和行为规范,再到提升个人修养和气质,这些变化始终围绕着儿童发展需求、教师发展需求。与时俱进的目标不仅有利于提升教师的专业素养和教育质量,更有助于促进儿童的全面发展和社会的和谐进步。

第二节　新幼教师的培养路径

成就一名"感恩懂礼、悦纳均爱、专业优雅"的新幼优雅教师,需要铺就一条精心规划的成长路径,这条路径涵盖了师德师风、专业学识、教学技能、内涵底蕴多方面的培养。在此过程中,教师不断磨砺自我,以期在新幼的沃土更优雅地绽放。

新幼教师队伍建设力求做到"四个明确":一是明确新幼教师的使命任务;二是明确新幼教师的职业素养;三是明确新幼教师的专业发展路径;四是明确新幼教师的责任担当。

一、党建统领,师德铸魂

党建统领是确保幼儿园教育方向正确、提升教育质量的重要保障。新幼坚持以党建统领推动幼儿园工作的开展,全面落实基层党建责任,认真贯彻落实党的路线方针政策和相关重大会议精神,按照"围绕教育抓党建,抓好党建促教育"的工作思路,促进党建和教育教学的有机融合,推动园所高质量发展。

2019年,教育部等七部门印发了《关于加强和改进新时代师德师风建设的意见》,把师德师风作为评价教师队伍素质的第一标准,而"师德为先"也是《幼儿园教师专业标准(试行)》的基本理念。新幼教师必须秉持"师德为先"的理念,遵循《幼儿园教师专业标准(试行)》的要求,热爱学前教育事业,具有职业理想,践行社会主义核心价值体系,履行教师职业道德规范。关爱儿童,尊重儿童人格,富有爱心、责任心,做到耐心和细心,公平公正;为人师表,教书育人,自尊自律,做儿童健康成长的启蒙者和引路人。

师德为先,需要教师具备高尚的道德情操,能够以身作则,成为儿童学习的榜样,引导儿童形成正确的价值观、人生观和世界观,培养良好的道德品质和社会责任感。

师德为先,即教师在开展教育教学活动、履行教书育人职责的过程中,将师德放在首位。其中,"热爱学前教育事业,具有职业理想,履行职业道德,努力践行社会主义核心价值体系"是幼儿园教师师德的核心;"关爱儿童,尊重儿童人格,富有爱心、责任心,做到耐心和细心,公平公正"是幼儿园教师师德的重要内容;"做儿童健康成长的启蒙者和引路人"的幼儿园教师必须为人师表,教书育人,自尊自律,这是《幼儿园教师专业标准(试行)》对幼儿园教师的角色要求。①

新幼将"师德"作为培养教师的首要目标,强调"爱是师德的基础,师德比能力更重要"。党建统领,紧紧围绕"让师德走心,令师德可见,使师德可评"这条主线,以教师职业道德规范为准绳,持续开展师德师风建设系列活动,潜移默化润泽教师心灵,锻铸高尚师魂。通过不同形式的实践加强了师德师风的建设与管理,更新了师德观念,规范了师德行为,提高了师德水平,为儿童创设健康、和谐、安全的成长环境。

(一)思想引领、学习筑基,培养师德之魂

思想是行动的先导,思想引领是队伍建设的核心,是推动高质量发展的关键。

---

① 教育部教师工作司.《幼儿园教师专业标准(试行)》解读[M].北京:北京师范大学出版社,2012:151.

1. 紧跟党走，培养新幼正能量之师

党的教育方针是我国教育事业的根本指导原则，也是我们教育工作的行动指南。新幼始终坚持把思想政治工作贯穿幼儿园教育管理全过程，要求教师深刻理解和坚持立德树人的根本任务，把立德树人成效作为检验幼儿园一切工作的根本标准，全力培养德智体美劳全面发展的社会主义建设者和接班人。督促教师自觉践行社会主义核心价值观，用自己的言传身教来影响和引导儿童，注重培养儿童的爱国情感、社会责任感和公民意识，帮助他们树立正确的世界观、人生观和价值观。

新幼定期结合政治学习明师德，以规范党建工作为抓手，深化政治学习，做政治上的"明白人"，以此提高教师的思想积极性、工作主动性和教学细致性。用党的科学理论武装教师，用党的初心使命感召教师。教师学习领会党的教育方针的科学内涵、核心要领和精神实质，争做"有理想信念、有道德情操、有扎实学识、有仁爱之心"的四有好教师，坚持做到"教书与育人相统一、言传和身教相统一、潜心问道和关注社会相统一、学术自由和学术规范相统一"①，牢记党的光荣传统和优良作风，坚定信念，凝聚力量，提高思想政治素质，形成敬业立学、崇德尚美的品格。

新幼的正能量之师，树立了正面榜样，传递着积极能量，承载着家长的信任、社会的期待，更承载着国家未来的希望，不仅是启迪智慧的引路人，更是塑造品格、传递希望的明灯。

2. 聚焦行规，牢记师德规范要求

加强师德师风建设是"不断提高教师队伍整体素质""培养德智体美劳全面发展的社会主义建设者和接班人"的根本保证。新幼党支部定期组织教师理解学习教育部印发的《新时代幼儿园教师职业行为十项准则》《关于加强和改进新时代师德师风建设的意见》《中小学教师违反职业道德行为处理办法》《严禁教师违规收受学生及家长礼品礼金等行为的规定》等文件精神，增强法治观念，明确教师的职业规范和职业要求，全面加强师德师风建设，通过对照自查，规范言行举止，让教师更加深刻地了解、领悟、践行"十项准则"，做到以德立身、以德立学、以德施教、以德育德。结合社会

---

① 周文彰，岳凤兰."四个统一"是师德师风建设的时代要求[EB/OL].(2018-03-13).[2024-4-2]. http://theory.people.com.cn/GB/n1/2018/0313/c40531-29865356.html.

和新闻热点,开展系列警示教育活动,全面提高职业道德修养。

3. 凝聚归纳,形成新幼师德文化

师德文化是指在教师在教育实践过程中形成并传承的关于职业道德、价值观念、行为规范的文化体系。新幼立足五爱品质、五自意识、五学追求、五行格言、五项禁令形成了《新幼教师专业要求》,围绕个人篇、师幼篇、家园篇梳理了《新幼教师行为规范》《新幼教师"十不准"》。每一位教师都应该遵守师德规范,新幼教职工师德承诺书应运而生,在开学工作会、教师节活动、师德主题教育活动时,全体教职工都会庄严承诺。(如图6-2-1)

> **我的承诺**
>
> 我有缘遇见新幼,我用心了解新幼,我用情感悟新幼,我用爱体验新幼。为此,我庄严承诺:
>
> **修学为人师,立行为示范;**
> **爱岗且敬业,儿童放第一;**
> **友善待同伴,诚恳待家长;**
> **守法又遵纪,廉洁规言行。**
>
> 为了坚守神圣的幼教事业,甘愿奉献自己的智慧和力量!
>
> 　　　　　　　　　　　　　　　　承诺人:

图6-2-1　新幼教职工师德承诺书

新幼的师德建设与团队建设有机结合,每位教师都是师德文化的建设者,教师的培养目标因时而变,而师德建设从未停止,新幼师德文化成为了新幼人潜移默化的思想与行为规范。

4. 聚焦儿童,铸就仁爱之师团队

爱在教师的一言一行、一举一动。新幼党支部结合全体行政、保教人员形成了新幼关爱儿童成长的"三爱行动"。

"爱的语言"行动:爱孩子,要说出关爱的语言。当孩子陷入困难时,说启发的话;当孩子缺乏自信时,说鼓励的话;当孩子摔倒受伤时,说安慰的话……面对不同情景

中的孩子,教师要给予不同的关爱语言。

"爱的行为"行动:爱孩子要落实在我们的行动中。三米阳光迎接儿童,认真倾听回应儿童,蹲下身体对话儿童,深入细节关注儿童,耐心观察等待儿童,活动选择尊重儿童,关注需要支持儿童,理解共情接纳儿童,以身示范感染儿童。

"爱在细节"行动:开学前记住每位新生的名字、喜好、乳名,珍惜儿童亲手制作的礼物,对每个儿童进行有针对性的观察记录……让每一个细节都充满教师对儿童的浓浓爱意。

新幼每天都在发生关于爱的生动故事,在新幼出版的《快乐教育与内涵生长》一书中,收录了"耐心等候是爱的第一步""爱让孩子发光""种豆得豆""爱在心灵,一路阳光"等优秀师德案例。新幼培养了一批又一批用爱浇灌儿童成长、为儿童播下美德种子的仁爱之师。

(二) 统筹策划·创新活动·铸造师德之形

1. 立足亮旗登高,营造追光氛围

鼓励党员教师争当"新幼八先锋",加强党员教育管理,人人在各自岗位上亮旗示范,并将此作为民主测评和期末考评的重要指标。

新幼党员八先锋——政治思想靠得住,做思想引领先锋;师德师风树得好,做行为示范先锋;困难任务站得出,做勇挑重任先锋;平常之中看得见,做脚踏实地先锋;教育教学干得强,做创先争优先锋;为人处世行得正,做诚信友爱先锋;名利面前吃得亏,做舍己奉献先锋;廉洁自律把得严,做严于律己先锋。人人铭记于心,人人内化于行。

新幼持续开展"党员教师亮身份"主题活动,切实增强教师的党员意识、先锋意识和责任意识。通过党员教师亮身份、定目标、讲措施,紧密融合党建工作与教育教学工作,引领党员教师立足岗位追求卓越,争当先锋。同时,扎实推进"我为群众办实事"实践活动,党员教师带头作表率、立标杆;带头营造积极向上、你追我赶的工作学习氛围;带头开展示范课教学,组织区域游戏观摩,举办讲座引领、传递正能量,做业

务精湛的楷模。这一系列举措不仅提升了党员教师的整体形象,更为新幼的发展注入了强大的动力。

2. 党团结对帮扶,明志携手同行

党团结对帮扶是按照全面从严治党要求,以加强党的先进性建设为主线,增强党员干部的先锋意识,提升基层党组织的创造力、凝聚力和战斗力。党团结对重在思想和党性的帮扶。

一方面,带思想、带作风。党员师傅要加强宣传党的理论,帮助徒弟树立正确的世界观、人生观、价值观。加强党的理论学习,宣传党组织的决策;经常开展谈心谈话活动,及时了解青年教师的思想动态;加强教育引导,增强徒弟的责任感和使命感。以身示范,求真务实之风、团结和谐之风、真诚服务之风、廉洁自律之风。同时,不断发现优秀青年,积极鼓励优秀青年教师向党组织靠拢,向党组织推荐人才。

另一方面,带专业、带业绩。通过"党员教师示范岗"活动,党员师傅带领徒弟钻研业务,聚焦教育教学实践的组织与研究,以党员的榜样力量带动团员教师深学争优、敢为争先、实干增效。

立足党建带团建,抓好党团帮带,加强青年教师的教育管理与理想信念教育,开展"奔涌吧,后浪!"团员演讲比赛、新幼教师礼仪展示……多途径丰富团组织生活,打造了一支充满激情、积极向上、专业美丽的青年团队。

3. 结合师德目标,开展主题活动

师德需要培育,在一次次的主题活动中加强教师的自我修炼和展示。2014年开展"爱与责任,我是新幼教师"主题系列活动,其中,"孩子心中的好老师"评选活动得到了家长和孩子的积极参与及建议,教师通过此活动更好地审视自我,并提升自我。

在2016年的"懂规矩、识大局、讲奋斗、比贡献"师德主题教育活动中,通过系列学习、调查问卷、家长访谈、标兵表彰等活动,有效促进教职工提升自我素养,从而提升教师团队形象。

在2018年的解读新幼团队"二十字精神"活动中,教职工根据自身所学、所做、所感深入理解新幼精神的内涵与实质。全园开展做"沉静优雅的新幼教师"演讲比赛,将二十字培养目标中的其中一项具象化,使之落实于教职工的言行中。

4. 利用榜样示范，激励向上向善

组织教师积极学习楷模张桂梅、王红旭、黄大年、吴蓉瑾以及全国教书育人楷模郭文艳、李青霖等人的先进事迹，收看CCTV-1《榜样》专题节目，提升自我，并及时结合所学分享感悟。

幼儿园创建"榜样在身边"优秀、先进教职工展示栏，展示获得的荣誉表彰及先进典型事迹，同时在线上、《新村家园》园报上大力宣传、树立标杆。

结合区教委"爱我你就夸夸我"心理健康主题活动，开展"每周一赞"活动，启发教职工关注身边的真善美，定期进行"夸夸我的好同事"征文活动。

每月开展观影活动，播放教育经典影片，如《看上去很美》《小孩不笨》《地球上的星星》等，以微讨论、微感想等形式人人发表、书写心得体会，提高教师师德师风修养，让爱儿童、爱事业、爱集体成为新幼人的共同追求。

开展两年一次的"新幼巾帼"表彰活动，展示新幼巾帼的先进事迹，让教师感受"她"力量，掀起教师对榜样人物的学习热潮。

在党建统领下，新幼教师保持初心，展现高尚的师德，优雅绽放。新幼教师不仅是新幼发展的见证者，更是参与者，共同塑造新幼的未来。面对新幼的潜力和无限可能，每一位新幼人肩负起挖掘和创造的责任，以榜样为引领，共筑新幼更加辉煌的明天。

二、规划先行，靶向成长

《中国教育改革和发展纲要》中明确指出："振兴民族的希望在教育，振兴教育的希望在教师。建设一支具有良好政治业务素质、结构合理、相对稳定的教师队伍，是教育改革和发展的根本大计。"[①]为适应当今社会对教师能力和素质的要求，秉持"儿童第一"教育价值观和全面育人目标，新幼集团致力于教师队伍的建设和人才培养机制的变革。以贯彻党的教育方针、坚持立德树人为基点，帮助教师找到专业发展生长点；建立层级教师制度，打通教师专业发展通道，保障教师获得专业发展的权利；通过建构集团化园本教研组织、完善园本教研制度体系、搭建成长平台，为教师提供丰富

---

① 中共中央 国务院.中共中央 国务院关于印发《中国教育改革和发展纲要》的通知[J].中华人民共和国国务院公报，1993(04)：143-160.

的资源助推教师专业成长。

(一) 三年规划,闭环实施,落地自我成长

教师作为教育发展的第一资源,制定合理的发展规划是职业发展的重要途径之一。新幼集团每位教师都有自己的特长、发展目标、发展方向,在集团发展规划的指导下,幼儿园尊重每位教师的成长需求,激发教师的内在成长动力,量身定制专业发展路径。

1. "谋"规划——科学规划,激发内驱

教师三年职业发展规划要发挥作用,"谋"是关键,规划的内容至关重要。教师需要深度剖析自我、分析自身发展的优劣情况、完成自我评估,制定三年职业发展目标、任务措施及预期成效。具体内容如表6-2-1。

表6-2-1 教师三年职业发展规划书

一、基本情况及自我评估

姓名		性别		出生年月		
政治面貌		籍贯		工作单位		照片(一寸)
				参加工作时间		
何年、何校何专业毕业				最后学历		
何年评聘何等专业职务				现任职务		
工作经历分析						
环境分析						
素质优势分析	个性特征,兴趣关注,能力评估……					
成绩和问题分析						

二、三年职业发展目标

本阶段职业理想								
专业发展路径规划	教育教学		适应型	熟练型	骨干型	名师型		
						教学名师	科研名师	
		现在所处阶段						
		三年达到阶段						
	行政职务		教师	班长	组长		中层干部	
					课题	教研	分园行政	部门领导
		现在所处阶段						
		三年达到阶段						
三年职业发展目标								

三、任务、措施及预期成效

时间	任务	具体措施	预期成效

2. "准"定位——量身定制,多方论证

制定教师三年职业发展规划,采用"3+3"的工作模式。三人参与规划制定,即1名教师、1名结对师傅、1名管理者。教师是规划的主体,但教师对自己的分析和评价

会有一定的盲区,同伴和管理者的介入能引发教师对三年发展规划的高度重视及深入思考。三方论证:教师先进行第一轮自我论证,教师和师傅一起进行第二轮沟通论证,教师与幼儿园管理者(如园长或教研部主任)再进行第三轮沟通论证,确保规划的具体可行。当众承诺:三轮论证后的定稿规划将进行全园公示。

3. "实"行动——搭建平台,协同发展

幼儿园充分赋权教师自助式成长,教师按照三年职业发展规划内容进行自主学习及管理,通过读书、网络学习、课堂实践等方式进行自助式学习和发展。此外保教研训部为不同层级、不同需求的教师搭建多元、互助式发展平台,满足其个性化学习、研究、实践。

4. "勤"评价——注重过程、凝练成果

新幼集团对教师三年发展规划评价建立长效管理机制,定期对三年成长规划进展情况进行及时追踪、督查、考核。三年结束,开展教师三年成长规划成果展,通过自评、他评、展示等方式引导教师自我反思总结,肯定成绩、查找不足,进一步推动教师三年发展规划目标的达成。

表6-2-2 教师三年发展规划运行机制

分类 内容	组织者	参与者	成长内容	管理与评价反馈者	时间
集团教师三年成长规划	集团保教研训部	集团所有教师	各层级教师在分园园长的指导下,根据实际情况制定自己的三年成长规划及具体措施	分园园长对照计划进行每年追踪,并进行考核评价	三年成果展示

(二)层级教师,明晰路径,促进教师成长

新幼集团的教师队伍由编制内和编制外两类人员构成,集团编制外教师占比多,不能简单地根据职称对教师进行层级划分。基于现状,新幼集团坚持人本性——注重以人为本、实绩为先;科学性——坚持实事求是、体现差异;发展性——积极促进发

展、鼓励晋级,按照以上原则,制定了新幼集团层级教师成长体系。为广大教师实现良性、主动的发展提供公正的平台与公平的机会。

四级成长体系:新幼集团将教师专业成长的主要过程,具体划分为四个递进层级,依次为适应型教师(四级)、熟练型教师(三级)、骨干型教师(二级)、名师型教师(一级)。

凡在德、能、勤、绩等方面达到新幼集团制定的岗位职责要求,在专业知识与技能、工作实效与业绩等方面达到《重庆市江北区新幼集团层级教师考评指标体系》(见表6-2-3)中规定的标准和水平的教师,都可以申报相应层级教师。

申报定级——在新幼集团所属幼儿园工作,任职满一年及以上的新教师,可申报四级;任职满三个月及以上且幼教工龄达到相应年限的引进教师,可申报相应的层级;任职满两年及以上的其他教师,可申报三级;满五年及以上的,可申报二级;满八年及以上的,可申报一级。

申报晋级——已评为四级教师的,一年后可申报三级;已评为三级教师的,两年后可申报二级;已评为二级教师的,三年后可申报一级。特别优秀的教师,可破格申报。

每年秋季组织专家团队进行专项层级教师考核,并结合年度考核获奖等定级。层级教师评定后,保教研训部对各层级教师进行管理,在培养目标、举措、管理考核等方面均有针对性培养方案,已形成层级教师发展的完整培养链。让每位教师都受到关注、发挥作用、看到成长,每月享受相应的层级津贴。

(三) 机制保障,赋能成长

1. 双师领路,结对帮扶,助力成长

师徒帮带是教师队伍成长的重要机制,新幼集团保教研训部通过师徒帮带、结对互助,让不同层级教师(适应型教师、熟练型教师、骨干型教师、名师型教师)互助和得到培养,打造靶向成长共同体。

附件 1

表 6-2-3 《重庆市江北区新幼集团层级教师考评指标体系层级教师评价指标体系》

考评项目		考评要素内容				信息采集方式	权重
		适应型（四级）	熟练型（三级）	骨干型（二级）	名师型（一级）		
A1专业能力70分	B1基本功8分 艺术技能2分	具有唱、跳、画、弹等艺术基本功。	有1项及以上的基本功特长。	基本功特长在园、区内有影响力。	是园区某学科骨干或带头人。	1. 考核基本功特长。 2. 看基本功特长的发挥情况。（通过培训、观摩活动）	2
	语言表达2分	能运用普通话组织一日保教活动，普通话等级达二级。	能熟练运用普通话与儿童、家长、同事、外界交流，交流时具有亲和力。	有即兴演讲的能力和水平，交流时具有吸引力，感染力，普通话等级达一级。	能胜任各类大型活动主持人的工作。	1. 看在班级半日保教活动中的普通话应用情况。 2. 查普通话证书。 3. 查有关演讲、活动主持的资料。	2
	动手操作2分	能运用各种材料制作教玩具。	自制的教玩具有实用性，有推广价值。	每年有3-5件创新的自制教玩具推出。		1. 看教玩具制作情况。 2. 查教玩具制作情况。	1
		会使用现代化音像设备。	会使用现代化多媒体设备开展教学活动。	会用现代化媒体技术设计、制作教学课件。	设计、制作的教学课件有推广价值。		1
	文本写作2分	会撰写教育计划、教育笔记、教育总结。	会撰写教育案例、经验、反思、论文。	会设计各类观察、记录、统计表格。	各类文本撰写规范、有质量。	1. 查教师撰写的文本情况。 2. 查教学常规平时检查记载情况。	2

(续表)

考评项目		考评要素内容				信息采集方式	权重
		适应型（四级）	熟练型（三级）	骨干型（二级）	名师型（一级）		
A1专业能力70分	B2组织管理34分	知晓儿童的年龄特点，组织儿童集合时不乱不散，关爱儿童，无体罚和变相体罚行为。	能应用多种方法吸引儿童的注意力，调动其积极性。能依据儿童实际指导生活、卫生、学习、行为习惯的养成。	善于观察儿童的生理、心理需求，能依据个体差异给予及时帮助和指导。能有序、合理地组织调节儿童活动。	师幼关系和谐，幼儿爱戴率达95%以上。组织管理儿童的经验有推广价值。	1. 看半日活动的组织情况。 2. 观察儿童行为习惯养成情况。 3. 走访儿童及家长。	5
	班级管理12分	能承担班级日常管理工作。	能依据班级实际制订班级常规，班级秩序较好，儿童常规较好。	熟悉各年龄段儿童特点，能胜任不同班级管理工作。能遵循本年龄段的特点，建立适宜的班级常规，班级管理有序、儿童常规良好。	能用图文并茂的方式展示班级儿童常规，有效指导儿童习惯养成，班级儿童行为习惯良好，家长满意率达90%及以上。		5
		能参与班级重点工作，有文本记录等资料。	能协助保育老师做好儿童生活护理、健康保健、物品管理等工作，保教配合默契。	能胜任班长工作，团结带领同伴实施班级管理，工作有成效。	班级管理工作有特色，能胜任年级组长工作，有现场展示和经验交流。	1. 查班级常规检查、评价情况。 2. 查重点工作及文本记录完成情况。 3. 查班长、年级组长履职情况。	2

(续表)

考评项目	考评要素内容				信息采集方式	权重
	适应型（四级）	熟练型（三级）	骨干型（二级）	名师型（一级）		
一日保教活动管理 12分	能按幼儿园作息制度要求安排一日保教活动，会制订周计划。	能合理安排一日保教活动，按时制订周计划及目提前展示于墙面上。	能结合班级特点和季节特点安排一日保教活动，周计划内容翔实、文本规范。		1. 查周计划的制定和上墙情况。2. 观察一日保教活动的开展情况。3. 查经验交流相关文章。4. 查观摩活动安排、图片等资料。	6
	知晓一日保教活动行为细则及流程，按其要求开展一日保教活动。	执行一日保教活动行为细则及流程，各环节转换紧凑、消极等待少，儿童有比较充足的游戏和户外活动时间。	一日保教活动内容安排均衡，有机渗透，动静交替、内外结合，有序有效。	有一日保教活动实施的典型经验，能提供一日保教活动的观摩学习。		6
教育教学管理 10分	能依据课程目标制订课时计划和准备教玩具。	了解五大领域课程和教育方法，结合儿童实际进行分析，设计适宜的教学计划。	熟习新幼的各类课程、教学计划规范、教学目标适宜，目标准确、清晰，准备恰当，教玩具准备恰当，充分。	熟练运用各种教育手段、方法，形式，组织实施教育教学活动，引导儿童有效发展。	1. 查教育教学活动班级1—2个学习活动情况。2. 查教育教学常规平时检查情况。3. 走访儿童。	5
	组织教育教学活动时，基本环节清楚，基本方法恰当。	教育教学活动的组织注意趣味性、启发性、递进性，目标达成较好，教育教学常规工作检查获良及以上。	有较强的随机应变能力，善于处理教育教学中的各种教育发事件，捕获教育契机及时，教育引导恰当进行因材施教。	形成自身的教育教学风格，在某方面有突出的实践成果值得推广。		5

(续表)

考评项目	考评要素内容				信息采集方式	权重
	适应型（四级）	熟练型（三级）	骨干型（二级）	名师型（一级）		
B3 创设环境 10分	能制订环境创设方案，按方案要求布置环境。	环境布置有序，主题突出，能引发幼儿观察、思考、探究兴趣。	环境布置体现教育目标和课程内容，能创造条件引导儿童参与环境布置。	环境的设计布置有创意、有特点，能充分体现特色教育和儿童发展轨迹。		4
	能布置墙面、有主题墙、课程墙、特色墙、互动墙、家园墙等不同板块呈现。	能设置活动区角，内容丰富，材料充足。	能依据儿童实际、课程内容、节日季节特点及时更新环境，使之保持有吸引力。	善于收集、保管环境创设中的作品和材料，能提供有效资源与同伴共享。	1. 查环境设计方案、班级环境布置（墙面、区角）。 2. 观察儿童区角活动情况。 3. 查有关的经验文章及推广情况。	4
	墙面布置注意了视角美观。	区角布置呈现动静有别、高矮有序、布局合理、方便使用等功能。	能有效管理活动区角，有标识、有规则，便于儿童自取及有序使用。	能进行环境创设的研究，有经验可供交流和推广。		2
B4 教研科研 5分	能主动参与教研科研活动，及时吸收、借鉴最新的教科研信息和成果，注意资料收集。	能针对自身工作中的薄弱问题开展研究，有研究重点和改进策略，突破薄弱，有效果。	能承担教科研课题主研人员工作，主动进行研究，善于积累研究过程中的经验，有初步的研究成果。	能胜任教科研课题负责人工作，带领团队开展研究活动，会撰写研究方案、工作报告及研究论文，取得明显的研究成果，在园内外进行推广。	1. 查教研活动参与情况记录。 2. 查教研工作相关资料。 3. 查突破薄弱的措施和效果。 4. 查课题研究资料。	5

（续表）

考评项目	考评要素内容				信息采集方式	权重
	适应型（四级）	熟练型（三级）	骨干型（二级）	名师型（一级）		
B5 家园社区工作 5分	能主动与家长沟通，及时了解和反馈信息。能组织开展家园互动活动。能听取家长意见。	能调动家长参与、配合幼儿园工作。家园互动活动的组织形式多样。能耐心听取家长意见、主动回应。	与家长关系和谐，家长参与活动的热情度高。能妥善处理家园矛盾，家长投诉少（每学年不超过3次）。热心参与社区服务工作。	能有针对性地开展家庭教育指导。有家园工作经验的积累和推广。无家长投诉，家长满意度达90%及以上。	1. 查家园活动有关资料（计划、签到表、活动照片、活动记录）。2. 考察家园活动现场。3. 发放家长问卷调查。4. 查家长意见信箱、投诉记录。	5
B6 学习提高 8分	学历提升 2分：达幼儿中师，进修幼儿专科。	达幼儿专科，进修幼儿本科。	达幼儿本科，进修其他学科。		查毕业证书及相关资料。	2
	学习培训 3分：有学习兴趣，能积极参与园内外的学习培训。	积极参加各类学习培训，有记录、有发言。	能将所学理论、经验内化为具体工作实践。		查学习笔记、培训记录、发言稿、心得体会等资料。	3
	自我提升 3分：继续教育学时基本达到规定要求。能反思自己的教育实践，逐步改进。	继续教育学时达到规定要求。能时时反思和剖析自己的教育实践，不断规范自己的教育行为。	超继续教育学时要求至少10%。能制订自我成长规划，并付诸实施。	超继续教育学时要求至少20%。专业能力提高明显，能发挥引领作用。	1. 查继续教育笔记。2. 查反思材料、成长规划。	3
B7 活动展示 5分	至少有1项教育教学活动在园内展示。	有1项典型活动在园内展示。	有观摩活动在片区或区内展示，且有推广价值和影响力。		查相关展示活动的资料。	5
A2 专业绩效 30分						

（续表）

考评项目	考评要素内容				信息采集方式	权重
	适应型（四级）	熟练型（三级）	骨干型（二级）	名师型（一级）		
B8 经验交流 5 分	每年撰写 1 篇经验文章。	每学年撰写 2-4 篇经验文章。	每学年撰写 3-6 篇经验文章，且在园内交流或在园、区级刊物上发表。	每学年有经验文章在片、区、市交流或在区、市、国家级刊物上发表，且有实用价值。	查有关资料。	5
B9 论文发表 5 分	与同伴合作撰写 1 篇教育教学论文。	撰写 2 篇教育教学论文，并在园内交流。	撰写教育教学论文 1-2 篇，并在片、区内交流。	撰写教育教学论文 2-3 篇，并在区、市、国家级刊物上发表，且有推广价值。	查论文原件。	5
B10 完成任务 5 分	乐于承担园领导交代的任务，且能认真完成。	乐于承担园领导交代的任务，不推诿。	主动承担园领导交代的任务，保质保量完成。		1. 查有关工作资料。2. 设计发放调查问卷。	5
B11 各类获奖 5 分	至少有 1 项教育教学活动得到园领导、同伴的好评。	获 1-2 项园级奖项。	获区、市级奖项。	获市级和全国奖项。	查获奖登记及获奖证书。	5
B12 其他贡献 5 分	具有主人翁态度，能为本园工作的改进提供好的建议。	能为本园发展献计献策，获园领导好评。	能为本园发展提出 1-2 条金点子，且为点子的实现作出积极贡献。		1. 查有关登记资料。2. 设计发放调查问卷。	5

合计：100 分

表6-2-4　师徒帮带培养机制的运行

内容\\分类	组织者	参与者	成长内容	管理与评价反馈者	时间
集团师徒帮带	集团保教研训部	集团所有教师	各分园教师结对帮扶，签订师徒协议，各层级教师的每月帮带内容不同。	分园园长对照帮带计划考核	一年成果展示

师徒帮带：各分园按照市区骨干教师——园骨干教师——熟练型教师——适应型教师；园长——分园长、教研主任——教研组长——班长——班级教师的结对顺序，以自愿结对为前提，本着"突出重点，强弱搭配"的思路进行结对调控和均衡，保证每位教师都有师傅。发挥骨干教师的示范、引领和辐射作用，加强同伴间的互助，实现"老带新，新促老"。

在帮带内容方面，师徒双方要针对徒弟的实际情况和需求，共同制定学期帮带目标和切实可行的培养内容及措施，签订师徒协议，填写学期帮带计划表。以帮带工作2年以内的适应型教师为例，帮带目标：一日活动组织能力的提升；内容：教学及游戏组织、家长工作、环境创设、教学反思等。其他教师的帮带指导，可根据需求自行确定每期1—2个重点目标。

在帮带管理方面，工作第一学期的适应型教师帮带频率为每周一次，工作第二学期及以上的适应型教师和其他教师帮带频率为半月一次。每次帮带需填写《新幼集团教师师徒帮带记录表》。教学观摩要及时在课后反馈，帮带中要随时发现和解决过程中出现的问题。期末分园长要对照学期帮带计划查看帮带资料，询问帮带情况，鉴定帮带成效，形成鉴定意见。集团对帮带成效显著的教师给予奖励，园内组织评选"优秀导师奖""成长进步奖""最佳组合奖"等并给予奖励；对于帮带成效不明显的教师，分园长则与他们共同找原因，并提出新要求。

表6-2-5　新幼集团教师师徒帮带计划表

项　目	内　容
情况分析	

(续表)

项 目	内 容
帮带目标	
帮带内容	
帮带措施	
预期成效	
期末帮带成效鉴定	鉴定人签名：
师傅签名	徒弟签名

2. 分类分层培养，满足层级教师成长需要

新幼集团为不同层级教师的成长定制分类培养计划，打造分类培养平台，满足不同层级教师的成长需要。

3. 层级定位，搭建层级框架

（1）专业层级成长方向

适应型教师 → 熟练型教师 → 骨干型教师 → 名师型教师

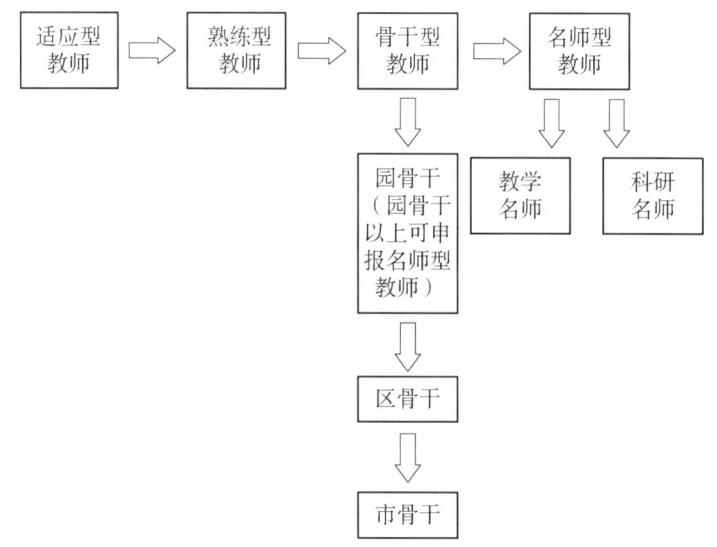

骨干型教师 ↓ 园骨干（园骨干以上可申报名师型教师）↓ 区骨干 ↓ 市骨干

名师型教师 ↓ 教学名师

名师型教师 ↓ 科研名师

图 6-2-2 专业层级成长方向

(2) 行政层级成长方向

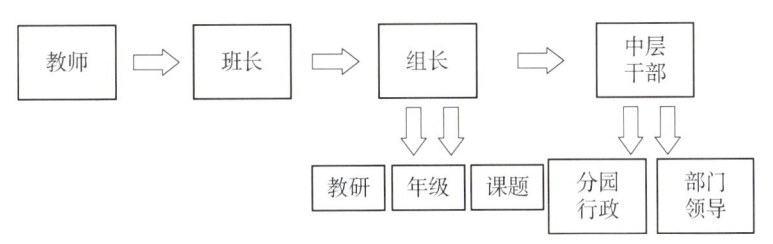

教师 ⇒ 班长 ⇒ 组长 ⇒ 中层干部

组长 ↓：教研、年级、课题
中层干部 ↓：分园行政、部门领导

图6-2-3　行政层级成长方向

新幼集团根据层级路径图，统计各层级教师名单，为各类教师打造成长平台，鼓励教师找准方向，发挥学习能动性，激发拼搏进取精神，积极向高一层级成长，努力实现自我价值。

4. 确定层级培养目标

表6-2-6　新幼集团各层级教师培养目标

教师成长层级类型		教师培养目标
专业层级	适应型教师	1. 热爱幼儿，热爱幼教事业，师德良好，有一定的教育责任感。 2. 了解幼儿园的办园理念、教育理念、课程思想、幼儿培养目标，初步树立以幼儿发展为本的思想。 3. 学习幼教法规相关文件，学习掌握课程基本理论与基础知识，了解相关的前沿信息，熟悉课程。 4. 熟悉一日工作流程，熟悉班级常规工作，学习信息技术，提高管理班级日常事务的能力。 5. 深入了解、亲近幼儿，了解幼儿的年龄特点，有针对性地实施指导，促进幼儿的发展。 6. 学会对自己的教育教学实践进行反思，尝试参与课题的过程研究，不断积累自己的教育教学心得和经验。 7. 学习家园联系的形式与方法，学会与家长沟通。 8. 学习以信息技术为主的现代教育技术，并尝试将其运用于实践。 9. 学习写教育反思、案例、读书笔记，提高理性思考和写作能力。
	熟练型教师	1. 领会"以儿童发展为本"的教育理念，爱岗敬业、团结协作。 2. 熟悉幼儿园的办园理念、教育理念、课程目标、幼儿培养目标，并有意识地转化为行为落实在实践工作中。 3. 主动学习专业理论知识，提升专业知识结构和教育理念，善于观察、了解幼儿的差异，并有针对性地实施指导，促进幼儿的全面发展。 4. 熟悉班级常规工作，培养幼儿良好行为习惯，并提高与家长沟通、管理班级日常工作的能力。 5. 具有一定的活动设计及环境创设的能力，学会实践与反思。 6. 积极参与园本课程建设，参与教科研工作，不断创新与实践，积累一定的教学实践经验。 7. 乐意申报并承担园内外各类公开教育教学展示活动，勤于反思与调整自身教学行为，能结合幼儿园特色，确定自身发展的主方向。 8. 掌握以信息技术为主的现代教育技术，并大胆将其运用于实践中。 9. 能定期撰写教育反思、案例、论文，向反思型教师靠近。

(续表)

教师成长层级类型		教师培养目标
专业层级	骨干型教师	1. 师德高尚,爱岗敬业、团结协作、勇挑重责。对自己的发展有着清楚的认识和定位,能制定出近期和远期发展规划。 2. 熟悉幼儿园办园理念、教育理念、课程思想、幼儿培养目标,积极地将观念体现在具体的行为中,较好地落实。 3. 积极主动学习专业理论知识,深刻领会"以儿童发展为本"的教育理念,保持对幼教领域实践最新进展的把握,了解新出台的教育文件及其背景,思考其对自己工作的意义。 4. 善于观察、了解不同幼儿的差异,对幼儿进行追踪观察记录,有针对性地实施指导,促进班级幼儿的全面发展。 5. 熟悉并规范班级常规工作,注重培养幼儿良好的学习、生活、卫生等行为习惯,提高与家长沟通、管理班级日常工作的能力,班级工作有特色。 6. 对幼儿园课程实施的效果好,能捕捉生成新的课程,不断实践反思再实践,逐步形成自己的教学风格。 7. 积极承担并参与市、区、园级课题的研究,有初步的研究成果,有一定的课题研究能力。 8. 积极主动承担幼儿园各类公开教育教学展示活动,参加各类专业技能比赛,效果好。 9. 勇于承担重任,积极参与策划或主持园内各类大活动,发挥示范带头作用。 10. 积极影响帮带新教师,制定帮带计划,落实效果好。
	名师型教师	1. 思想素质过硬,拥护党的方针政策,在"儿童第一"的价值观下,有自己的教育思想和理念。 2. 深入理解国家新出台的幼儿园政策、前沿信息,并结合我园教育理念、课程思想、儿童培养有新思考。 3. 自身专业理论知识深厚,积极参加课题研究,并引领课题研究方向。 4. 具有先进的教育教学思想、良好的教育教学方法,在所在区同层次幼儿园、同领域中具有一定的知名度。 5. 充分发挥示范带动作用,积极承担青年教师培养任务,在提高青年教师的思想政治素质和业务水平方面成绩突出。 6. 积极主动承担幼儿园各类公开教育教学展示活动,参加各类专业技能比赛,效果好。 7. 勇于承担重任,积极参与策划或主持园内各类研究活动。 8. 形成自己的教学风格和特色。
行政层级	后备干部	1. 政治素质过硬,大局意识强,站得高,看得远,有敏锐的洞察力,是能长远规划部门工作的管理者。 2. 是有较强的思想文化素质和专业文化素养,能解读幼儿园办园理念,是善于学习、主动钻研、创新意识强的业务研究者。 3. 爱岗敬业,乐于奉献,能运用现代的管理模式大胆、高效地开展工作,是大胆实践创新的开拓者。

5. 定向培养的实施路径

（1）名园长工作室

为发挥名园长带动示范作用，刘静园长在重庆市江北区、荣昌区分别成立了"刘静名园长工作室"，工作室以培养带动江北区、荣昌区名师专业化成长为目标，发挥名园长的示范引领作用，加强培训管理、拓宽培训途径、优化培训内容、创新培训模式，积极打造以"自我驱动为基础、他山之石为引导、导师指导为重点、实践行动为根本"的四维培训格局，努力造就一支师德修养高、管理能力强、业务素质好、教学技能精、科研能力新、能适应新时期发展的幼教人才队伍，为当地幼儿园教育事业的发展提供优质的人才保障。

该工作室招募了区域内不同幼儿园园长、市区骨干教师参加，导师深入了解、诊断、分析学员的培训需求与困惑，有针对性地设计研修内容，通过每月一次工作室研修，从"自我驱动、他山之石、实践提升、内化总结"四个主题模块入手，提升学员园所管理与规划、领导幼儿园保教工作、引领教师专业发展的水平和能力。

（2）"强园有我"干训班

管理干部是幼儿园发展的中间力量、核心力量，对推动幼儿园依法办园和科学管理发挥着重要作用。为提高干部的管理能力，增加储备人才，新幼集团通过三年一届的集团后备人才选拔，有计划地将有教育情怀、思想文化素质高、专业文化素养强、有较高敏锐性与前瞻性、有现代管理理念的优秀人才纳入统一管理和培养范围。

后备干部名单一经确定，由新幼党支部建立专门后备干部档案，并由人事部门进行统一管理，制定干训班系统培训课程。针对新时期后备干部特点，加强理想信念教育，开展理论提升和业务培训；重视实践锻炼，开拓视野，开展结对帮扶和跟岗培训；强化每年对后备干部的考察，对德才兼备、成绩突出、群众公认、各方面条件比较成熟的后备人才，根据工作需要，按程序予以优先提拔录用。

（3）首席教师工作坊

首席教师工作坊是新幼集团统领整合名师及骨干教师资源，充分尊重集团教师的发展兴趣点和特长，促进集团教师专业化成长的重要途径。集团保教研训部组织招募领域名师成为首席教师工作坊的负责人,主持各工作坊工作。目前,集团已成立了健康、美术、音乐、数学、科学、语言、社会五大领域工作坊和科研坊,共8个首席教师工作坊,每个工作坊各有特色,各有亮点。

首席教师工作坊实施自主研究。每学年各工作坊确定一个研究主题开展研究,研究主题可根据实际需要确立领域专题研究、课例研究、园级课题研究等。每月组织本工作坊成员开展教育理论学习或教育教学研讨,聚焦领域研究,指导和推动工作坊成员掌握领域核心经验、运用先进教学方法,为教师搭建共同研究兴趣的平台,促进教师共同发展。

首席教师工作坊做到"三出"工作成效,即"出成果、出人才、出工作经验"。每学期组织工作坊开展现场活动、观摩课、研讨课、成果展示,首席教师每学年承担示范课1次,完成论文1篇,发表文章1篇。通过经验总结、成果展示等形式向集团首席教师领导小组汇报坊内活动进展情况。目前,首席教师工作坊已成功帮助教师实现自我自觉成长,开启了一条学习共同体的专业研修之路。

(4)新手教师新秀营

为使新幼集团新教师提高对幼儿教师的职业认同感,提高职业素养和业务能力,尽快掌握幼儿园教育教学活动的组织开展,适应教育教学岗位工作要求,教研部将新手教师纳入新秀营的培训和管理。

新教师"5+1"培训:5节必修课(集团规章制度、一日生活组织、班级工作及家长工作开展、教学流程和教学反思、体验教育模式),1学期自学新教师自修资源包内容。这帮助新教师了解新幼历史,学习集团文化,提高对新幼集团教育理念和教育文化的认同;掌握并熟记《幼儿园工作规程》《3—6岁儿童学习与发展指南》等幼儿园相关政策文件,树立科学的教育观;提升新教师一日活动组织、环境创设、家长工作等基本能力,快速成长为一名合格、能胜任班级教学活动组织的幼儿教师。

除了以上层级教师培养路径以外,集团保教研训部根据各层级教师培养目标,定期制定出专项培训方案,激活教师成长原动力。如:针对适应型教师开展"教学基本功培训";针对熟练型教师开展赛课活动、教学观摩;针对骨干教师开展"培训者能力提升培训""名园结对跟岗";针对名师开展专家结对帮扶、课题研究等。

6. 上升有成效：各层级教师显著成长

2018年至今，近100名专任教师进行了新幼集团层级教师申报。调查结果显示，在层级教师的分类培养下，18名新教师、适应型教师实现了从新手到熟练型教师的蜕变，褪去了刚毕业的稚气，教育观念得到适时更新，教育教学经验更加丰富，对儿童的发展特点也更加熟悉。34名教师成为班长，骨干教师在实践岗位中的示范引领作用凸显，市区、园级骨干教师比例也不断上升。市区级骨干教师由原来的18名增至26名，园级骨干教师由原来的10名增至20名，骨干教师占比由28%提升至46%；新幼集团8个领域工作坊由骨干教师全力承担，成为研究领头羊；6名中层干部成为督学专家，1名副园长和1名分园长成长为独立公办集团园园长。

表6-2-7 市区级骨干教师占比情况表

层级教师	2018年	2023年	上升比例
市区级骨干教师	18名	26名	44.4%
园级骨干教师	10名	20名	100%
骨干教师占比（%）	28%	46%	18%
8个领域工作坊	骨干教师全力承担		
中层干部	督学专家6人		
校级干部、中层干部	输出集团幼儿园园长3人，副园长2人		

三、科研带动，培养研究型专业型教师

新幼集团基于"以研兴园""以研促教"的科研理念，以科研为抓手培养研究型、专业型教师，在集团招募具有较强的专业能力和研究兴趣的教师，以教育实践中的热点和难点为研究问题，申报国家、市区级和园级课题，以规范科学的科研方法开展课题研究，通过科研发挥联动作用，创新教育实践，提升教师的专业理论素养及教育实践智慧。

表6-2-8 科研带动机制的运行过程

课题层次 分类	组织者	参与者	组织实施	管理与评价反馈者	时间
集团课题研究	集团培训部	集团科研骨干、优秀教师	立足集团发展实际，解决教育实践中的热点与难点问题，申请国家、市、区级课题。	上级科研部门	每月研究，届时结题
分园课题研究	分园园长	分园教师	各分园在集团科研成果推广过程中，结合本园实际，创生子课题，向集团申请园级课题，组织各园教师共同研究，创新分园的教育教学实践。	集团科研部门	届时结题，集团考核

近年来，集团立足自身实际，寻找有价值有意义的研究问题，积极申报市级、国家级课题，并通过园本教研为抓手，深化集团的教育实践与创新改革。重庆市教育科学"十二五"规划课题《幼儿园体验活动课程的开发研究》、重庆市教育科学"十三五"规划重点课题《集团化幼儿园园本教研组织运行机制研究》、重庆市教育科学"十三五"规划重点课题《游戏视角下的幼儿园听说游戏创编及教育实践研究》都已圆满结题。2021年度全国教育科学"十四五"规划教育部重点课题《高质量视域下幼儿园过程评价标准与实践机制研究》正在研究中。在集团课题研究的带动下，分园教师焕发科研热情，创生分园课题研究，各分园也在集团课题的带动下申报了9个园级课题、1个区级课题、1个市级课题，各分园有关园本课程的研究蔚然成风。

四、多样平台，绽放成长

在二十三年的教育实践中，新幼集团在快乐教育哲学引领下，围绕六大儿童发展的核心素养，建构满足儿童发展需求的欢乐谷园本课程，推进服务幼儿园全面发展的教师长效培养体系。通过论坛思想碰撞、赛课实践、芝麻讲堂、"春风龙门阵"等，以课程为基，为教师搭建多样平台，教师专业提升成果显著。

(一) 思想碰撞，领悟快乐教育真谛

1. 教师论坛：打造有思想的新幼教师

好的教育理念及教育方法是在人与人之间相互激荡和成就的。新幼集团总园长刘静提出了"儿童第一"的教育价值观，该价值观如何落实为新幼人在一日保教实践中的教育行为，数届教师论坛见证了教师思想转变的过程。

2011年新幼集团开展的"第一届中层干部论坛"拉开了新幼集团教师论坛序幕，紧接着开展了骨干教师论坛、青年教师论坛、后备干部论坛。两年一届的论坛活动围绕"儿童第一"开展"大家谈"，管理者、骨干教师、青年教师全部参与进来，从不同角度解读关于"儿童第一"的认识和实践。年年谈"儿童第一"，年年对"儿童第一"都有不一样的感悟和收获，新幼教师最终领悟快乐教育的真谛，"儿童第一"的教育价值观逐渐深入人心，成为教师共同的价值观。

如，在新幼集团"第四届中层干部论坛"中，集团的中层干部立足管理岗位，提炼出许多有价值的管理经验。李政副园长提出："放手，让儿童能做的事自己做，能管的事自己管；放心，让家长成为课程参与者；放权，让教师成为课程管理者。"分园园长郭隆学提出："践行'儿童第一'价值观，让我们用师爱满足儿童情感的需要，用创新满足儿童发展的需要，用尊重满足儿童个体的需要。"在新幼集团"践行儿童第一，聚焦儿童成长"第二届骨干教师论坛中，周超法教师以"假如我是儿童"为题，提出站在儿童角度思考问题，解决问题，换位思考成为教师关注儿童、发展儿童的法宝。邹孔笛教师提出："儿童第一，就是以了解儿童的实际为第一，就是以发展儿童的身心为第一，就是以尊重儿童的思想为第一。"

新幼集团各岗位人员对"儿童第一"有自己的深刻理解，并形成了各自的教育箴言，越来越多的教师更尊重儿童，更坚持公正公平，让儿童利益最大化。将儿童的学习权、发展权交回给儿童，全集团思想深邃，推动快乐教育真正落到实处。

2. 赛场亮剑：展现有智慧的快乐教育

教师的本分和初心是教书育人，教育技能、教学艺术是每一位教师终身追求的课题，赛课如同战士亮剑。新幼集团通过团队互助赛课、新秀杯新教师献课、集团体验优秀课例巡展、儿童学习故事比赛、班本课程比赛等活动打磨和积淀了一大批优秀课

例,磨砺了一批又一批科学执教的优秀教师。

例如,在两年一届的"新幼集团团队互助式赛课"活动中,集团教师以分园为单位,每个分园自主组建2—3个赛课团队,每个赛课团队自行招募5—8名教师,涵盖骨干教师、熟练型教师、适应型教师,分组搭配组合,自选组内适应型教师执教,形成多层互助小组,分工协作,发挥各层级教师作用,在互助中实现共赢成长。在团队互助式赛课活动中,适应型教师惊喜地发现自己在践行《3—6岁儿童学习与发展指南》的同时转变了教育观、儿童观,且在落实为教育行为时有较大转变,教学设计和执教能力明显提升;熟练型教师再次点燃教学热情,有效发挥经验丰富的优势,在活动创新、凸显课程价值上贡献力量,实现自我价值;骨干教师充分发挥示范引领作用,以研带教,有效指导。

新幼集团开展多元互助、多层共赢的赛课活动,聚焦课堂、研教共学,让教师更加关注儿童在活动中的体验,关注教育活动设计与教学中体验方法的灵活运用,关注儿童的深度学习与专注投入的学习品质。教师在活动中沉淀对快乐教育、体验教育特点、方法、策略的新认识。

3. 成果输出:提炼有思想的经验文章

一名专业的教师不仅能上好课,还能勤于反思、总结提炼。教育反思、案例、随笔、论文写作便是将教师教育经验提炼升华,形成自己独到观点的重要途径。新幼集团在浓厚的教研文化的熏陶下,鼓励教师想说、能说、有话说,推动教师不断将经验思想进行提炼与推广。

近年来,幼儿园专项研究成果丰硕,出版了四本书籍:《艺想天开——环保手工制作宝典》《幼儿园安全教育月历》《体验,陪伴儿童成长》《快乐教育与内涵生长》。各分园结合自己的研究形成许多成果集,如:中亿分园以健康领域研究为切入点研磨出了《儿童体能发展优质课例集》;工商分园以听说游戏为研究点,运用各种故事、游戏、语言教育材料改编和创编听说游戏,形成了《幼儿园听说游戏与活动指导成果集》;东方分园研究美术领域核心经验的有效实施,编撰了《幼儿园美术特色课程集》,为幼儿园美术活动的开展提供了目标指引和丰富的实践参考案例。

教师也积极撰写各类教育文章,积极参加全国、市区各类教育论文比赛,文章在《中国教育报》《学前教育》《当代幼教》《早期教育》等多家刊物上发表。

（二）专业引领，历练专家型教师队伍

1. 课题研究，锻炼教师成长

课题研究是教师专业发展的一个重要途径，通过深入探索特定的教育问题或实践，教师在理论和实践间建立联系，从而促进个人专业成长。

新幼集团从 2008 年申报重庆市江北区区级课题"幼儿园'幼儿美术'特色课程的建构与实践研究"开始，一直致力于用课题研究撬动教学提质，提升教师素养。先后立项重庆市教育科学"十二五"规划课题"幼儿园体验活动课程的开发研究"、重庆市教育科学"十三五"规划重点课题"集团化幼儿园园本教研组织运行机制研究"、重庆市教育科学"十三五"规划重点课题"游戏视角下的幼儿园听说游戏创编及教育实践研究"、全国教育科学"十四五"规划 2021 年度教育部重点课题"高质量视域下幼儿园过程评价标准与实践机制研究"。一个个课题研究，培养出一大批反思能力强、研究意识浓的教师团队。

（1）课题研究促使教师加深对教育理论的理解和运用

课题研究往往需要教师参考相关的教育理论和研究文献，这有助于教师加深对教育理论的理解，并将这些理论运用到自己的教学实践中。这种理论和实践的结合是教师专业成长的关键。如：在重庆市教育科学"十二五"规划课题"幼儿园体验活动课程的开发研究"中，教师通过文献学习界定了体验的核心概念，深入学习体验理论，将体验学习特点、大卫·库伯体验学习模式运用到教育实践中，推进了新幼集团体验课程的实施。在课题"高质量视域下幼儿园过程评价标准与实践机制研究"中，教师基于"高质量"视野，厘清幼儿园过程质量评价的内涵、特征，对世界发达国家、发展中国家的城镇地区幼儿园教育质量评价的做法和经验进行对比研究，寻找一般规律，借鉴成功经验，梳理现有的过程质量评价工具，选用并整合为一套适合一线幼儿园教师实操的过程质量评价标准体系，建构了幼儿园过程质量评价模型。

（2）课题研究提升教师反思和研究能力

通过设计和实施课题研究，教师不断提升自己的研究能力，包括问题识别、数据收集和分析、结果解释等。这个过程能培养了教师的批判性思维能力，促使教师更深

入地理解教学实践中遇到的问题,找到解决问题的有效方法,提高研究能力。如,在重庆市教育科学"十三五"规划重点课题"集团化幼儿园园本教研组织运行机制研究"中,针对集团规模扩大下的教育质量稀释问题现状开展了反思,就教师集中反馈的教研任务重且不落地、教研积极性不高、教研内容随意、园本教研组织困难等问题,通过调研、访谈、行动研究,优化集团化园本教研制度,创新集团化园本教研组织模式,提升园本教研的有效性,提升教师教育活动的设计、教育活动的组织与指导、教育教学研究等专业能力,有力地解决了集团教研问题。在重庆市教育科学"十三五"规划重点课题"游戏视角下的幼儿园听说游戏创编及教育实践研究"中,针对教师反馈的语言教育课程游戏化内容不足、资源匮乏等问题,课题组带领教师建构听说游戏活动的教育目标和内容体系,归纳提炼出听说游戏创编的方法和策略,教师积极投身到听说游戏活动的创编、研磨、实践中,有效开发了幼儿园语言教育课程资源,提升了语言游戏质量。

除市、区级课题研究外,新幼集团自 2015 年开展集团园级课题申报工作,教师自发组建研究团队,立足自身实际,寻找有意义的研究问题,开展了"幼儿园教学活动中体验性情景创设及实用研究""幼儿园阅读延伸活动的有效性研究""精细保育促健康实践研究""幼儿园开展创意泥工活动实践研究"等课题的研究。其中,既有市、区级课题的子课题,也有教师主动发起的小课题,研究已成为教师专业发展的常态。

(3) 课题研究提高教育实践的影响力

通过课题研究,教师有机会探索和尝试新的教学方法及策略。这不仅提高了儿童的学习兴趣,也激发了教师的创新意识和积极性。课题研究需要课题组成员的合作,这有助于建立和发展专业共同体,并产生具体的研究成果。"幼儿园体验活动课程的开发研究"荣获重庆市第六届优秀教育科研成果一等奖,《快乐教育与内涵生长》一书荣获重庆市第七届教育科研优秀成果评选著作类成果二等奖,这些都是新幼集团的重要研究成果。

2. 芝麻讲堂,浸润教师成长

芝麻讲堂取自"芝麻开花节节高"。新幼集团每月邀请全国、市、区专家来园,就近期教育问题背后的思想、观念、方法等关于教育理念的问题开展专题讲座。如,自由游戏中的教师支持是近期教师关注的头等大事,就此核心问题,芝麻讲堂先后邀请了北京师范大学教育学部曾晓东教授开展"教师观察评价和教研制度的建立"专题讲座,东北师范大学教育学部学前教育学院王小英教授开展"儿童游戏的价值与组织指导"专题讲座,福建师范大学丁海东教授开展"户外区域课程研讨"专题讲座,华东师范大学学前教育系朱家雄教授开展"儿童观"系列讲座,南京师范大学虞永平教授开展"基于班级的园本课程"系列讲座等。为教师带来学前教育的前沿理论和知识,提供学习交流和启发思考的机会。

(1)提供前沿知识拓宽教师视野

专家讲座能够展示最新的研究成果和教育趋势,帮助教师保持教学内容的时效性和前瞻性,教师通过听讲座拓展自己的教育视野,了解不同地区或国家在教育方法和教育理念上的差异,获取教育智慧和灵感。

(2)帮助教师在自我反思中增强专业技能

专家讲座能提供实用的技巧和方法,教师可以直接运用与实践,在听取专家讲座后,及时进行自我反思,评估自己的教学实践,从而改进。

(3)培养教师的批判性思维,构建专业网络

与专家对话,能激发教师的批判性思维和创新意识,教师在怀疑中探索,通过与同伴相互学习,激发追求知识的热情,成为终身学习者。同时,在学习分享中不断沉淀自己的思想,建立起自己的专业网络。

新幼集团"芝麻讲堂"活动深受教师喜爱,是教师专业发展的重要支持,为教师提供了一个学习新知识和技能的平台。与理论对话、与同伴对话、与专家对话,教师在质疑和释疑中产生新认知,在研讨中产生智慧的火花。

3. 春风龙门阵,沐浴教师成长

春风龙门阵起始于"新幼好书共读会",让阅读成为教师专业成长中不可或缺的一部分。每到寒暑假,园长会给教师们赠送《童年的秘密》《幼儿园课程》《幼儿园的真谛》等专业书籍,引领教师"好读书、读好书"。教师通过做书摘、写心得、举办读书分享会相互交流,一起探索教育理论、教育方法的实践转化,真正将书中的精髓内化为自身精华。

读书增长智慧,滋养底蕴,启迪教师不断反思,将理论化为实践。教师在教育教

学中自我研究,并生发出很多问题和困惑,春风龙门阵便追随教师需求逐渐演变成为教师发现问题、交流问题、解决问题的教研平台。每月,春风龙门阵会筛选出共性问题,抛出一个主题引领教师研究,如,某月主题是"如何提升自主游戏中的师幼互动质量",教师开展头脑风暴和思想碰撞,纷纷分享自己在师幼互动中的有效策略,结合教学实践,从多元视角共同解决问题。春风龙门阵以小切口研究切入,直击教师最为关注的核心问题,及时解答教师困惑,激发教师的学习研究热情,在研讨和对话中帮助教师形成教育价值观和使命感,让微教研成为教师工作的常态。

4. 国培授课,成就专家型教师

新幼作为重庆市示范园,积极发挥名园的示范引领作用。近年来,承担各类国培项目,如:重庆市幼儿园教师访名园浸润式研修,重庆市普惠幼儿园园长培训班,重庆市农村幼儿园教师转岗培训班及西南大学、重庆师范大学、重庆第二师范学院等各项国培班和送教培训。以现场为媒、研讨为魂,且行且思,把一个个经典的活动、课程建构的经验毫无保留地分享出去,发挥自身的影响力和辐射力,不断输出办园理念、管理经验、名师及教学资源。

新幼教师团队也在一次次承担国培项目的任务中历练和成长。教师深知要成为专家型教师意味着不仅要拥有深厚的学科知识和卓越的教学技巧,还需要持续学习和创新的能力,对教育理念的深刻理解及领导和影响同行的能力。为此,新幼集团成立了讲师团,积极打造专业的教师队伍。教师不断丰富完善课程建设,深入践行幼儿园快乐教育,各层级教师提升教育活动的设计、组织与指导、教育教学研究等专业能力。教师承担示范课成为教学能手,管理者承担专题讲座成为专家型教师。针对区、县幼儿园教师课程领导力提升、园本文化建设等专业发展的诉求,以需求为定位,以问题为导向,以典型案例为抓手,通过主题式、互动式、参与式的靶向培训,帮助参训教师树立科学的儿童观,提升专业素养和保教实践能力。

教育家陶行知说:"我们做教师的人必须天天学习,天天进行再教育,才能有教学之乐而无教学之苦。"[①]教育的幸福,不仅来自外界的赋予,更源于自身勤奋学习、不断

---

① 成方露,孙彩霞.陶行知思想对我国新时代教师师德建设的启示[J].生活教育,2022(11):4-11.

超越自我的人生价值追求。新幼集团不断完善教师专业成长体系，搭建学习成长平台，引领教师不断更新、演进与丰富内在专业结构，在充分认识教育意义的基础上，不断提升精神追求，增强职业道德，掌握教育规律，强化专业技能和提高教育教学水平，实现专业的长足发展。

第三节　新幼教师的课程智慧

近年来，我国学前教育已基本实现普及目标，开始迈向内涵发展阶段。在新一轮基础教育课程改革背景下，课程建设成为了衡量一所学校的发展力度、办学水平、卓越程度的重要指标之一，而提升课程整体质量，发挥课程育人价值，离不开教师。因此，教师参与课程建设的能力尤为重要。课程领导力是幼儿园课程与教学顶层设计的核心素养之一，它与园所课程建设的持续发展紧密相连，对实现课程全方位推进高质量育人的目标有极大的推动作用。

一、赋权增能，提升教师课程领导力

（一）专业发展培训，革新教师课程思想

1. 厘清课程理念，提升对课程领导力认识

课程理念是实践的先导，教师是否有课程领导意识决定了课程的开展成效。为此，新幼集团围绕教师课程领导力建设开展了课程理论、课程领导知识的相关培训，通过讲座、论坛、读书分享，不断提升教师的课程领导意识和专业能力，转变教师的课程观。

美国的布拉德利（Leo H. Bradley）在书中这样说道："课程领导者不一定是有行政职位的人，除了校长、学校内的其他管理者、政府教育官员，教师也可能扮演课程领导者角色。"[1]为了进一步强化教师的课程领导意识，提升课程领导力，我们有必要对教

---

[1] 詹姆斯·库泽斯，巴里·波斯纳.领导力[M].李丽林，杨振东，译.北京：电子工业出版社，2004：1.

师课程领导力进行分析与界定,厘清教师课程领导力与幼儿园发展之间的耦合关系。研究者查普曼认为领导力就是领导者的能力,这种能力可以帮助和激励他人实现具有挑战性的目标。① 聚焦幼儿教师课程领导力,研究者们多从能力结构出发来界定其内涵。黄云峰(2015)等研究者认为幼儿教师领导力包括课程专业知识领导力、课程设计预期领导力、课程开发创新领导力、课程实施过程领导力、课程评价反思领导力。② 姚健(2020)将教师课程领导力划分为四个维度,包括课程意识决策力、课程设计生成力、课程实施执行力和课程反思评价力,这四个方面紧密联系、融合共生。③ 综合已有研究,新幼集团在实践过程中将幼儿教师课程领导力定义为:幼儿教师通过自身的专业素养,在课程决策、设计、实施、评价、管理等方面表现出来的促进幼儿全面发展的课程意识力、课程设计力、课程实施力等各项能力的总和。

2. 课程文化为基,建构共同的课程愿景

新幼集团以贯彻党的教育方针,以立德树人作为根本任务,树立育人理念、育人目标,建构欢乐谷课程。帮助教师澄清新幼课程需要解决的问题:课程要达成什么目标?课程设计方向是什么?教师在课程实施中需要做什么?帮助教师根据育人目标生发课程目标,分解主题目标、筛选主题活动,搭建起育人目标的实施途径和载体,建构起欢乐谷课程的共同愿景。课程建设是一个多元主体参与的过程,唯有建构共同课程愿景,认同教师参与课程领导,教师才能积极参与幼儿园课程变革,对课程活动进行预见性设计与生成。同时,作为课程实施的主人把握课程实践过程,在真实的教育情景中富有创造力地实施与调整。

(二)立足园本,构建教师课程领导支持系统

1. 保障教师课程决策权,实施弹性课程

保教研训部制定了新幼集团备大课及课程审议制度,从制度上保障教师对课程

---

① 钱门,等.发现,然后培育你的领导力[M].郑春蕾,译.北京:京华出版社,2004:67-68.
② 黄云峰,朱德全.职业学校教师课程领导力:内涵、困境与路径[J].职教论坛,2015(6):25-28.
③ 姚健.幼儿教师课程领导力提升实践——班本化课程[M].上海:华东师范大学出版社,2020.

的参与权和决策权,行政管理者从课程管理者角色向课程支持者角色逐渐转变,为教师营造积极创新的组织氛围。鼓励教师与课程开发团队一起确定课程目标、内容、教学方法和评估标准,根据课程目标和内容框架开发具体的教学内容,思考如何将理论知识与实践相结合,以及如何使用不同的教学方法来提高儿童的学习效果。在课程开发的过程中,教师要及时收集儿童的课程反馈信息,对课程内容和教学方法进行调整及优化。课程开发完成后,教师要参与课程评估,根据儿童的学习效果和反馈意见,对课程进行必要修订和完善。

教师的课程领导力与个人的实践能力、实践经验息息相关,胜任课程领导者的角色需要有课程建设的专业知识和课程管理的能力,需要考量教师之间的差异。为此,一方面,新幼集团注重班级教师资源的合理搭配,综合考虑教师们的课程水平、科研能力、年龄结构等,实现以老带新、强弱搭配,促使教师的课程能力持续提高。另一方面,实施弹性课程。对于有经验、课程能力强的骨干教师,开放较高的自主权,教师可以自主决定班级月主题课程和班本课程的内容及实施时间,日常作息时间可以根据课程实施需要适当调配,实施弹性作息时间。幼儿园给予新教师和适应型教师更多的课程选择,教研组会为教师提供活动开展与内容学习的更多支持,给予教师充分的自主学习、资源选择、方法创新的权利。

2. 挖掘课程资源,实现优质资源共享

《〈幼儿园教育指导纲要(试行)〉解读》总则中对幼儿园教育的特点进行了重要阐述:"幼儿园应与家庭、社区密切合作,与小学相互衔接,综合利用各种教育资源,共同为幼儿的发展创造良好条件。"[①]幼儿园没有统一的教材,在幼儿园园本课程建设中,需要教师结合地方、园所、儿童的实际需要,挖掘课程资源设计出满足儿童成长需要的课程。新幼集团重视课程资源的开发与研究,强调教师在课程资源开发中扮演的重要角色,教师的专业知识、教学经验和对学生学习需求的理解是课程资源开发成功的关键。在课程实施前,保教研训部通过集团第一次备大课,组织备大课组成员结合课程目标对课程资源进行筛选和整合;分园二次备课活动中,分园教师将结合分园的

---

① 教育部基础教育司.《幼儿园教育指导纲要(试行)》解读[M].南京:江苏教育出版社,2002:30.

地域特点对课程资源进行再次筛选和添加;年级组三次备课中,教师根据本班儿童的需求特点、资源的功能等因素选择课程资源;教师四次备课时,关注儿童对课程资源的享有和操作情况,实现课程资源的创新使用。课程实施结束,教研组将对有效课程资源进行梳理、归纳,收录进新幼集团园本课程资源库中。目前,新幼集团已建立了完善的课程资源管理制度,形成了丰富的课程资源库,为各层级教师课程创生和实践提供了有力支持。

3. 加强反思实践,课程教研有效支持

课程评价反思能力是教师课程领导力提升的关键,课程领导力的提升需要从理念到行动进行实践。

在理论层面上,新幼集团首先加强教师课程领导力方面的理论素养培训,通过讲座、教育教学知识的学习,提升教师课程领导的专业素养,教师深刻认识到课程评价、反思的重要性,形成科学的评价反思观念,不断转变角色定位。

在实践层面,每个教师都是课程领导的主体,要提升课程实施的能力,课程教研活动必不可少。幼儿园有效利用多形式的教研活动,及采取多种策略提升教师的课程领导力。如:鼓励教师参与幼儿园课题研究,发挥骨干教师在课程领导力上的优势和作用,着力推进课程和课题研究;通过课程教研,管理者与教师对话发现课程实施中存在的问题;通过课程反思,引导教师对自身的课程经验进行审视,对自己的教学进行全面评估,不断提高课程反思评价能力;教师通过观摩教学现场、同课异构提升课程实施能力和水平,在反思中不断积累实践智慧,提升个人专业能力。集团园本教研紧紧围绕园本课程开展,关注课程实施的过程,观察儿童的反馈和学习情况,及时调整教学方法和活动安排。教研组加强对教师的考核评价体系建设,通过评价促进教师更好地开展课程建设工作,以评促教,合作共赢,提升教师实践智慧。

提升教师课程领导力是一个系统性的过程,涉及到个人能力的提升和团队合作的优化,需要专业知识的培养,教学能力、沟通能力、团队合作与领导能力的不断提升,需要教师持续评价、优化课程。

二、追随儿童，落地班本课程开发

新幼"欢乐谷"课程的逐步完善，确保了教师课程实践的规范性和幼儿园课程的高质量。在此基础上，新幼积极探索从"园本"走向"班本"的课程创生之路，旨在弥补园本课程的不足与短板，进一步提升课程质量。这一转变不仅能满足儿童个性化发展的需要，更能有效促进幼儿园教育教学的深化与提升。在这期间，教师经历了"播种期——觉醒期——生长期"的课程创设发展阶段，园级教研也通过"三放、三导、三研"的策略协助教师理解并实施班本课程，调动教师的课程创生积极性。① 教师通过关注儿童、支持儿童的"思"与"行"，不断落地课程实践。

（一）洞察课程价值

在课程创生中，教师学会深入洞察课程的价值，用心观察、细心倾听，做到真正了解儿童的兴趣与需求。同时，在全面把握儿童经验与能力的基础上，确保课程设计符合他们的成长规律，通过深入挖掘课程的教育价值，让班本课程真正成为促进儿童全面发展的重要途径。

1. 把握儿童的兴趣与需要

兴趣是儿童学习的原动力。教师尝试通过游戏、谈话、观察等多种方式，深入了解儿童的兴趣点，确保课程内容能够引起他们的兴趣和好奇心。基于儿童的发展需求，教师要在班级教学活动开展的过程中敏锐地发现儿童的兴趣点，探究兴趣的根源，正确区分幼儿的"真"兴趣与"假"兴趣，不断提升教师的专业判断力。②

面对走廊屋檐下筑巢的燕子，儿童有一系列"为什么"。追随儿童的兴趣，班本课程"'追'燕子的人"诞生了，儿童追踪燕子成长，教师则追踪儿童成长。教师带领儿童一起迎接燕宝宝的出生，一起探索燕子死亡之谜，一起保护小燕子、告别小燕子，以生命体验让儿童学会尊重生命，教师则不断关注儿童在认知、情感、社交和身体发展等各方面的需求；要观察燕子，教师则安装微型摄像头，来一场近距离的直播，探究燕子

---

① 刘静.从园本到班本：课程创生的实践路问[J].今日教育（幼教金刊），2022(11)：6.
② 陈嘉琪.基于儿童视角的"班本微课程"内容建构与实施路径[J].新课程教学（电子版），2023(23)：31-32.

的习性、居住环境等；小燕子死后，允许儿童通过观察以体验动物的死亡过程，埋葬小燕子时表达依依不舍之情。总之，教师观察儿童，了解儿童所需，分析课程，抓住每一个教育细节，儿童的一言一行带动着课程的走向。

2. 剖析儿童的经验与能力基础

每个儿童都有自己独特的经验背景和能力基础。教育者应了解每个儿童的先前经验和学习能力，确保课程内容与他们的实际水平相匹配，既不超出他们的理解范围，又能提供足够的挑战。在班本课程"遇见果园港"中，本土港口文化与儿童相遇，教师剖析儿童的生活经验和建构水平，通过猜想、调查、观察、探索集装箱的秘密，建构不同材料的集装箱，验证集装箱的运输能力，扮演集装箱角色游戏，不断促进儿童的连续性学习，推动班本课程的不断延伸。

3. 挖掘课程的教育价值

在设计每个班本课程前，教师都会从多个角度挖掘课程的教育价值，从课程的关键词、课程目标、可体验的"快乐游戏"、可参与的"深度学习"、可获得的学习品质与学习能力方面分析教育价值，教师也在课程推进中不断审视课程目标，凸显课程价值，从而形成完整的课程体系。

表 6-3-1 "一'花'一世界"课程价值梳理

课程关键词	花的百科常识、主动探究和尝试、感受美与创造美
课程目标	1. 通过种植活动促进幼儿亲近自然，关注植物的生长变化，通过定期照顾、观察与记录，探索发现生命科学的奥秘。 2. 鼓励幼儿积极参与课程讨论，大胆发表自己的见解，对花的百科常识有主动探究意识，能对各种花的相关现象大胆探索。 3. 通过了解花的种类、习性及花在生活中的广泛运用，感受花在生活中带给人们的美好，大胆利用花创造具有观赏性的艺术作品。
幼儿可体验的"快乐游戏"	美工区：豆豆花坊　　自然区：自制花架、栅栏 科学区：香氛加工厂　语言区：花的百科全书
幼儿可参与的"深度学习"	1. 观察感知植物的生长变化。　2. 商讨、制作种植区花架。 3. 实践探索花的储存方式。　4. 探究留住花香的多种方法。 5. 感知人与自然和谐相处的美好。
幼儿获得的学习品质、能力	坚持、好奇心、主动性、问题解决能力、目标意识、合作交往能力、观察能力、动手操作能力、表征记录能力、表达能力。

（二）前瞻性的课程设计

在洞察课程价值的基础上，需要进行前瞻性的课程设计，教师不仅要对课程形式进行科学预见，还要对活动流程进行精细化、系统化的合理规划。

1. 科学预见活动形式

在"养蚕记"的班本课程建构中，有一则"蚕的日常"活动，该活动预设了亲子互动"养蚕手册"，旨在帮助儿童了解养蚕的注意事项，知道养蚕的方法；预设了儿童的日常观察记录"蚕的变化"、艺术活动"写生：蚕"，旨在让儿童认识蚕身体的细节特征，绘画蚕的多种形态，描绘蚕的身体细节等，以此来丰富学习。教师能够根据儿童的兴趣、经验和能力，预见游戏、实验、观察、讨论等可能的活动形式，这样的预见有助于为儿童创设丰富有趣的学习环境。

2. 合理规划活动流程

在"一'花'一世界"的班本课程中，教师从三八节送花给妈妈这一温馨场景出发，开启了儿童与花的奇妙之旅。从养花到制花、食花，教师让班本课程的广度和趣味相辅相成，层层深入，也让儿童逐渐领悟到花的奥秘和世界的多元。连贯且有效的活动流程能够确保儿童在活动中持久的兴趣和参与度，不断推进课程更生动地生长。教师在规划活动流程时，充分考虑了儿童的认知特点和兴趣爱好，立足儿童的参与和体验，精心设计每个环节，确保活动之间的自然衔接和流畅转换，使儿童能够在轻松、愉快的氛围中探索和学习。

（三）平衡课程实施

在课程实施中，教师们在平衡预设与生成目标、平衡预设与生成内容、平衡集体与个人需要中不断实践，力求在知识学习、能力培养和情感态度培养之间找到平衡点，这既体现了教师的专业素养，也是对儿童全面发展的有力保障。

1. 巧妙平衡预设与生成目标

预设目标是课程设计的基础，但生成目标也是课程实施中不可或缺的一部分。在课程实施中，教师不断根据儿童的实际表现和需求，灵活调整预设目标，使其与生成目标相协调,确保课程的实施能够达到最佳效果。

2. 灵活平衡预设与生成内容

在实施过程中,根据儿童的兴趣和反馈,灵活调整预设内容,同时关注生成内容的价值和意义,确保课程内容能够真正满足儿童的需求。

3. 有效平衡集体与个人需要

班本课程既要满足集体的需求,也要关注个体的差异,在保证集体学习效果的基础上,关注每个儿童的需求和特点,在区域游戏和小组学习中提供个性化的指导及支持,确保每个儿童都能在课程中获得成长和发展。

追随有根,生长有力。课程的生命力源于教师对儿童探索脚步的不断追随,每一个班本课程的背后都体现了新幼教师对班本课程孜孜以求的态度,充分展现了"儿童在前,教师在后"课程观的落地。当儿童的兴趣被捕捉,教育便更深入了;当捕捉到的瞬间被放大,教育便延续了。新幼教师在课程创生中不断发生着改变:一是课程观的改变,从以"师"为主转为以"幼"为主;二是课程意识的改变,将课程意识有效转变为课程行为;三是儿童观的改变,课程中更加关注儿童,追随儿童;四是课程反思的改变,课程实施从单一反思到全面反思。在让教育不断回归到儿童本身的过程中,新幼教师在课程创生中绽放着专业智慧,欢乐谷课程的生命力也在儿童的探索与教师的追随中蓬勃生长。

强教必先强师,教师是立教之本,兴教之源,是教育发展的有效保证之一。在教师队伍建设中,新幼集团坚持正确的政治方向,坚持以立德树人为根本任务,经过多年实践,已经形成了完整的教师培养体系。这一套体系能陶冶教师的道德情操,培养教师掌握扎实学识,涵养教师的教育智慧,筑牢幼儿园高质量发展的根基。

后　　记

随着最后一个句号的落下,这本凝结着新幼课程建设心血的书终于顺利付梓。此书酝酿于多年前,蓦然回望来时路,多次将数万字推倒重构,因为种种原因一再推迟出版,其中有种种艰辛。如今,唯有一卷书得以告慰!深感书稿从选题萌生到酝酿成型的每一步都离不开众多专家与教师的智慧与付出。

非常感谢华东师范大学终身教授朱家雄先生。先生一直关心我们园本课程的建构,在过程中多次给予我们理论与实践的系统指导,促使欢乐谷课程体系日渐完善。也特别感谢先生对我们出版欢乐谷课程一书给予的支持和无私的大爱!

特别感谢国内课程建设的知名学者、上海市教育科学研究院杨四耕教授。感谢杨教授在书稿的构思与撰写过程中,给予我们宝贵的建议和指导。他的专业洞见和深厚学识,使我们在迷茫中找到了方向,在困难中找到了方法。杨教授不吝赐教,对书稿的框架和内容提出了许多富有建设性的意见及建议,他的智慧和热情,总是能为我们的书稿注入新的活力和灵感。

衷心感谢西南大学原副校长陈时见教授。陈教授在学前教育理论与实践方面有着深厚的造诣,他对幼儿园课程的深刻见解,为我们的书稿增色不少。陈教授严谨治学的态度和无私奉献的精神,也在深深地感染并激励着我们,让我们更加坚定了写好本书的决心。

感谢每一位新幼集团教师潜心教学的尽心耕耘,本书也凝结体现了你们的教学智慧。本书由三个部分六个章节组成,由刘静负责整体框架架构、体例指导和组织撰写,刘娟负责全书撰写的分工协调以及各章节校对工作,冉春负责后期统稿。第一部分为总论,由刘娟撰写。第二部分为第一章到第五章,分别阐述了欢乐谷课程的理念、目标、课程内容、课程实施及评价,具体分工如下:第一章,冉春;第二章,刘静、徐乔雅;第三章,罗映、周超法;第四章,刘娟、黄朝琴、冯欣;第五章,刘静、孙雨雨、庞粹霞。第三部分为第六章,重点阐述了教师培养的途径,由刘静、李政、孙艳撰写。

在书稿的撰写过程中,我还得到了许多其他专家和教师的关心及支持。他们的建议和鼓励,使我们在遇到困难时能够坚持不懈。在此,我也要向他们表示衷心的感谢。

"快乐是人生最大的意义。"将快乐与教育融合,是"快乐教育"的追求;让每一个孩子体验成长的快乐,这是欢乐谷课程的使命。

幼儿园课程质量提升是我们永恒的课题,我们提出的"欢乐谷课程"只是其中的一种可能性,但它却承载着我们对幼儿发展的深深关怀和对教育事业的无限热爱。在未来的日子里,我们将继续致力于幼儿教育事业的研究与实践,不断探索和创新,为幼儿的全面发展贡献更多的智慧和力量。我们希望,这本书能够为广大教育工作者提供有益的参考和启示,为幼儿的健康成长贡献一份力量。

最后,衷心感谢华东师范大学出版社的大力支持和指导,向所有关心与支持《欢乐谷课程:满足儿童发展需求的幼儿园课程建设》一书的专家及教师表示最诚挚的感谢和敬意!

重庆市江北区新村幼儿园党支部书记、新村幼教集团总园长 刘静
2024年春